Wounds of Armenia

Khachatur Abovyan

Раны Армении

Хачатур Абовян

Wounds of Armenia

ISNB: 978-1-60444-892-4

Раны Армении

© Индоевропейских Издание , 2018

ISNB: 978-1-60444-892-4

РАНЫ АРМЕНИИ

ПРЕДИСЛОВИЕ

Когда Крез, царь лидийский,- после того, как Кир завладел всем миром, захватив также его страну, и на поле брани войска, любимцы, друзья, военачальники покинули его, и он, Крез, выросший в жемчужных, самоцветами украшенных палатах, считавший, что нет на свете человека счастливее его, бежал, задыхаясь, перед воином-персом, чтобы хоть голову свою унести,- перс настиг его. Меч сверкнул над его головой, в глазах потемнело. Еще не лишился он жизни, но, думая, что смерть, вот-вот сейчас вырвет у него душу из тела, хотел уже сам вонзить меч себе в грудь, чтобы не от врага погибнуть, а воин, между тем, уже занес над ним меч,- как единственный сын царя, видя неминуемую смерть родителя, вдруг разверз уста: язык его, двадцать лет скованный немотой, разрешился, и сердце, двадцать лет молчавшее, впервые подало голос:

- Нечестивец! Кого убиваешь? Отведи свой меч! Не видишь разве, что перед тобою Крез, властитель мира?

Руки воина опустились, голова царская уцелела - двадцатилетний немой сын спас отца. Столько лет прожил бедняжка царевич,- и ни разу ни любовь родителей, ни их сострадание, ни страстное желание услышать его голос и тем сердце свое утолить, ни слава и величие, ни почет и власть, ни сокровища и богатства, ни любовь к миру и утехи его, ни приязнь и сладкая беседа стольких любимцев и друзей, ни гром небесный, ни сладостный напев потока или птиц пернатых за всю жизнь настолько не подействовали на его сердце, чтоб он издал хоть малейший звук,- но когда увидел он неминуемую смерть родителя, дорогого отца своего, сердце сбросило гробовую свою крышку, молчавший дотоле язык развязал свои путы, запечатленные его уста выговорили скорбь свою. Тоскующий отец, чья жизнь висела на волоске, услышал голос сына. При этом рассказе и ныне сердце слушающего загорается огнем, лишь только помыслит он, что сыновняя любовь так смогла разбить и сокрушить оковы, наложенные самой природой.

Тому уже не двадцать, а тридцать с лишним лет, дорогой мой родитель, возлюбленный народ мой, как сердце мое тоже загорелось огнем; горит оно и обращается в пепел; день и ночь слезы не покидают глаз моих, вздохи уст моих, - так жажду поведать вам, о друзья мои единокровные, мысль и заветное свое желание и лишь потом сойти в землю.

1

Что ни день, я воочию видел свою могилу, что ни час, огненный меч смерти вращался над моей головой; каждую минуту моей жизни ваше горующее сердце сжигало и томило мое сердце, беспрестанно слышал я ваш сладостный голос, видел ваше радующее очи лицо, чувствовал вашу благородную мысль и волю, вкушал вашу чистую любовь и дружбу, размышлял об утраченной вашей славе и величии, о деяниях и жизни прежних великолепных царей наших и князей, о былых прелестях и чудесах милой родины, нашей священной земли, о несравненном нраве и подвигах доблестного народа армянского.

Вечно представал предо мною Масис, перстом указывал мне, какой страны я чадо; в мыслях моих вечно жив был рай, и во сне и наяву напоминавший мне о славе и величии нашей страны. Гайк, Вардан, Трдат, Просветитель говорили мне, что я их сын. Европа и Азия неустанно твердили мне, что я - дитя Гайка, внук Ноя, сын Эчмиадзина, обитатель рая. В поле или в церкви, вдали от дома или под кровлей, там, где ступала и ныне ступает нога моего народа, и камни словно хотели вырвать, извлечь из груди сердце мое.

Сколь часто при виде армянина хотел я последнее дыхание мое вырвать из груди и отдать ему.

Но увы! Язык мой был скован, а глаза отверзты; уста сомкнуты, а сердце глубоко; рука бессильна, а язык короток. Не было у меня казны, чтоб осуществить свои желания, не было и громкого имени, чтобы слово мое доходило куда следует. Книги же наши написаны на грабаре, а наш новый, живой язык не в почете,- и никак не мог я в словах выразить сердечную свою тоску. Приказывать я не мог, а ежели бы стал просить, умолять, никто бы моих слов не понял. А я ведь тоже хотел, чтобы надо мной не насмехались, не говорили, что я груб, глуп, что не сведущ в грамматике, в риторике, в логике. Я тоже хотел, чтоб говорили: «О как глубокомысленно, как мудрено умеет он излагать свои мысли,- сам черт ни слова не разберет, не поймет!..» Я тоже хотел показать себя, чтоб удивлялись мне, хвалили меня: я, мол, тоже дока в армянском языке!

Иные знают один язык - я знаю несколько. Немало разных книг начинал я переводить и не доводил до конца. А всяких стихотворений да сочинений на грабаре я столько сам выдумал, что они могут составить целую объемистую книгу.

Бог привел ко мне за это время нескольких детей, и мне пришлось обучать их грамоте. Сердце у меня разрывалось: какую бы армянскую книгу я ни давал им в руки, дети не понимали. Что ни начнут читать на русском, немецком, французском языке, все их невинным душам нравится. Нередко я готов был волосы на себе рвать, видя, что этим детям иностранные языки по душе больше, чем наш родной.

Однако причина тому была весьма естественная: на тех языках они

2

читали о деяниях знаменитых людей, знакомились с их поступками и словами, в книге находили то, что способно пленить человеческое сердце, ибо она говорит прямо сердцу. Кто не полюбит такого чтения? Кто не захочет узнать, что такое любовь, дружба, патриотизм, родители, дети, смерть, война?.. Но чтоб на нашем языке писалось о подобных вещах.- да пусть глаза мне выколют!

Чем же еще заставишь ребенка полюбить свой язык? Продай крестьянину алмаз,- конечно, алмаз хорошая вещь, но если у крестьянина за душой нет ничего, так он и куска просяного хлеба не даст за бесценный твой камень.

Это так.

Но когда в Европе я читал в иных книгах, что у армянского народа, видно, нет сердца, если столько событий стряслось над его головой и не нашлось ни единого человека, который написал бы хоть одно доходящее до сердца произведение; что имеется - то все о церкви, о боге, о святых, а между тем книги язычников - Гомера, Горация, Вергилия, Софокла- даже дети держат под подушками, потому что эти книги говорят о мирских делах. Сказать, что все европейцы люди неразумные, неверующие, что они ради таких пустяковых дел оставили дело божие, было бы глупо. Но как же нравятся им эти книги, а наш «Нарек» они обошли? Я знал твердо, что наш парод не таков, как думают о нем европейцы, - но что поделаешь? Жернов без зерна не замелет. Что тут скажешь?

Думал я так: написать, допустим, о героях, - да, среди нас были их тысячи, и теперь тысячи! Об умных речах,- так наши старики тысячи умных вещей знают! А гостеприимство, а любовь, дружба, храбрость, знаменитые люди - разве у наших сельчан не полны сердца именно этих мыслей! Захочешь ли рассказать басню или пословицу привести, или шутку острую, так самый последний мужик тебе не одну, а целую тысячу подскажет.

Я недоумевал: что же тогда надо сделать, чтобы другие народы узнали наше сердце, хвалили бы нас и любили наш язык? Я знал твердо: в османской земле, а также в персидской, сколько было замечательных, мудрых, одаренных людей, сколько при ханских, шахских, султанских дворах любимцев-ашугов, хороших певцов, стихотворцев,- большею частью были армяне. Достаточно упомянуть хотя бы Кешиш-Оглы или Кёр-Оглы чтоб доказать, что слова мои не ложь.

Да хотя бы и теперь: пусть поговорит кто-нибудь с Григором Тархановым, послушает его беседу, его язык красноречивый, полюбуется на его отменный рост, на прекрасное лицо. Чего стоит одно его уменье подражать речи, движениям, манере садиться и вставать сотням самых разных людей и народов,- ослепнуть мне, если я встречал что-либо подобное в лучших театрах Европы! - а школу-то он только тогда, может

3

быть, и видел, когда у нас грамоту крюком ловили либо пулей сбивали. Вот и узнаешь, какие в армянском народе дарования!

В таких тяжких думах коротал я свои дни. Сколько раз хотел руки на себя наложить. Не находил никакого исхода. Пусть мне поверят, но это горе так овладело моим сердцем, что я часто, как безумный, кидался в горы, в ущелья, бродил в одиночестве, все думал,- и возвращался домой с сердцем, переполненным грустью.

Однажды во время летних каникул, распустив утром учеников, я, как обычно, отправился после обеда бродить по горам. Шел, шел в отчаянии и пришел в Немецкую колонию, к одному приятелю-немцу. Они очень мне посочувствовали, пожалели меня и три дня не отпускали обратно в город.

А в городе дорогие ученики мои, знакомые, друзья давно уже меня оплакивали. Думали, что я утонул в Куре,- они знали, что я каждый день, утром и вечером хожу купаться. Опять же мои дорогие, любимые ученики бросились по моим следам - узнать обо мне хоть что-нибудь. Как-то утром я сидел у окна, погруженный в свои думы, а они как раз прошли мимо. Едва я их увидел, сердце во мне перевернулось. Кто в силах описать наше свидание в тот день? У кого есть сердце, тот сам поймет.

Может быть, когда я буду в могиле, эта ваша любовь улетучится из моей памяти, о мои любезные, дорогие друзья! Но пока надо мною есть голубое небо, пока исходит дыхание из уст моих, я вас, милые мои друзья, буду почитать, как святых, жизнь свою отдам за вас!

Но, увы! Если и небо не пребывает одинаково ясным, что говорить о сердце человеческом? Едва-едва засияло солнышко в моих мыслях, опять черные тучи подняли голову, опять гром и молния разразились в моем сердце. Кинуться в воду я не мог: страх божий был у меня в душе, голос моего невинного младенца - в ушах. Любовь и родительская жалость пребывали в груди у меня. Если бы я навек успокоился, кто бы стал содержать моего сироту?

Нет, вот о чем говорил я сам с собою: надо бы засесть как следует и, насколько ума достает, прославить наш народ, рассказать о подвигах замечательных наших людей,- и опять я задумывался: для кого же писать, если народ языка моего не постигнет? Писать на грабаре, все равно что писать по-русски, по-немецки, по-французски: десяток, быть может, найдется таких, кто поймет, а для сотен тысяч-что мое писание, что мельница ветряная! Ведь ежели народ не говорит на этом языке, не разумеет его, тут хоть сыпься золото из уст - что толку? Каждый человек жаждет того, что сердцу его на потребу. Что мне твой сладкий плов, раз я его не люблю?

С кем я ни говорил, все только о том и разглагольствовали, что, дескать, народ наш нелюбознателен, что чтение для него никакой цены не имеет, а между тем я видел, что У этого самого народа нашего, будто бы до чтения не охочего, и история Робинзона, и глупая книжка «Медный город» по рукам ходит.

И еще я знал хорошо, что сколько ни есть на свете выдающихся народов, у всех у них два языка: древний и новый. Ведь если ученый древний язык хорош,- это и камни поймут - зачем же тогда давать жалованье, почести оказывать переводчикам? Нет уж, пусть премудрый языковед сам надрывается. Кто его услышит, тот пусть и понимает,- да не жалко ли ученой его головы?!

Но этого, думал я, и сумасшедший делать не станет. Так, продолжая все время про себя раздумывать, заходя в гости или идучи по городу, часто со всем вниманием и сосредоточенностью мысли наблюдал я народ,- как он говорит, веселится, что ему более всего по душе. Я много раз видал, как на площади или на улице люди с великим восхищеньем толпятся перед слепым ашугом, слушают, дают ему деньги, а у самих слюна бежит изо рта.

Ведь на любом торжественном сборище или свадьбе никто и куска в рот не брал, если не бывало там сазандаров!

А певали по-тюркски, многие из них ни одного слова не понимали, но душа слушающего и созерцающего улетала в рай и вновь возвращалась.

Думал я, думал, да однажды и сказал сам себе: возьми-ка ты свою грамматику, риторику и логику, сложи их да и отложи в сторону, а сам сделайся таким же ашугом, как вон те,- будь, что будет, из рукояти кинжала твоего камень не выпадет, позолота с нее не сойдет. Когда-нибудь придет час, сляжешь ты и помрешь, и никто тебя добром не помянет.

Как-то на масленой распустил я своих учеников и начал перебирать в уме все, что с детства слышал, видел и знал. Наконец вспомнил моего юного Агаси, а вместе с ним и еще сто храбрых армянских парней подняли свои головы, зовя меня идти за ними. Все они были знатные люди; многие и теперь еще здравствуют, слава богу. А бедняк Агаси был мертв - святой могиле его поклон. Нечего кривить душой,- избираю его. Сердце подкатило к горлу.

Я видел, что уже мало кто берет в руки армянскую книгу, мало кто говорит на армянском языке. А каждый народ зиждется на языке и вере. Если и их потеряем - горе нам! Армянский язык бежал впереди меня, как Крез; уста мои, тридцать лет запечатленные, открыл Агаси.

Не написал я и одной страницы, как мой любезный друг детства и благородный армянин, господин доктор Агафон Смбатян, зашел ко мне. Я хотел было прикрыть писание, да не успел. Бог послал мне его в тот час. Спасибо ему - он настоял, чтоб я прочел написанное; нечего было от друга скрываться.

Сердце во мне екало, пока я читал. Думал: вот-вот сейчас отвернется, насупит брови, как другие, и посмеется моему сумасбродству - в душе посмеется, чтобы в глаза не сказать. И дурной же был я, не знал я еще благородной его души. Под конец, когда шашка уже до самой кости дошла, и он произнес: «если будете продолжать в том же духе, получится прекрасная вещь»,- я готов был броситься к нему на шею и в уста поцеловать, в эти сладостные его уста.

Его святой дружбе обязан я тем, что разрешилась речь моя запечатленная. Едва он ушел, словно некий огонь возгорелся во мне. Было десять часов утра. Ни хлеб, ни еда какая-либо не шли мне на ум. Если муха пролетала мимо меня, я готов был убить ее, до того был воспламенен.

Армения, словно ангел, стояла передо мною и придавала мне крылья. Отец с матерью, дом, детство, все когда-то сказанное, слышанное - так живо мне предстало, что я обо всем на свете позабыл. Сколько было в голове моей глухих, затерявшихся, заблудившихся мыслей - вдруг все они раскрылись, все вернулись ко мне.

Теперь только осенило меня, что грабар и другие языки до сих пор застилали мой ум, сковывая его. Все, что я говорил или писал раньше, все было краденое и надуманное,- потому-то стоило мне, бывало, написать всего одну страницу, как либо сон меня одолевал, либо рука уставала.

До пяти часов пополуночи я ни на хлеб, ни на чай и смотреть не хотел: трубка была мне яством, писание - хлебом. Домашние мои и так и сяк подступали ко мне, просили, сердились, готовы были со мною поссориться,- я ни на что не обращал внимания. Тридцать листов бумаги были уже исписаны, когда природа взяла свое - глаза мои сомкнулись. Всю остальную ночь мне чудилось, что я сижу и пишу. Какое было бы счастье, если бы все те мысли мог я и днем припомнить.

Любезный читатель, не гневайся, что я так затянул дело. Затем я все это припоминаю, чтобы ты знал, какая прелесть, какая сила в любви к народу.

Что я увидел наутро, - да не случится в доме врага моего! Только открыл глаза, слышу голос бедной моей супруги, - она иностранка, немка. Вижу: она, прижав к груди единственного моего сына, так заливается-плачет, что камни и те разжалобились бы. Слуга и служанка, тоже остолбенев, стоят в углу и смотрят на меня с состраданием. Чье сердце не разорвалось бы в этот миг? Я вскакиваю как сумасшедший, гляжу на своего младенца - слава богу, жив-здоров!

Умоляю жену, но она никак не опомнится. Я не понимал, что же случилось.

- Безбожник! Ты убил меня! Что ты сделал со мной?- услышал я наконец.

Прислуга, со своей стороны, меня упрекает.

И вот узнаю, что я всю ночь напролет бредил, кричал, охал, что-то бормотал и па все вопросы домашних отвечал не по-немецки, а только по-армянски и, наговорив тысячу сумасбродных вещей, снова вступал в свои борения. До девяти часов утра я, оказывается, эдак проводил время в свое удовольствие, а они в отчаянии меня оплакивали!

В то утро, а потом в следующую неделю и месяц я пламенно желал - как и сегодня желаю - пойти к какому-нибудь знатному человеку, поклониться ему в ноги и сказать, чтоб он дал мне кусок хлеба,- и пошел бы я бродить по деревням, день и ночь собирать, что сотворил наш народ, и потом все это описывать.

Пускай теперь называют меня неучем. Язык мой разрешился ради тебя, мой благородный, родной сердцу моему, любезный народ! Пусть изучивший логику пишет для такого же, как он, ученого, а я - твой пропащий, неумелый сын - для тебя.

У кого в руках меч, пусть сразит сперва мою голову, вонзит его в сердце мое, а не то, пока есть у меня язык, пока бьется сердце в груди, буду я кричать неистово: «На кого меч подняли? Не знаете вы разве великого народа армянского?..»

Только бы ты, ты, мой народ благородный, полюбил, да принял бы мое дело и незрелый язык сына твоего, как родитель приемлет первый лепет младенца, который не променяет и на целый мир.

Вырасту - тогда будем и на замысловатом языке говорить.

Агаси - младший твой сын. Много у тебя сыновей старше его, именитей его. Приободри ты меня, свет моей жизни! И погляди, как я отважусь, приведу их сюда и поставлю пред очи твои, чтобы ты подивился, какие у тебя сыны, можно ли с ними предаваться горю. Лицо мое у ног твоих,- дай мне облобызать твою святую десницу. Прости меня, и пойдем к милому нашему Агаси.

ЧАСТЬ ПЕРВАЯ

2

Была масленица. В тот год навалило много снегу, он лежал и на горах и в ущельях. Ясная морозная ночь так сковала землю, что она под каждым шагом, на тысячу ладов трещала, скрипела, хрустела, звенела, издавала тысячу всяких звуков. Дрожь пронимала до костей. С веток каждого дерева, с крыши каждого дома свисали тысячи разнообразных ледяных сосулек, тысячи нагромоздившихся друг на друга обледенелых снежных комьев.

Казалось, горы и ущелья только что зацвели или же едва успели отцвесть: стоят на пороге смерти и осталось им лишь испустить дух и сказать миру свое последнее «прости». Птицы, дикие звери, животные, гады,- иные окоченели и попадали тут и там, а другие заблаговременно, за месяц вперед забились в свои норы и там притаились, поедая потихоньку свои запасы в ожидании возврата весны.

Реки, ручьи задернулись ледяным покровом толщиной в добрый гяз, наросшим постепенно, пласт на пласт, и так сковавшим уста текучих вод и ключей, что, лишь стоя возле них, можно было расслышать глухой их голос,- он журчал грустно, уныло, то вдруг умолкал понемногу, немел, застывал.

В то утро, едва лишь солнце приподняло голову с ложа сна и взором окинуло мир, лучи его так засияли, засверкали, заблистали над горными вершинами и полями, так заиграли со снегом и льдом, смеясь, переливаясь зеленым и красным цветом, что, казалось, алмазы, изумруды, яхонты и еще тысячи самоцветов рассыпаны по долинам и маковкам, излогам, склонам гор.

Холодная вьюга с горных высот, свирепый ветер из ущелий, почуяв такую волю, так стали завывать, дуть, мести и взвихривать снежную пыль, что у путника коченели нос и губы и кожа трескалась. Они раздирали несчастному лицо, били его без устали по голове, по щекам, забивали ему глаза и рот. Многих сбрасывали в ущелья, где они и погибали. Иных, бездыханных, погребали под снегом, других сгоняли в сторону с дороги, с одеревеневшими ногами и головой закидывали куда-нибудь в горы или долины и душили там, либо швыряли их умирать на острые камни.

В такой-то лютый зимний день, лишь только свет отделился от тьмы и восток зарделся зарей, канакерцы[1] проснулись, встали, поокрыли ердыки, умылись, перекрестились раза два, пожелали друг другу доброго утра, накрыли чем попало еще спящих детей и отправились каждый по своим делам.

Старики, расчесывая на ходу бороды и перебирая четки, старухи с чадрами под мышкой не спеша вышли из домов и, читая «Отче наш» или бормоча под нос «Отрекаемся» либо «Исповедуем», издали друг с другом

---

[1] Канакер - селение, находящееся в пяти верстах к северу от Еревана, на возвышенном месте, с чудесной водой и прекрасным воздухом, окруженное садами. В нем две церкви, множество развалин и в настоящее время пятьдесят дворов. Летнее местопребывание ереванских ханов. (Прим. автора).

здороваясь, многие с ковриками или шкуркой в руках, чтобы на пол под себя подостлать,- тесной гурьбой подошли к церкви и облобызали дверь. Пришли так рано, что и попа еще в храме не было; сказали звонарю, чтоб ударил в колокол, сами же, отвесив несколько земных поклонов, разостлали друг подле друга свои коврики - мужчины перед алтарем или между колоннами, женщины позади,- потом стали на колени и, принаклонясь друг к другу, начали беседовать про свои дела: что на селе да как дома, справляться взаимно о здоровье, пока наконец не пришел поп. Зажгли свечи, лампады,- где не было масла - пономарь подлил. Потом он накинул на попа ризу и в ожидании, когда явятся второй пономарь и дьячки, тоже положил несколько земных поклонов, стал на колени, пропел псалом, сотворил молитву, оглядел хорошенько всех пришедших - у кого осведомился о здоровье, с кем потолковал о том, о сем - и стал глаза протирать, пока народу не наберется побольше. Второй пономарь пришел, прочитали «Отрекаемся», причем головы накрыли шапками, а лицом обратились на запад; потом снова повернулись к востоку: начали «Верую», «Грешен», еще раз ударили в колокол.

Где не было колокола, там звонарь поднялся на крышу, на кизячный стожок, покричал оттуда, и обедня началась.

Поп с дьячком служили, народ клал земные поклоны; люди крестились, становились на колени, присаживались, а усердный, расторопный пономарь то подрезал свечной фитиль, то затеплял лампаду или же, почесывая себе бороду, потирая лысину и позевывая, сновал взад и вперед по храму, либо заправлял кадило или хлопал по голове ребят, чтоб смирно стояли, не поднимали шума и не перебегали с места на место. Время от времени он доставал из кармана табакерку, встряхивал, сначала нюхал сам, чихал, крестился или же проклинал дьявола, потом, в знак уважения, угощал кое-кого из знатных сельчан, степенно отходил и снова важно, чинно возвращался на свое место, либо же исполнял приказания священника.

Между тем молодые парни, свободные от летних занятий,- зимой тебе ни косить, ни молотить, ни сад прокапывать, ни лозу обрезать, ни солому возить не надо,- потянулись разок-другой, потерли глаза и, еще не совсем стряхнув с себя сон, пошли в хлев задать сена скотине и лошадям, убрать под ними, а потом свести на водопой, почистить коней скребницей да привести с песнями обратно, привязать и идти в дом.

Стыдливые молодки, подтянув до полноса шелковый, золотом расшитый ошмаг, спустив край лачака ниже глаз так, что лица их вовсе оказывались невидимыми, надев шелковую или синего холста минтану, нарядившись в канаусовую или полотняную сорочку, вчетверо или впятеро обмотав вокруг талии широкий кушак,- легко и проворно, словно пташки, слегка попрыскали на лицо водицей, утерлись полою, и одна стала подметать пол, другая убирать двор, а третья уже высекла огонь из кремня, чтобы затопить тондыр и, заготовив что надо, расставить котлы и приготовить пищу.

А молодые девушки дома расчесали себе волосы, заплели косы, закинули их за спину, надели остроконечные шапки с красным верхом, повязали уши, накинули на плечи полотенца, положили на них кувшины с заткнутым горлышком и пошли за водою для дома, потом, наговорившись друг с другом у воды, возвратились каждая к себе, опять-таки друг с другом по дороге беседуя и смеясь.

Солнечный луч проник в дом. Борей свистел, жужжал; вьюга шипела, пыхтела, выла, забрасывала снег через окна, через ердык, набивала им глаза и уши.

Дети встали, впросонках расселись рядышком вокруг тондыра и, еще неумытые, топотали ногами о камень, о землю, лезли с кулаками на матерей, требуя хлеба.

Черный, густой дым кизяка застилал входную дверь и ердык, обращая дом в целое дымное море,- глаз человеческий ничего различить не мог. Плач и хныканье детей выводили из терпенья, от них сверлило голову. Тот ревел в колыбели, тот кричал под одеялом, с глазами и ртом полными дыма. Иные, не довольствуясь полученным куском, хныкали; и клянчили еще,- авось, дадут, чтоб замолчали!

Бедная хозяйка не знала, чей рот рукой закрыть, чей насытить жадный глаз, а сама то откроет глаза или рот, то закроет,- совсем из сил выбилась. Сколько она наглоталась дыма, сколько нанюхалась табаку!-чихала и кашляла так, что сердце к самому горлу подкатывало. Столько терла она глаза свои, столько лила горючих слез, что вовсе почти ослепла.

Столько топталась она из угла в угол, сгорбленная, словно в куриной слепоте, что не могла уже спины разогнуть. А тондыр все истовей разгорался. Котлы кипели, клокотали. Она еще разок прошлась веником вокруг тондыра, навела чистоту, потом попробовала кушанья, посолила и стала .ждать, когда ее домашние придут из церкви.

Но бог смилостивился: дым разошелся, ветер притих, кто по воду пошел - вернулись; и парни собрались, и солнце уже поднялось па добрую сажень,- но пока не пришли из церкви, пока не произнесли приветствия «Господи, помилуй», никто из домашних не смей и кроху малую взять в рот!

Еще восьми не было в то время, о котором я веду речь.

- Эх! то уж не заутреня для нас получается, а, по правде сказать, ослиная свадьба!..- заговорил Агаси, старшой Оганеса, сельского старосты, и, раз открыв рот, стал бормотать про себя, ворчать, что оседлал, мол, своего серого, приготовился выехать на сегодняшнюю джигитовку, собирался наскоро закусить чем попало, вскочить на коня и поскакать с такими же парнями, как он сам,- погулять с ними, как им по душе.

Чего тянут без толку, будь они неладны, жилы вытягивают? Положил два-три поклона земных, перекрестился разочка два, и готово: облобызай церковную дверь - да и домой, займись каждый своим делом.

И зачем это нужно?-вцепились в церковь, как в конский хвост, не дождешься,- а ты знай, рот открывай да закрывай, пока не скажут тебе: «Будьте благословенны»,- тогда и хлеба отведывай. Вот тебе крест, эти старики да старухи, чем старше становятся, тем у них разума меньше. Хочешь сердись, хочешь - воду студеную пей. Хоть помри, а дожидайся, когда отмолятся, придут, скажут: «Господи, помилуй»- тогда еще, может, кой-чего перепадет. Не глядели бы глаза, все нутро сохнет. Ведь нынче и жертву не резали, стало быть, и с паперти не раздают - есть еще смысл там канителиться, ежели б хоть глаз чему-нибудь порадовался, рот бы хоть вкус мясного почуял, нос бы его запах нюхнул...

Попы сегодня что-то больно ретивы - им разве дело, что волк овцу утащил? Меры не знают: хорошо ли, плохо ли,- знай, мелют, а не то чтобы приподнять рычажок,- зерно-то и посыпалось бы, глядишь, поскорей,- и каждый бы уж дома был.

Им и в голову не приходит, какой нынче день. И кто это установил такие порядки? Будь помянут добром отец его, а про самого что сказать?- видно, вместо хлеба он сено жевал, вот оно что!..

Животы подвело - вишь как урчит, - а ты все ж таки жди, томись, пока служба отойдет и наступит для брюха пай небесный...

- Да ну тебя совсем! Что с тобой? Лучше потерпел бы немножко да придержал язык! Чего ты с самого утра ему волю даешь? Авось, в животе у тебя не пожар, не сгоришь, не испечешься!-сказала мать, сердясь.-Точно весь мир разграбили, а ты остался ни с чем, все на свете пропало а ты один осталась. А мы, по-твоему, не люди? Нас, по-твоему, не бог создал? Из земли мы что ли выросли? Ох-ох-ох-ох!.. Нынешние парни вовсе с ума сошли, на привязи держать их надо. Старших не уважают, не ценят ни веры святой, ни могущества церкви божией, ни молитвы. Бог за то на нас и разгневался, оттого и сыплются на нас беспрестанные бедствия. Каждый своего коня погоняет. Еще молоко на губах не обсохло, ходить еще немеет, а уж ногу закидывает,- нет, не потерпит этого бог. Встал с постели, так перво-наперво бога прославь, осени лицо свое крестным знамением, о душе помысли, а потом и делай, что хочешь. Авось, с этого не треснешь. Та, та, та... Избави бог от нынешних детей. Позволь им,- так они весь мир разрушат. Хорошо еще, бог терпит такое беззаконие. Будь я на его месте, не потерпела бы!..

Агаси был покорным сыном. Матери он ни слова не сказал, смолчал, однако и слова пропустил мимо ушей. У него земля под ногтями горела. Сердце готово было через рот выскочить.

Бедный парень, вырос на селе, в церковь почти никогда не ходил, молитв не слыхал, жил себе на здоровье в лугах да в горах. Один раз на пасху да раз на рождество он, правда,- да ослепнет сатана! - слушал колокол и обедню - но какой с этого прок? Ни сердце, ни душа его на это не отзывались. Для него, что церковная служба, что волчья свадьба - все было равно. Ни слов он не разумел, ни значения молитв, а когда клал земные поклоны или стоял на коленях, так спина болела и ноги тоже. Подожмет если под себя ноги, сядет - устает, а на ногах стоять - никакого терпенья не хватает. Нередко поневоле выходил на церковный двор, садился там на плиту надгробную, высыпался всласть и шел обратно в церковь.

А то иной раз придет, когда все уж кончено, возглашают уж «Будьте благословенны!» Так ничего: раза два перекрестится, приложится к церковной двери - и домой.

Ну, а мы разве не то се самое делаем? Чего же удивляться неотесанному мужи у или смеяться над ним? Ведь и попы-то сами в ином месте черного от белого едва отличают.

Бывало, при чтении евангелия поп тысячу раз очки поправит, а то на дьячка либо на пономаря сердится; аналой к самой груди придвигает; ил же потеряет в книге главу или страницу и возьмет в руку свечечку, или же бьет псаломщика по голове, чтоб тот свечу прямо держал.

А частенько к тому же попадалось, откуда ни возьмись, какое-нибудь словно такое плохое, неудобоваримое, затруднительное, наимудреннейшее, что сам черт ногу сломит! Оттого ли что поп больно уж нагибался или свечу чересчур близко держал,- книга нередко загоралась, а то и борода.

Однако подобные слова были у них на примете: как только к ним подступят, так либо вовсе обойдут, либо одну букву выговорят, другую проглотят. Случалось, что увидят «свт», а прочтут не «свят», а «сват»; или стоит «гд» - «год», а прочтут «гад». Ну, а молящийся либо клянет попа, либо вовсе слушать перестанет.

Когда же недоставало какой-нибудь буквы, то - не приведи бог!-и народ, и поп, и дьячок все голову ломали; из каждых уст свое слово вылетало,- надо в зурну дуть, а они в бубен бьют, чтецу вместо свечи рипиду или метлу суют. Тут уж кто печатника славословит, кто переплетчика расхваливает. В конечном итоге не столько люди за спасение души своей бога благодарили, сколько за избавление от книг от святого, то есть евангелия. А уж если в то время случалась присутствовать иеромонаху, то, не приведи бог! - так и застревал осел в грязи, у чтеца и ноги и руки дрожмя дрожали и язык вовсе отнимался.

Удивляться, впрочем, тут нечего,- что им делать, беднягам? Школ в деревнях нет, в городе порядочного: учителя не найти, а у многих, вдобавок,- пошарь в животе, так ни аза не отыщешь. И то уж много, что хоть кое-как черпают воду из посудины, все-таки дело свое делают, справляют церковное богослужение. Все мы хорошо знаем, на ком тут вина, но сейчас не время об этом заговаривать.-Да и что мне сказать. Разумеющий уразумеет, может, и в затылке почешет, да только с того сыт не станешь. Лучше бы, не откладывая, дело налаживать, не повторять: завтра, завтра!..- Завтра такой же день, как и сегодня. Пока будем откладывать, волк всю скотину перетаскает. У кого есть уши, да услышит,- а не то, смотри, о камень споткнешься!

Наш Агаси, чтобы сказать правду, кроме того три-четыре раза в год причащался, исповедовался, постился, от пищи воздерживался, участвовал в жертвоприношении пасхальном, возжигал ладан и свечи. Все грехи свои, бывало, попу на шею навяжет, а сам рот утрет и руки умоет, да и станет себе в сторонку. Но только исполнив, что долг требует, ни в чем он не менялся - по курдской поговорке: «Подпасок был - подпасок и есть». Та же вода, та же мельница: и в мозгу не прибавилось, и во рту не сладко. И дорогу в церковь, и ладан, и свечу вовсе, можно сказать позабывал. Знал только обычай. С тех пор, как прозрели глаза, знал, что в кануны великих пяти праздников не следует вкушать мяса, что нужно ходить в храм божий, поститься, причащаться, служить обедни, устраивать трапезы поминальные, святить могилы. Другие делали,- и он делал: кормил нищих, нередко приглашал священника и народ и поминал души усопших своих родственников.

Все эти обычаи - прекрасные обычаи, несравненный закон, все это - святое богопочитание и человеколюбие. Дай бог, чтобы каждый народ обладал теми чертами добродетели, коими отличается избранный наш народ,- но Агаси часто на то именно и злился, что не растолковывали ему, в чем сила всего того, что по обычаю выполнялось.

Выходил он в поле, видел хлеба и плоды, деревья и цветы луговые, видел в небе сияние ясного солнца, месяца, звезды - и часто душа его воспаряла, ум возлетал, нередко очи наполнялись слезами, он останавливался, как вкопанный, и казалось ему, что привели его в рай небесный. Он раскрывал объятия свои, обнажал голову, обращал взоры к небу, либо окидывал ими землю, вздыхал и хотелось ему воскликнуть: «Ах, кто же ты, кто? Слава тебе, господь-создатель, столько благ для нас сотворивший! Ах, зачем ты святого лица своего нам не явишь, чтоб могли мы припасть к ногам твоим, наше сердце и душу в жертву тебе принести! Как могу я сказать, что прекрасна только земля, украшенная тысячью цветов и растений?-как же промолчать мне о небе,-не оно ли дарует мне свет дневной, выращивает плоды на полях моих, а ночью от глаз моих

13

отгоняет тьму и, возвышаясь над головой моей, подобно шатру, посылает дождь или солнце, чтоб мог я жить, вскармливать детей, быть полезным миру,-дабы по кончине моей люди могли прийти ко мне на могилу, помянуть простым словом и помолиться за упокой моей души? Ах! Господи, царь небесный! Каждый раз, лишь открою глаза и увижу творение твое, сердце мое превращается в огонь, глаза - в слезное море, уста не молвствуют - я весь пламенею, в жару, но диво - не сгораю в том огне, в воде той не тону. Блуждающий взор мой перевожу с куста на куст, с горы на гору. Взгляну ли на корни древесные или на горную маковку, очи мои мутятся, помрачаются. Шуршат ли древесные листья, летит ли птица, журчит ли родник, или соловей поет, дует ли ветер, ложится ли роса на лицо мое, загремит ли гром, польется ли дождь-мнится мне чей-то голос, чья-то рука, чья-то душа незримая, взывающая ко мне, манящая меня, радующаяся мне, - и будто говорит: «Вкушай все сие, земнородный человек, будь добр, твори добро, познай величие и попечение создателя, плодоноси, как дерево, благоухай, как цветок; порождай ключи, как гора, злаки, как поле; хлеб, как земля; свет, как небо... Наслаждайся господними благами и другому уделяй долю; увидишь бедняка - накорми его, насыть; летит ли над тобой птица,- покличь ее, дай ей зерна; будь щедр-щедро вознагражден будешь и познаешь на земле счастье».

Ах, все я сделаю. Жизни ли моей потребуют, - не пожалею и жизни своей. Но, - господи боже милостивый! - что будет, если эта душа незримая вдруг, хоть раз один, явится мне, чтобы мне не сгореть, не истосковаться, не истомиться от сильной любви к ней? Ежели б хоть в сновидении увидел я однажды образ ее, в сердце моем не осталось бы горя, и я столько бы не жаждал, столько бы не страдал.

Ежели ты посылаешь ее в мир, о господь мой и создатель, зачем повелеть не хочешь, чтобы она хоть на день, на день лишь один, ах, на минуту, на одно хоть бы мгновенье показалось мне, чтобы увидел я ее, утолил бы сердце и снова стал бы творить, что она внушает; вынул бы кусок изо рта и дал другому, снял бы с себя одежду, покрыл бы чужое тело, дабы отец и мать моя возрадовались сердцем и сказали, что бог дал им хорошего сына, к их наставлениям не забывчивого, следующего по пути добра, поступающего, как они говорят...»

Так думал, выходя в поле, наш простодушный Агаси, и сердце его надрывалось. Возвращаясь из церкви, он благодарил господа бога, что служба скоро кончилась, что пришел он домой, что отдохнет немного и пойдет снова в поля,- и там опять раскроется сердце его, опять услышит он тот голос прекрасный и станет делать свое дело.

Нередко приходил он из церкви рассерженным, протягивал ноги в углу или под курсою, недовольно ворчал, жаловался, что в церкви, на исповеди, его о таких вещах спрашивали, так оскорбляли его сердце, что и во сне не приснится.

«Ты, брат, сперва пособи мне в том, что я наделал, а потом и спрашивай обо всем другом» -частенько говорил он всердцах.-«Сколько ни говори, все-таки битых два часа заставляют на коленях стоять, надоедают: скажи, мол, да скажи... А что мне сказать, коль я ничего такою не сделал? Что? Ты сделай так, чтоб у меня сердце хоть немного освежилось, согрелось. Какая тебе польза, что я много наговорю? Я и так делаю тебе уважение, виду не показываю. Что же? Так все и выговаривать, что на язык взбредет? Ты такое спрашиваешь, что во мне сердце трепещет - камень и то таких слов не выдержит. И как это в святом божьем храме о подобном спрашивать!- об этом и в пустынном поле говорить нельзя,- ветер, гляди, подхватит да до чужого уха донесет, и дома нельзя говорить - ни, ни,- стены содрогнутся.

Я своим коротким умом так рассуждаю: человек на исповеди сам должен подумать о мерзости своего прегрешения, о содеянном им зле, посожалеть о нем, раскаяться, попросить у бога даровать ему отпущение, чтобы он больше того не делал, дать силу, чтобы не сбивался он с пути, чтоб был добрый.

А если эдак насиловать, наваливать на человека бремя, наполнять ему слух такими вещами, без отклика в сердце- что ж из этого получится?- Ничего! Ну, бейся целых пять дней головой об камни, постись хоть круглый год,- да если сердце твое не чисто, какая от этого польза? Сделал ты мне, скажем, что-нибудь плохое, так должен сам сердцем постигнуть, сам раскаянье почувствовать,- а оттого, что другой тебе подскажет, ты все равно своего желания, намерений своих не оставишь. Коли стал на колени перед попом, покаялся в грехах, должен так встать, чтобы совесть твоя была спокойна, чтобы слова его тебе в голову влезли,- а коли ты с тяжелым сердцем пошел да с тяжелым и встал - какой от этого прок?

Беда да и только - схватят за ворот и не отпускают. Как подходит день исповеди, видит бог, дрожь всего пробирает. Всю посуду, можно сказать, перемываю, весь свой мозг выжимаю да процеживаю, все хочу высмотреть, что я такого натворил,- чтобы самому сказать, не заставлять его спрашивать. Не грабил, не убивал, чужого хлеба не отымал. Богу это известно. Воровства, злодеяния всякого, непотребства - и в мыслях нет. Сколько под солнцем, под дождем на коленках наползаешься! Утром уйдешь в поле, вечером придешь, никому дурного не желаешь - какой там грех? А они долбят: скажи да скажи! Сам я знаю, кто не человек, а греха мешок,- от них от самих отчета потребовать надо. Сами они на нас бремя наваливают, сами нас грешниками делают.

Верно сказано: кто век над книгой корпит, у того мозг в костях жидкий, в голове ума нет, а то еще, пожалуй, обасурманится. Грамотен мир построили, грамотеи же и развалят. Врагу не пожелаю, чтоб он к ним в руки попал: живьем съедят. Всего от них жди. Евангелие читают, обедню служат, а сами нам говорят: поступайте, как мы учим, а на дела наши не смотрите. Но как же не смотреть?- Я, авось, не слепой, слава тебе, господи! По какому пути ты идешь, по тому же пути и я должен идти с тобой вместе. Ты иди прямо - и я пойду прямо: силком ведь не заставишь. Сам ты как рак вкривь ползешь, а с меня требуешь, чтоб я криво не шел. Ты сперва сам делай, потом меня наставляй. Я тоже знаю, что бог дурного не любит. Уж коли я - прах земной - дурное ненавижу, станет ли его бог терпеть? Есть у тебя что сказать- скажи, а нет, так не тебе и караваны грабить. А то сядут, говорят долго, длинно, вещей помянут тысячу, чудес тысячу порасскажут, а содержание-пустота, семь горошин, ни соли, ни приправы.

Ведает Христос, я у дерева да у поля своего больше поучаюсь, чем у них. Слушай: денег захочешь - дам денег; нет денег - голову продам, тебя поддержу,- ты только мне такое скажи, что в моей бы голове уложилось. Если на зов мой поспешишь мне на помощь, тогда хоть души моей пожелай - не откажу, вот увидишь.

Ну, да об этом - мимо. А вот хоть бы наш священник Маркос: накинет ризу на плечи, подберет штаны,- и бегает с утра до вечера по улицам, шлепая туфлями или кошами стуча, подергивая плечами, с посохом, четками своими крупными погромыхивая, все рыскает, не посчастливится ли где на покойника или на крестины, не пахнет ли пловом с бараниной, ягненком жертвенным,- и уж он тут как тут: чихает, кашляет, хлопает себя по ляжкам, по голове, сокрушается,- а смотришь, он уж дверь высадил да и ворвался; стал, как ангел смерти, возле тондыра. Никто не приглашал, сам сел, спросил себе водки, закуски - можно подумать, что половину души умершего самолично взялся из греха вытянуть. Еще саван не сшит и покойника-то еще не обмыли, а уж он спешит потребовать плату за похороны и что ему полагается из вещей скончавшегося. Бог не стерпит! Слушай, ты сперва подойди, возьми меня за руку, отечески меня ободри, утешь ласковым словом, а потом бери и душу мою: коль не отдам, будь я наказан.

Ежели у кого званый обед, он сам садится во главе скатерти, ест за пятерых. Как почует запах бурдюка, начинает у него в брюхе урчать. Ну, что ты за человек после этого? Не помрешь же ты с голоду, чтоб тебя и так и сяк! До чего себя допускаешь? Ведь брюхо твое не преисподняя, чтобы все на свете поглотить! «Гора да ущелье - в брюхе поповском» - верно сказано. В уста того облобызать, кто эти слова сказал. В евангелии надо бы их на полях написать, чтоб они читали и разумели. Того гляди, и нас живьем съедят. Ребята наши пастухами заделались, гуляют себе, никто о них не заботится - хоть бы азбуке, хоть бы каракулям их научили. Нет, только о себе самих думают. Так ведь нельзя...

Правда, я читать-писать не учен. Ослом родился, ослом и вырос. Почем я знаю, какой такой поп, какая такая церковь? Эдакие мудреные вещи в мою тупую голову не лезут,- не лезут да и только, хоть тысячу лет мне тверди, хоть помри я, тресни, хоть ноги об камни оббей! А вина на том, кто не научил меня читать. Но дело не в одной только грамоте. Говорите, что хотите, но я своей неотесанной башкой так сужу: поедать кривдой нажитое добро да спать целый день в праздности,- это нечестно. Человек должен сам работать, чтобы честно хлеб есть».

Кто слушал Агаси, мог бы, пожалуй, подумать, что он какой-то сумасброд, бездушный, безбожник, человек, отрекшийся от своей веры,- ежели так побивает каменьями, так осуждает жалких наших книжников, забывая о том, что они вкушают животворящее тело и кровь христову - да пребуду рабом святой силы их! Они властители душ наших, они очищают и избавляют нас от грехов. Им дарована власть на земле и на небеси, им дано открывать и закрывать перед нами двери рая. Если бы их не было, наши души в аду, в жарком углу огня вечного мучились бы и мучились и чертям бы достались на долю. Если при переправе через висячий мост волосяной не будут они держать нас за руку, мы сверзнемся в пропасть, и каждый кусок тела нашего попадет в когти тысяче чертей. Что хочешь говори, что хочешь делай,- никто тебя не удерживает! Каждый сам себе хозяин. Но тому, кто о подобном заговорит, зубы надо выбить, чтоб образумился.

Что поделаешь? Деревенский осел, с толстой башкой, с жидким мозгом, грубый, неотесанный, не видал он ни учителя, ни школы. Одна была у него школа - убирать навоз из-под лошади, держать рукоятку плуга, поле пахать да садовничать- больше ничего он не знал. Ежели человек ест не умывшись, месяц за месяцем, день-деньской в поле да в хлеву,- что с него спрашивать, что обижаться и обращать внимание на слова его? Что мужик, что животное дикое - все одно. Ежели человек не знает, как надо креститься - к груди ли сперва приложить руку или ко лбу, справа налево или слева направо, ежели он за целый год всего раз пять побывает в храме божием,-кто на его рыло смотреть станет?

Может быть, причиной всего недовольства Агаси была масленица и то, что служба церковная так сильно затянулась. Может быть, думал он, что его сверстники, другие деревенские парни, уже готовые, на конях и со щитами выехали в поле, а он опоздал. Может быть, именно поэтому так взывал он к справедливости, роптал, разглагольствовал, брал грех на душу - до этого дня ни отец, ни мать голоса его не слыхали. Ежели такова была причина, можно и забыть его безумные речи, простить его,- но всякому другому, кто говорит такие нелепости и пустословит, надо залепить рот глиной, чтобы знал меру.

Итак, пусть тот, кто слышал Агаси, не гневается и не подымает руки, чтоб ударить его по губам. У других язык и позлей бывает. Но редко у кого такой добрый нрав, доброе сердце, такая душа, как у Агаси.

Он был уже не мальчик, ему было за двадцать лет, но перед отцом и матерью держал он себя, как невинный ягненок. Не было такого дня, чтобы он в чем-либо их ослушался, чтобы сказал кому-либо неприятное слово. Когда глаза его встречались с их глазами, он тотчас улавливал родительские мысли и из кожи вон лез, чтоб исполнить их волю.

Все односельчане на него радовались, все клялись его головой. Восхищались им, хвалили его, благословляли. Если с кем-нибудь приключалась беда, если кого-нибудь постигало горе, он забывал самого себя, спешил прийти на помощь. Кусок изо рта вынимал и отдавал другому. Не столько охранял свое собственное добро, свое поле, свою скотину, сколько имущество соседей. Будучи сыном старосты, был он другом нищих и слабодушных.

Заходил ли сирота в их дом, он расстилал скатерть, открывал кошелек; если у кого-нибудь не было плуга, он отдавал свой, не было быка или подпаска,- посылал своих. Если у кого-нибудь недоставало денег, чтобы нанять работников обрезать лозы, вскопать или закопать, или же откопать снова по весне, он сам собирал деревенских парней и шел без зова, без просьбы, делал там дело, и хозяин, придя в свой сад, изумлялся, молил о ниспослании ему счастья в жизни,- ибо, если в нашей стране не закопать вовремя виноградные лозы, то они все погибнут. Многие отцы и матери завидовали его родителям, видя у них такое доброе дитя. Где случалось какое-нибудь сборище или расстилалась скатерть, он всегда был впереди других, веселил и развлекал.

Отменный рост его, темные-претемные очи, брови, словно пером расчерченные, лицо красоты бесподобной, сладкая его речь, приятный голос, широкие плечи, высокое чело и золотистые кудри всякого сводили с ума: кто посмотрит,-изумится, не может наглядеться.

Когда брал он в руки саз, в тог же миг камни, деревья-все начинало дышать, одушевляться, говорить.

Правда, от солнца лицо его загорело, утратило свой нежный цвет, но когда он смеялся, когда раскрывал глаза и подымал брови, казалось, распускается роза, от лица его исходило сияние.

Пуля из его ружья никогда не знала промаха. Сердце у него было столь доброе, что он понапрасну не убил бы птицы, не задавил бы и муравья, но разбойники-враги день и ночь притесняли сельчан, и если случалось, что тюрки забирались в сад, чтобы убить его или его соседа, тогда где бы он ни был, хоть на самом небе, являлся в ту же минуту; стоило позвать его с другого конца села, он мгновенно был тут как тут, и если словами не удавалось уладить дело, тогда показывал свое уменье владеть шашкой, ружьем и руками, и враг смирялся, как побитая кошка, или же попадал в давильный чан, где его и хоронили,- и концы в воду, ибо тысячу раз было испытано и замечено, что пока тюрка не побьешь, он тебе другом не станет.

Такая была у него сила, что он хватал взрослого мужчину за пояс и подымал, как цыпленка, выше головы: повертит, бывало, и вновь опустит. Когда садился на коня, то стоило ему поднять руку, как лев-конь сам сгибался и подставлял спину. Пять человек могли на него напасть, а все не скрутили бы могучих его рук. Одним ударом шашки рассекал он шею буйволу или быку, да так, что кончик лезвия врезался в землю. Часто одной рукоятью шашки отгонял он прочь двадцать разбойников. У тюрок при одном его имени все печенки отрывались. Возникала ли драка, сколь часто при одном его голосе дерущиеся разлетались, как мухи, рассыпались в разные стороны, с глаз долой!

Ему дали прозвище «аслан баласи» (сын льва). Если б пустить его к разбойникам и грабителям, даже связанного по рукам, и то остался бы он цел и невредим.

Но при таких удивительных качествах все же с детьми он бывал ребенком, со взрослыми - взрослым.

Он так стоял перед ханом или шахом, так держал им ответ, словно рожден был царским сыном. Никогда не исчезали с его лица смех и радость, так чисто было его сердце, так безмятежна совесть, так праведна душа. Каждое слепо его было, что бесценный алмаз.

Многие матери мечтали взять его в зятья и окружить заботой. Молодые девушки, услыхав голос или одно даже имя его, готовы были душу ему отдать. Часто, когда, идя за водою или стоя на крыше, видели они шедшего мимо Агаси, думали, что это проходит ангел и замирали, очарованные. Слыша его голос, видя стройный его стан, все загорались, теряли рассудок, готовы были душу свою вынуть и ему отдать. Когда пели «Джап гюлум», ворожили или гадали, он один бывал у всех на уме. Его одного видели во сне и просыпались, вздыхая от любви к нему.

Ежели какой-нибудь из девушек перепадало из его рук яблоко или роза, она хранила их за пазухой, если даже они уже гнили или засыхали,- засыпая, клала на подушку, просыпаясь, нюхала, прижимала к груди и к лицу. Когда он бывал где-нибудь в гостях, то с тысячи мест, сквозь щель в стене, с порога, из-за угла, очи девичьи только на него и глядели. Не каждая ли желала тогда, чтобы рука Агаси коснулась ее руки, дыхание его слилось с ее дыханием, либо шашка его вонзилась ей в сердце, чтоб

19

поскорей стала она ему жертвой, чтоб Агаси похоронил ее, чтоб сердце Агаси о «ей болело, чтоб слезы Агаси над ней проливались, но увы! - Агаси давно уже исполнил свое заветное желание, а их мечтам суждено было при них оставаться. Все село такою пыла то к нему любовью, что даже песню о нем сложили - сами пели и детей учили:

Джан-Агаси, ты наш венец,
Глаз от тебя не отвести.
Свет обойди с конца в конец -
Нигде такого не найти!
Мы рады жизнь тебе отдать,
Тебя лелеять, ангел наш,
Мы будем и в гробах взывать,
Тебе всю душу предавать.
Ты небу свет и блеск даешь,
Цветам - их душу, аромат.
И если мимо ты идешь,
Все горы кланяться спешат.
Твой саз услышав, соловей
И роза плачут, полюбя,
И бьют себя по голове,-
Им горе, если нет тебя.
Пока мы живы, свет ты наш,
Над нами кров всечасно твой,
И мертвым ты покой нам дашь,
К нам на могилу став ногой.
Украсить дом таким сынком
Завидно было б и царям,
И в прах при имени твоем
Свирепый враг сотрется сам.
В лучах лицо твое светло,
Ты солнцу мил, наш дорогой,
И облака, раскрыв крыло,
Твоей любуются красой.
Из дома ли выходишь ты,
Все очарованы кругом,
А если речь заводишь ты,-
Все шепчут, за тебя умрем!
Пером писалась бровь твоя,
Чинаре твой подобен стан
Все в восхищенья от тебя
Сюда, сюда, скорее, джан!

Однако, что бы ни делал Агаси, дома он вел себя как настоящая молодица. Правда, на сей раз малость разошелся,- но и то по случаю масленицы.

Ключи от винного погреба, а также и от кладовой были в кармане у матери. А она все упорствовала, все упрямилась: пока не кончится церковная служба, хоть помри, капли воды не даст. Молодая его жена уж и так, и эдак старалась,- но что могла она поделать? От нее, бедняжки, ничего не зависело.

Неумолимая свекровь ни на кого не смотрела, никого не слушала. Все собственными руками приготовила: водку, вино, курицу, яйца, баранину,- но пока не кончилась служба в церкви, горе тому, кто, пройдя мимо, до чего-нибудь пальцем дотронется!

Навели порядок, и в саку разостлали ковер, затопили бухарик, подмели во дворе и в доме: сегодня приглашены были сюда сельские старейшины,- каждый по очереди угощал других день за днем всю масленицу - так уж было заведено. Агаси поставил человека на крышу, и тот давно следил, когда же наконец выйдут из церкви. Как только слуга завидел белые чадры женщин, он поспешно вбежал в дом и обрадовал молодого хозяина.

Но мать стояла на своем, поступила-таки по-своему: не дала Агаси даже пошевельнуться, пока бабушка Сарахатун не вернулась домой, не отложила в сторону свой псалтырь и чадру, не сказала всем «Господи, помилуй» и не оделила всех просвирой.

- Да не прогневается на вас бог,- вы мне сегодня всю душу вымотали, замучили вконец,- пробормотал Агаси, положил в рот кусочек просвирки и, не дожидаясь прихода гостей, выскочил из комнаты и исчез за порогом.

Добрый конь, видно, за честь себе почитал держать на спине такого наездника. Не успел Агаси коснуться ногою стремени, как конь согнулся и начал игриво мотать головой, бить копытами землю, высекать искры подковами, ржать, фыркать - и так сорвался с места, словно крылья у него отрасли.

Товарищи Агаси тоже собрались вместе и все приготовили: ждали своего старшего, однако начинать пир не осмеливались, видя, что почтенные старейшины по выходе из церкви все еще стоят посреди села, беседуют, толкуют каждый о своей злобе дневной.

- Никак-то не уберутся эти старцы беззубые, не дают нам старикашки успокоиться и за свой пир взяться!-сказал один, всердцах скрежеща зубами.- Сами, ишь, одряхлели, молодость свою забыли, вот и не хотят того, чтоб и мы пожили в свое удовольствие!.

Но староста Оганес, человек опытный, искушенный, с бородой и волосами, поседевшими от тысячи всяких злоключений, тысячу раз побывавший во всяких переделках, стоял степенно, гордо и наказывал сельскому рассыльному, что буде появится какой тюрк, он бы его свел куда-нибудь и угостил, да чтобы за той собакой хорошенько присматривал,- не укусила бы кого. Потом, забрав с собой попа, все потихоньку двинулись к его дому.

Как только они удалились, так для наших молодцов и звезда блеснула.

2

- Старейшины идут! Эй, вы! Отойди, посторонись, дай дорогу!.. - так закричал рассыльный Котан, слепой на один глаз и до того криворожий, что одна половина бороды, спутавшись, торчала у него на лице, а другая прилипла к шее до челюсти, да там и присохла,- вот до чего много говорил он и орал на своем веку.

Сам царь не столь торжественно входит в палаты своего дворца, как старейшины нашего села входили в свою теплую саку,- а на многих из них всей одежонки меньше было, чем на два рубля.

Кто был обернут в неразорвавшуюся за десять лет, истрепанную бурку, кто накинул на плечи во многих местах заплатанную, изношенную курдскую абу, которою, правда, рот и борода покрывались, но пониже пояса - куда там! Рваная, из жидкой шерсти чуха в тысяче мест свисала клочьями, и они так трепыхались от ветра, что, казалось, будто он хочет и их унести с собой.

А на голове у каждого - словно целый баран насажен? Кто был малость пожирней, побогаче, у того ноги и голова были вроде как в порядке, все-таки была на них, сколько бог послал, можно сказать, одежда: новые лабчики, штаны из темно-синего миткаля с вышитыми краями; чуха светло-синяя из тонкого сукна или езидская капа тоже из синего миткаля; белый полотняный либо шерстяной кушак. Ворот рубахи у кого канаусовый, у кого полотняный. Архалуки, правда, заплатанные, но не больше, как местах в десяти-двадцати,- и то заплаты разноцветные, где красные, где желтые, где в полоску, так что иные архалуки можно было принять издали за пеструю попону или за полосатый кошачий хвост.

Но всего примечательней, на каждом из них была шуба из шкуры гиены. Снаружи нагольная, красного цвета, как хной окрашенная окладистая борода турка, все тело прикрывала, голого места не оставалось. Полы и свисающие с плеч узкие рукава-точь-в-точь ослиные поводья-доходили до самой земли и начисто подметали место, которого касались, превращали его в зеркало. Меха на каждой шубе было с пядь толщиной, но, увы, от обильного солнца да от дождя он в такое пришел состояние, так выцвел, так вылинял, что похож стал на шкуру какой-нибудь шелудивой лошади. А пыли да грязи на такой шубе - за целые десять лет! У многих на плечах и спине зияли огромные дыры,, шерсть и волос оттуда повывалились,- можно было подумать, на первый взгляд, что это верблюд по весне линяет.

У иных на папахах шкура совсем стала чалой и из верха повыползла шерсть, так что при малейшем дуновении каждая шерстинка взлетала в воздух и кружилась над головою.

Но тем не менее нельзя было не радоваться, видя, как староста, да и большинство других старейшин, заломив шапки набекрень, надвинув их на правое ухо, с удовольствием перетягивали с плеча на плечо свои пятиовчинные шубы, потряхивали головой, чтоб папахи не дурили, знали свое место и держались прямо.

Нет-нет угощая друг друга понюшкой табака или же засунув руку приятелю за кушак, либо обняв его за шею, припоминали они свое детство, шутили, подталкивали друг друга, свистели, прищелкивали, фыркали, чмокали, крякали, а то и хохотали, гоготали, гремели и гудели вовсю.

Многие до того досмеялись, что в спину вступило,-словом, пока из церкви до дому добрались, чуть ли не год целый прошел: всё они по дороге останавливались, то там, то тут, беседы беседовали.

Я уже сказал - и это правда,-что многие, хоть и обуты были в трехи, но без чулок - нечем было голую ногу прикрыть. У иных на чухе заплат было, право, с тысячу. На руках, на лице, в бороде накопилось навозу да грязи, да пыли, да сору всякого, видно, за добрый десяток лет.

У многих во рту и двух зубов не осталось, до того бедняги состарились. Что ж поделаешь?

Зато у каждого и дом и погреб битком набиты, трещат от всякого добра,- благодать божья, разве что змеиного яйца не найдешь.

В ряд стоят карасы с вином. Закрома полны хлеба, дойные коровушки и буйволицы с телятами да буйволятами - в хлеву на привязи, есть и добрый конь в конюшне и плуг со всей упряжью во дворе.

В кладовке грудами дыни, арбузы, груши, яблоки; всякие плоды висят связками. Как войдешь да обдаст тебя всем этим ароматом - так одуреешь.

Когда новобрачная с молодым мужем или какой-нибудь гость дорогой клали голову на подушку среди этой живительной благодари, чудилось им, что засыпают они в раю и в раю просыпаются.

У кого два, а у кого и три сада было, и работник, и пастушок всегда при доме - во всем доме гул стоял.

Карасы с когаком нашим севанским полным-полно. В горшках тебе и сыр, и каурма в особых кувшинах, и зох, и бох, и вохормакот. В других - масло, и топленое тебе, и сливочное. Тут же сыр в овечьем меху - что говорить, не дом, а море разливанное!

23

Если б и десять гостей зараз в такой дом понаехало да стали бы они целый месяц есть и пить да посуду бить, все ломать да портить, так и то добра и припасов у хозяина не убавилось бы.

Бывало, ежели какой чужанин, совсем сторонний человек, проходит мимо их дверей, хозяева уж его за руку тащат - непременно к себе зазовут, чтоб он с их стола отведал, а уж потом и отправлялся своей дорогой.

Увидя, бывало, в церкви заезжего человека, дослушают «Свят, свят, свят» - и станут на паперти, каждый старается первым заманить его к себе в дом.

Если желающих оказывалось много, тогда приходили к соглашению,- и недели на две, бывало, задерживали гостя: один день у одного попируют, другой - у другого, а то и все вместе его угощают, веселят, ублажают сердце чужедальнего человека.

У многих бывали и отары овец.

Иные в год продавали литров двести-триста груш, яблок, абрикосов и столько же раздавали беднякам и прохожим людям. Сохраняли еще и для врачевания, чтобы неимущий люд с гор - тюрки ли, армяне ли, у которых садов нет, - могли прийти, ежели захворает у них кто-нибудь, взять плодов и отнести своему алчущему больному, - чтоб не напрасно он ждал и надеялся. Ведь в нашей стране, чем бы ни хворал человек, его первое и последнее лекарство - плоды. Не будет плодов, ничего его не спасет, и язык его во рту засохнет, либо он и вовсе умрет, так и не утолившись.

Каждый особо выделял толику вина из домашнего запаса на нужды церкви, а также раздавал крестьянам, если в их селе садов не было, чтоб они души сродственников его поминали за упокой.

В канун пяти великих церковных праздников резали жертвенного барана или корову, заказывали требы, обедни, платили деньги попам и всем домом ходили на могилы близких своих, служили там панихиду и кормили нищих.

Ничего почти на базаре для дома не покупалось, кроме разве одежды, да и то холст либо ткань на мужские рубахи или чухи, большею частью молодухи да девки пряли и ткали дома, и шили сами.

А на жен поглядеть - с ума сойдешь! - утопали в шел куда атласе. Мужья сами себе во многом отказывали, а жен с ног до головы содержали в чистоте и опрятности. Мужчина всё в поле да в поле - на что ему? А женушка должна всегда быть в приборе, - чтоб все было на ней как следует.

Частенько, один назло другому, наряжали они и украшали жен своих, как весеннюю розу: шагреневая обувка, иногда и красные башмаки, шелковые шаровары, обшитые золотым позументом, алая шелковая же минтана, золотом шитый лечак, каламкаровый архалук, шуба соболья,

24

серебряные пуговицы и запястья, расшитый ошмаг, лента бархатная с монетками, и на лбу оборочка, и на шалварах оборочка, воротник с узором, пояс золотой, кольца с яхонтами, ожерелье из янтарей или кораллов, - а между ними продырявленные золотые, и рублевки, и двугривенные; нагрудная булавка, серьги в ушах тоже из золота, а иногда и жемчужные; края минтаны также нередко жемчугом обшиты.

У многих в волосах и на голове всяких украшений да убранства на добрых пять туманов! У многих - нитка на лбу с монетами из чистого золота.

У каждого жена и дочь - словно хановы или бековы дочери.

Было у каждого в доме по четыре, по пять снох - и ежели заболит у него что, все они вокруг него хлопочут, ухаживают, готовы ноги ему вымыть и ту воду выпить. Стоило только ему подставить голову или спину, снохи и дочери наперебой норовили почесать его или поискать ему в голове.

Снимал ли он трехи или лабчины, каждая спешила делать то, на что горазда. Одна растирала ногу, другая грела воду, та подносила кувшин, чтобы вымыть ноги и голову, та, засучив рукава, лила ему воду на руки, эта подавала полотенце, та подвертывала ему рукав, та прибирала одежду, еще одна стелила постель и укладывала его спать.

А когда, бывало, он спит,- разве могло такое случиться, чтобы муха пролетела мимо него или села ему па лицо?- до того внимательны были снохи и дочери.

Когда случался в доме гость, такая же честь оказывалась и ему,- разве посмели бы они поднять на него глаза? Если он выражал какое-нибудь желание, они не то что бегом, а стремглав бросались поскорей исполнить. Сложив на груди руки, стояли и смотрели в оба, ждали, не прикажет ли чего хозяин или гость. При одном взгляде свекрови или свекра готовы были тот же растаять на месте, до того велико было их послушание.

- Вот это счастье, так счастье,- а деньги, что в них? Будь они прокляты и те, кто их чеканит! - нередко говаривали сельчане и качали головой: и съесть нельзя, и на себя не наденешь! Нынче набьешь карман, а завтра, глядишь, соси палец. С ними нет тебе ни ночью сна, ни днем покоя. Кусок в душу нейдет, словно брюхо у тебя разболелось. Деньги- это ржа, грязь на ладони. Сегодня есть, а завтра-поминай, как звали. Помрешь - и достанутся волкам да собакам. Что денег отведать, что собственного мяса съесть, - одно и то же.

А к нам, гляди, и сардар заходит, и богатей. Имелся бы в корыте хлеб, в карасе - вино, в мешке - мука, а там - будь я гол, как сокол! Да пропади моя голова, если я стану тужить. Был бы дом мои полон, была бы в доме благодать, дети были бы живы-здоровы, и пусть тысяча людей ко мне приходит, тысяча уходит,- разве это мне в тягость? Хлеб - божий и я тоже. Кому приведется, тот пусть и ест, - слава богу, в запасе много еще кой-чего. Были б сыновья здоровы, да сам я жив. Как может господь урезать пищу у своего творения? Я шапку набекрень заломлю да свое и наверстаю. Пускай ленивый тужит.

Нет, нет - кто деньгам предался, у того ни души, ни веры нет. Что деньги, что прах - всё одно.

Вон у золотых дел мастера П. много денег,- так что ж, разве он выше меня хоть на столечко? Или лучше моего живет? Кривой его глаз про то знает. От забот у него кожа с лица сошла, сам в щепку превратился, спина к животу прилипла, зубы торчат, глаза ввалились. Ветерок подует,- так он весь съежится, в клубок свернется. Зажми ему нос - из него и дух вон.

Нет, ежели за год, не покушают моего хлеба тысяча таких и сяких, тюрков да армян, нищих да странников, да чужаков всяких, ежели не поспят они в моем доме, не выпьют моего вика - да разве могу я уснуть спокойно? А разрой хоть могилу мою - слова не пророню.

Изобилью моего сада конца-края нет,- и в Тегеране и в Стамбуле сад мой знают. Как же можно другому отказать? У меня так заведено: ешь сколько влезет да еще полный мешок и хурджин вдобавок должен домой к себе отнести.

Сам дерево посадил - сам под ним спишь, сам плоды взрастил - сам ешь: что может быть лучше этого на белом свете. В новое не одеваюсь, по мне и старое хорошо. Кто мне может помешать? Кто меня по голове бьет одевайся, мол, в шелк да парчу? Разве ж я не хозяин своей головы?

Войдешь в город,- покажется, что голод в мире: ни тебе довольства, ни благополучия. Да коли хлеб и воду за деньги продавать, так куда ж деваться, кому руку протянуть?

Видел я не раз, как в лавках лежат кучками рублевки, золотые, всякая деньга, - так вот, как начнет хозяин эти деньги пересчитывать, у него всякий раз душа будто из тела выходит,- ведь вот до чего трясутся они над своей казной! Подумаешь, деньги - крылатые, гляди, улетят!

А протяни-ка руку такому человеку - да будь я собачий сын, да не удостоюсь я горсти праха, если неправду говорю,- свидетели бог и земля, и небо, и море, и суша!-не подаст тебе и соломинки в глаз ткнуть. Тьфу! Человек должен душу свою продать, чтоб на деньги зариться.

Тысячу лет будешь стоять у дверей самого милого тебе человека, гнуть шею, с голоду помирать, тысячу лет будешь икать на пустой желудок - так ни один тебя в дом не пригласит войти, водой холодной не напоит'..

Даже если он в доме у тебя ел, пил, месяцы, годы целые хлеб-соль твою делил, как встретится с тобою глазами, так будто его пулей сразит. Повернется к тебе задом и посмотреть-то не захочет. Ну тебя к черту - и

26

деньги твои и тебя самого! Подлец ты эдакий! Положим, ты ослеп, не хочешь признать меня или к столу пригласить - упади камень тебе на голову! Чтоб еда тебе через нос вышла! Молю бога - да постигнет тебя злая язва на том свете, чтоб ты ослеп от нее,- гак уж трудно тебе поздороваться, доброго здоровья пожелать, что морду воротишь и бежишь назад? Ну скажи хоть «доброе утро», «добрый день»- ведь с уст твоих платы не требуют! Чего ты стоишь столбом? Ведь даром, не за деньги! Эх, ты, деньгоед, мироед! Положим, моя чуха не из тонкого сукна, а простая шерстяная да старая, поношенная, а твоя новенькая, из зеленого сукна наилучшего - так ведь не отнимаю же я ее у тебя! Таких, как ты, франтов, тысячи-так пусть поклонятся они моей бедной чухе: она без гостя не обедает. Попадись ты еще когда-нибудь мне в лапы, знаю, куда твоего коня поверну! Погоди, может, еще ветер занесет тебя в нашу сторону - тогда увидишь.

А когда ситцы мы покупаем,- ведь так и норовят последний наш пятак заработанный отнять.

Ну и времена! Видано ли, слыхано ли это было в прежнее время? Ягненок и волк вместе наелись, а теперь быка подымают - посмотреть, есть ли под ним трлзнок или нет. Конь падет - так спешат подкову с него содрать. Кому поведаешь свое горе?

Отец не признает сына, сын - отца, брат -брата. Хороню, что хоть камень на камне пока лежит.

Человек должен сам делать добро - тогда и господь пошлет ему удачу.

А все ж таки, да благословит всевышний нашу землю и нашу воду! Если есть еще на свете у кого душа, вера - так это у нас.

Будемте же есть, пить, пировать, друг другу почтение оказывать, друг на друга радоваться - тогда, коль не помянут нас добром, так, авось, хоть лихом не помянут...

Что человек сделает, то и от других увидит. Сделаешь добро - добро увидишь, сделаешь зло - и тебе будет зло.

Сто лет тому, как блаженной памяти Апов скончался, а его все поминают, и добром поминают. И тюрк, и армянин могилой его клянутся.

Большой был у него сад у проезжей дороги - слава об этом саде до самого Индостана дошла. А насадил он этот огромный сад собственной своей рукой, чтоб всякий путник пользоваться мог его благами.

Каждое утро четыре садовника все опавшие плоды собирали, выносили в больших корзинах на дорогу, да и наполняли путнику его хурджин и карманы. Из этого огромного сада - а сад был, как настоящий лес - хозяин ни одного плода, ни одного стакана вина для своего дома не употреблял - все это держалось отдельно и раздавалось сельским беднякам.

Что унесем мы с собою из этого суетного мира? Ни с чем пришли, ни с чем и уйдем. Если даже много у меня имущества, много богатства, если стал я одним из великих мира сего, все равно придется сойти в могилу. Мое достояние - горсть земли да полотна отрезок. Буду хорошим - скажут: хорош; дурным буду - скажут: дурен.

Батюшка, дорогой, - обратился он к священнику,- правду говорю или неправду? В грамоте я черного от белого не отличу. Но коротким своим умом так-то сужу о делах мирских. Кому не нравится - его воля, всяк сам себе хозяин... «Кеф санын, кянд кёхванын» («Над собой ты сам волен, над селом - староста»). Турок проклят, а слово его благословенно. Что скажешь, староста? Ежели неправду говорю, бей меня по губам, дери за ухо, ты сам знаешь - твой попрек для меня что ласка, одного волосика твоего на целый мир не променяю. Ежели неправду говорю, так и скажи:- «Несешь, мол, околесицу!» Я и замолчу.

Правда, не было надо мной глаза,- ни учителя, ни монаха ученого,- но у моего блаженной памяти покойного родителя было ума в голове на десяток ученых монахов. Все, что, бывало, говорит, будто в евангелии на полях прописано. Всю библию в нутре своем держал. Скажет слово-и тысячу свидетельств разных приведет. Что часослов, что шаракан, и псалтырь, и четьи-минеи - всё знал назубок. Кабы собрать сто философов, да ученых монахов, да попов,- так он всем бы им рот заткнул да подобру-поздорову и выпроводил бы. Что на том свете делается, и о том мог рассказать. Придет к нам в село сборщик какой-нибудь за податью, так, бывало, прячется, только чтоб в руки отцу моему не угодить, не то - спаси, бог! - душу всю вытянет, вконец замучает: тот позабудет, по какой дороге пришел.

Ежели я теперь со своей дурьей головой так ладно болтаю, так это все от него,- а сам кто я такой? Что могу знать?.. Это не дело - утром, чем свет, пойти в церковь, положить земных поклона два-три да и выйти; в книгу заглянуть, позевать, а коли спать хочется, так на мягкой постели валяться, есть, пить, пировать, так что брюхо раздует и голову тоже,- а потом на нас же напускаться: дайте, мол, нам все, что трудом заработали, чтоб нам вкусно есть, хорошо одеваться,- носить да изнашивать,- за вас молиться. Братец ты мой, попик, душа моя, свет ты мой, есть у тебя молитва, так держи ее про себя и молись про себя. В долг что ли ты нам дал, - чего ж ты обратно требуешь? На худой конец, скажу: боже, каюсь перед тобою.

Бог не на их губы говорящие смотрит-на сердце смотрит. Как подымется вопрос про брак, законен ли он, ежели родство близкое, так попы готовы дом наш разорить. Ну, положим, бывает родство близкое - так разве ж деньги могут сделать его дальним?

Мы рот закрыли, знай, слушаем, что они нам говорят. Мы, допустим, молчим,- да разве бог-то сверху не видит?

Что же это такое? Сам я буду плов жрать, а тебя по башке колотить? Сам буду мацун хлебать, а тебя вором-котом называть?

Конечно, они лица духовные, мы их не обижаем, потому - от монашеского проклятия и камень трескается, только сами-то они должны малость себя сдерживать.

Вот севанские отшельники - ничего не скажешь, хорошие монахи, вина в рот не берут, вкуса не знают мясного, одежда у них из грубой шерсти или из суконца домотканного, спят на голой земле. А лица у них светятся. Дашь - благословят, не дашь - все одно благословят. Зайдешь к ним - заговорят о делах благочестия. Завидят лицо женщины - так за две версты в сторону отбегают. Чтоб про баб или вино, про деньги там, или лошадей, или еще про что заикнуться - так никогда.

А наши, здешние, сами на резвого коня сесть не прочь, в шелк да в атлас наряжаются; сладкий плов и тысячу всяких кушаний вкусных да напитков разных в употреблении имеют.

Зато когда у кого дело до них, так готовы голову с тебя снять,- так ни Христос, ни Магомет не поступали. Что же это? Значит, я только и должен, что деньги совать, чтоб душа моя в рай вошла? Ну, а если я дурной человек, если я творю беззакония, неужто по единому их слову господь-бог должен душе моей все грехи отпустить? А на что богу деньги - да святится имя его? Деньги нужно подавать бедным. Лучше их вовсе выбросить, чем отдать человеку, который тебе и спасибо не скажет.

Тысячу дней принимай их у себя, угощай,- а зайди сам к ним в дом, так глотка холодной воды не удостоишься. Нет, этого бог не попустит! С нас же дерут, приятелей своих и родственников устраивают и на нас же еще наговаривают.

Положим, мы на все это не обращаем внимания, соблюдаем пристойность, это так,- но сыновья-то наши растут ослами, никто об них не позаботится, школ не открывают, не обучают, одного хотят: всё отнять у нас, что нами честно нажито.

Пойди-ка ты в мечеть: каждый мулла, даром что нехристь, глядишь, собрал вокруг себя сорок-пятьдесят и больших и маленьких и с утра до вечера их учит, толкует им вопросы их веры. А наши только за своим удовольствием гоняются. Чье же деяние больше богу понравится, я вас спрашиваю?

И говоришь, и умоляешь - ухом не поведут. А сыновья наши такие же, как и мы,- как ослы жрут, как ослы растут. Сами мы несведущи, чтобы их обучать. А кто сведущ, уши заткнул. К кому же обращаться?

Если я вру - эй, все, кто тут! - запустите пальцы и вырвите мне глаза! Народ наш в таком жалком состоянии, обречен мечу и огню, все потому, что никто нам не объясняет, кто мы такие, какова наша вера, почему мы на этот свет родились. Слепыми приходим, слепыми и уходим. Вон курица тоже сто раз на дню когда воду пьет или крупку клюет, головой кланяется - да что ж от этого пользы?

Кто не знает, что есть на небе господь-бог, судия праведный? Но мы должны также знать, что делать нам на этом свете, чтобы судия тот нас не осудил. Не так ли, братцы,- сами посудите?

Я виноват, пусть так. Но ведь самый последний тюрк большую часть корана наизусть твердит, а я «Отче наш» прочесть не умею. Откуда же мне знать, где по кончине будет душа моя, где тело? Чему же мои бедные дети у меня научатся?

Да всего не скажешь.

Нельзя, конечно, совать себе палец в глаз, бить себя кулаком по голове да по щекам -но что же мне делать? Сердце мое разрывается, как вспомню жалкое наше состояние. Пускай они и меня, старика, научат и сыну моему дают образование, указывают нам путь, а не совращают с прямой дороги, не отталкивают от веры нашей. Да пусть я черту достанусь, пусть лишусь земли горсти и куска полотна, и церкви, и обедни, ежели им тогда не отдам за это все: глаз моих пожелают - глаза выну, отдам; сына захотят - и сына зарежу, в жертву принесу...

- Будет тебе разговаривать, сват Арутюн, - сказал староста,- кому говоришь, кому? Тысячи у нас всякого народа, которые ни грамоты не знают, ни силы се. Наша звезда уже закатилась, какими пришли, такими и уйдем. Каждое твое слово - алмаз, да кому оно нужно? Вон у волка над головой читали евангелие, а он и сказал: скорей читайте,- стадо уйдет! «Билана бир, билмнана бин» - сказал тюрк («Разумеющему-раз скажи, неразумеющему-тысячу раз»). Кому станешь плакаться? Да кому и окриветь охота?

А ежели слова твои не достигают цели, зачем же зря голову терзать? Не жалко тебе своего рта? Какой толк, скажи на милость, камню проповедь читать хоть десять лет подряд? Разве на него подействуешь? Да упокоит господь души родителей наших, что научили нас хоть в церковь ходить, а то бы мы так и росли, как звери дикие. О таких вещах год можно толковать, все конца не будет.

Пойдем-ка ко мне, закусим, чем бог послал, выпьем за помин душ родительских,- авось когда-нибудь господь над нами смилостивится. Не может же век так быть!

Идем, идем, а то скоро пост великий - тогда беда: сиди да ешь соленье, грызи морковь, пропихивай силком в рот Да в живот. Пока масленица, пировать надо.

Л там пусть будет, что богу угодно. Пускай хоть остаются на своем месте и богач, и монах ученый. А что не делают добра, пусть не делают. За их грехи с нас не спросят, от нас отчета не потребуют. Кто знает, что с нами завтра стрясется? Человечину едят, кровь пьют. Спасайся, уж кто как может. А наша опора - бог, он нас не забудет, так дело, не оставит.

Худо нынче, плоха дорога,- а завтра будет свет, и многие матери тогда заплачут.

Если дорога твоя пряма, иди и иди по ней, как бы она длинна ни была, с прямой дороги не сворачивай. Не то, коли пустишься по горам да по долам, плохо будет, много испытаешь бед всяких. «Йолдан чхан гйози чыхар» («Кто с дороги сойдет, у того глаз пропадет»)...

Идем, идем ко мне, посмотрим, чего там наша хозяюшка наготовила - бедняжка всю ночь глаз не смыкала, шныряла туда-сюда, колесом вертелась!..

- Дай бог здоровья нашему старосте! Кабы не он, этот человек вконец бы нас извел!..- послышался с другой стороны голос одного из собеседников.- Покручивая усы, нюхая воздух, мотая головою, он с аппетитом глотнул слюну, кашлянул и продолжал: -Уж пять часов, как обедня отошла; небось, вороны и те успели раздобыть кусочек мясца или дряни какой-нибудь, да и съели, а у нас только в животах бурчит да в ушах жужжит; с одной стороны мороз тебя за икры щиплет, с другой голод напирает,- а он, ишь, тянет да тянет, как мельница на полном ходу - мелет да сыплет из головы. Чуть было не прервал я его, не сказал:-укороти хвост - караван уйдет, поубавь жерновам ходу, завяжи рот,. усмири язык; коли тебя ветер распирает,- ступай домой,, пускай уж там и дует, а нам ветра хватит, ноги, руки совсем заледенели, как деревянные.

Сущее наказание, право! Хочешь разговаривать,- говори у себя, за курсой, чтоб можно было и слушать, и спать. А ты, как торгаш какой пристаешь! Мы и сами хорошо знаем, где пропавший осел привязан, да что поделаешь, ежели близко подойти нельзя,- шею тебе сломают, а ослу - гляди - и ноги и голову остригут до неузнаваемости. Он хозяина видит - ревет, а хозяину говорят: нет, не твой осел!.. Эх, кому тут голову снять?

Есть такая старая присказка: спросили раз верблюда,- отчего у тебя шея крива? Верблюд и ответил:- А что у меня прямо, чтоб шея не крива была?

Стало быть, дело наше такое,- словами разве кого убедишь? Нет, ты сперва достань ярмо да молотильную доску, приготовь гумно, сложи скирды, а уж потом и хватай за ухо шалого быка. Э, брат! тысячу раз уж ты видал, как он с молотильной доской в степь пускается,- чего ж понапрасну голос свой надсаживать и задерживать нашу трапезу? Пахарю надо сначала землю вспахать, разрыхлить, а потом и сеять,- не то черви да птица все твои семена пожрут, и будешь потом затылок почесывать да сосать палец! Ты пчелу окури, чтоб улетела, а то лицо подставляешь, ясное дело, ужалит, да еще как!

Каждый своего коня погоняет, тут уж не смотрит, кто впереди. Свеча под собой освещает. Мир - курдюк, человек - нож. Никто с тебя не спросит. Коль будешь тополь нагибать, он на тебя же и повалится и голову тебе размозжит. И тесак у бочара в свою сторону тешет, и от дерева тень -под ним под самим. Вода своей рыбе приют дает, курица своего цыпленка оберегает. Ну, загремишь ты, как туча- а кто станет тебя слушать? Есть у тебя лекарство,- себя лечи, есть масло - держи в горшке собственном. Что ни делай, что ни говори,- вода себе дорогу найдет. Ты только посередке останешься, дурную славу наживешь.

У правдивого человека шапка в дырках. Не слыхал? Любой его по голове хлопнет, шерсть по ветру пустит. Ну, какое тебе дело? Такой же ты, как и все, живот у тебя не выше рта. А коли дыхание у тебя изнутри прет, так ты задержи, молчи. Кто тебе говорит: иди, мерь у нас зерно?!-Так чего ж ты со своей меркой сам лезешь?

Ежели что и знаешь, так стенам дома собственного не доверяй, самой земле не говори,- разгласят, и ты же в виноватых будешь. Что ж делать, коли не слушают? Не можешь же ты из-за этого сам себя убить.

Вот и я - подпаском был, подпаском и остался - накажи бог того, кто не показал мне правильной дороги. Кому же голову рубить, чей глаз выкалывать?

Стоим мы на морозе, дрогнем, а он, знай, дует в свою зурну,- да ты играй там, где пляшут, милый ты человек, а то, коли тут на пустом месте дуть, никто тебе монетки не даст, никто не похвалит.

Ну, староста, поздравляю: вот мы и к дому твоему подходим. Ты, сват Арутюн, не обижайся. Пускай слова мои об горы да об камни стукнутся, унеси их, ветер, на все четыре стороны. А коли обиделся, испей воды холодной, чтоб сердце остыло, - прошу я тебя.

Твоя голова, что гора. Дождь, снег, град ли пойдет, молния ли ударит - тебе нипочем. Мы и сами знаем, что ты дело говоришь, но как тут быть, коли крестьянское слово ни во что не ставят?

Горожанин,- тот тепло устроился, молчит, пьет себе чай, какое ему дело, хоть бы камня на камне не осталось.

Всяк свою шапку поправляет, свою голову чешет. А открой рот, так земли напихают, глаз открой - пылью засыплют. Коль собака своего хозяина не признает,- кому ж сказать? Скажи, кому? Есть у тебя крупка,- так ты ее своим курам дан, есть зерно - неси на свою мельницу. Коли и ты способен, отточи нож и налетай со своего боку. На свете кругом грабеж да обман, а дрянной человек - что ослиный палан. Нет, брат, живи себе да пируй: благо масленица, в голове не прояснится! Ну, иди вперед, а я за тобой...

3

Так, подталкивая один другого, приглашая проходить, таща друг друга за руку либо за рукав, ввалились они наконец в дом старосты:

- Благословен бог! Благословенны бобы да горох! Слава изюму господню, всем сердцам - по своим местам, а нашим перстам - так в масло, валяй, петуха на село навьючивай!.. - и, нагнувшись, вошли в теплую часть дома.

Дурной будет, кто не скажет им: - Дай вам бог, хорошо начать, хорошо кончить!

Давайте станем теперь возле двери их теплого саку и понаблюдаем, как пируют наши старейшины. Но что ж поделаешь, коли не позволяют стоять за дверьми? Будь ты вовсе чужим человеком, или даже иноплеменником,- все равно, таков у них обычай: без тебя куска в рот не положат, не пойдешь, рассердятся и разойдутся, пожалуй, по домам.

Войти что ли? Не съедят же нас?

Нет, если и целый год прогостишь у них, все будут они водить тебя из дома в дом, угощать и доставлять тебе всякие развлечения. А на масленицу - да ежели и целый караван зайдет ненароком в село, так вернут его с дороги, и будут тебя держать, и слуг твоих, и лошадей, и сами будут обо всем заботиться, не разбудят тебя, с места не потревожат- до того они гостеприимны!

Айда! Поп коня, погоняй да в конюшню загоняй!.. Зайдем, значит! Отведаем того-сего, поедим плову, покушаем плову,- но только приложи платок к носу, чтоб тамошний дух до сердца, не дай бог, не дошел.

Поторопишься - успеешь сесть, а нет - так стой. Раз на раз не находит, бывает, что и не при чем останешься!

Теперь пойдет шум-гам, кутерьма - всё перепутается. А ты старайся держать голу в руке, а шапку на голове,- не то выйдешь наружу без шапки,- вот тебе и насморк. Ну, коли не будешь меня слушаться,- накажи тебя бог!

В саку было жарко, как в бане! С одной стороны тлеет кизяк, и несет от него жаром, с другой - запах от быков, коров да лошадей,- голова раскалывается, точно ее сверлит кто.

Как вошли гости, с голодным желудком да со слабой головой, с замерзшими руками, ногами, как ударил им в нос густой пар да черный кизячный дым,- все нутро у них так и перевернулось.

Кто зажимал рот, кто - глаза, кто живот себе сдавливал, кто нос затыкал,- а иные закуривали трубку - авось, думали, полегче станет, избавятся хоть малость от этого несносного смрада! Кто чихал, кто кашлял, а кто икал, да так, ч го и сер тле и легкие зараз наизнанку выворачивались. Что ни нос - барабан, что ни глотка - зурна, что ни живот - то тебе бубен. Как закашляют - так и лицо и борода порыжеют. Чихают - словно дождь идет. Брызги летят во все стороны, - не спрашивают, где у кого лицо или рот, глаза или брови, забывают вовсе, что все это тоже господом богом создано.

Многие, за неимением платков, утирали нос полой, либо сморкнутся рукой -да об стенку размажут. А иные с такой силой втягивали носом, что и дым, и пар, и навозный дух, и пыль всякая клубами вверх по носовым ходам подымались и до самого мозга докатывались.

В это время супруга бедняги-хозяина тоже не захотела ударить лицом в грязь, подобрала подол, утерла нос и вышла сказать гостям «доброе утро» и приветствовать их с приходом.

Услыхав такой кашель да чихание, она из вежливости открыла наружную дверь, чтобы вонь и дым хоть немножко вон вышли. Но, право, уж лучше, чтоб она руку себе сломала, чем дверь открывать!

Как только дверь скрипнула, все повскакали с мест, и кто без шапки, кто волоча шубу, зажимая нос и глаза, ни на что не глядя, бросились во двор малость освежиться, не разобрав, что у них под ногами, до того дымно и чадно было в саку. Толчея случилась неописуемая.

Они думали, ветер распахнул дверь и не заметили жены бедного нашего хозяина, затолкали ее совсем и сшибли с ног. Поднялся шум, крик. А когда обернулись - батюшки светы!-не знали, смеяться ли, плакать ли, или на помощь бросаться: жена хозяина тем временем, вся как есть, уюдила в смоляной карас с жидким навозом, точно в адский котел, так что и свободного места не осталось. И нос, и щеки, и лачак, и минтану - все перемарала, можно сказать, до неприличия в благоуханной жиже.

При этом шуме несчастная женщина, думая, что руки у нее чистые, поднесла пальцы ко рту,- опустить немножко ошмаг, чтоб вздохнуть свободно,- но не дай бог врагу твоему, что с ней приключилось!- сладенький кусочек теплого коровьего, а, может, и буйволовьего, попал ей в рот - туг уж кто не позабудет и святое причастье, и крест, и евангелие! Плевки и всякие скверные слова так и посыпались из ее вымазанных коровьим дерьмом уст.

Наш тугодум-староста до тех пор предполагал, что это телята сорвались с привязи и подняли возню и что хозяйка хочет водворить их на место. Но как взглянул на дверь... Боже ты мой!- дом обрушился на его седую голову!

Староста закричал, заревел, как медведь лесной, и, лупя по головам каждого, кто попадался ему под руку, бросился спасать свою сударыню из этого ада, но... - да ослепнет сатана!-запутался ногами в шубе, да и чебурахнулся, шлеп-шмяк, наземь!

Что тут с ним стряслось,- не дай бог врагу твоему! Он так завяз всем ликом в том же скотском медовом горшке, так вымазал себе и глаза, и брови, и рот, и нос, и бороду, что тысяча опытных банщиков за всю жизнь свою не смогли бы столь искусно и прельстительно окрасить их хной.

Сердобольная хозяйка, как увидела позор супруга, позабыла про свое горе и тронулась было с места - помочь своему старику. А старик только одного хотел: чтобы хоть немножко поднять голову с этой сладкой подушки и избавить сударыню свою от срама. Но руки их не сошлись, они как-то столкнулись задами и...- надо бы хуже, да нельзя!- по второму разу шлепнулись в ту благовонную жижу, да так, что и две пары буйволов их оттуда с трудом бы вытащили!

- Ах ты, несчастный! Да похоронить мне тебя! Чего это вздумалось тебе сюда лезть! Мало тебе моего позора, сам захотел туда же. Это тебе не финик, чтоб самому есть, а другому не давать,- чего ж ты надрывался? Пропади ты пропадом! Ничего сделать толком не умеешь, осла ткнуть и то не можешь. Да отвратит от тебя лицо свое и церковь, и обедня, и хлеб, и скатерть, и масленица, и пост! Мы с тобой свою масленицу справили, а эти все пусть убираются, куда хотят, ко всем чертям! Ногу бы им вовремя сломить, чтоб порога нашего не переступали! Что же это с нами случилось! На весь-то мы свет опозорились. Вот это мука, так мука. Теперь что мы, что наш рассыльный Котан,- кто угодно будет на нас зубы скалить...

- Ах ты, старая ведьма! Мало мне своего горя? А ты меня еще с другого боку грызешь! Что язык развязала, за зубами не держишь? Замолчи, а то так ногой пну, что зубы свои проглотишь. Каждый день, небось, с дерьмом возишься, кизяк готовишь, вот и отведай его! Чего ты ко мне пристала? Кабы ты сама тут не искалечилась да живехонько бы вскочила, оба мы были бы от беды избавлены. Что женщина, что яйцо сырое - тронь, расплющется. Кто до женщин охотник, я бы им такое сказал... много слов на язык приходит, да обратно уходит... Господи-боже, прости ты меня грешного,- горе да и только! Вот попали в беду!.. Ну, собирай пожитки, вставай и убирайся,- да на глаза мне больше не попадайся!..

Слушая эти слова, гости так смеялись, так хохотали, что у них сердце под самое горло подкатилось, а у иных ноги стали, как дряблая сыромятная кожа. Кто же при виде такого забавного зрелища закроет глаза и не рассмеется? Гости и сами того не хотели, но - проклятье злобному сатане!- так уж дело обернулось.

Как бы там ни было, гости, держась за животы и прикрывая рот рукою, тоже подступили к хозяину, желая ему помочь. Но он, ворча под нос, с руками, ногами в «хне», сам поднялся и отправился на свое место.

Столько зрелищ случилось, столько событий произошло,- а

рассыльный Котан ничего еще не знал. Тут как раз поднялся весь этот шум и гам: - Эй! Неси воды, помогай! Хозяин с хозяйкой задохлись!

Как услыхал это молодец Котан, представилось ему, что их дым одолел; подкатился, как клубок шерсти, схватил первый попавшийся горшок вместо кувшина, да как заорет на всех: - Чтоб вашу мать да отца!..- И, себя не помня, влетел в дом как раз в ту минуту, когда староста только что обчистил себе лицо, отмыл бороду и собирался сполоснуть рот,- в зубах у него все-таки застряло несколько вкусных кусочков. Правда, большую часть он успел всердцах проглотить, и ему драло горло, он кашлял, глотками пил воду, но ничего поделать не мог - поздно тут кашлять да харкать! Желудок голодный, сам человек пожилой, голова слабая,- и вдруг такой фимиам, такой мед! Вот и вправду, удовольствие,- разумей разумеющий!

Что еще добавить? Разве что наш господин староста, как взбесившийся медведь, вертелся, держась за живот.

- Ах, лопни мои глаза! Дорогой мой староста, - ах, попади я в ад! Ах, ах, ах! В каком ты виде, родимый мой! Неужто твой Котан умер, сгинул,- что ты попал в такую беду?!- воскликнул бедный рассыльный и, скосив единственный глаз, сам скривившись на один бок, подлетел к старосте всплакнуть о его беде и пособить его горю. Но только староста собрался закатить ему оплеуху хорошую, подправив ему слепой глаз и зубы в брюхо вогнать, - зачем-де он оста вял хозяина и за своим удовольствием погнался,- как расторопный Котан, и внимания не обратив на какую-то гам затрещину, решил исправить свою ошибку, угодить хозяину - взял обеими руками да и опрокинул горшок ему на голову. Упаси бог,- что туг случилось!

Огромный горшок кислого, густого, пенистого базкатана, целых пять лет стоявшего на погребе, так его всею окатил, что, право, и в день потопа всемирного такого смятении, такого бедствия ни видано не было, ни слыхано. Все ж таки,- староста!., у бедного рассыльного сердце захолонуло Кислятина вонючая так ударила ему в голов) что он на десять шагов в сторону отскочил и, лязгая зубами, весь затрясся, как собака, стащившая запретный кусок; потом, пыхтя, бросился в угол, да так там и остался, точно окаменел или в лед превратился.

Предложи ему в ту минуту норку мышиную за сто туманов, он наверняка бы купил да и залез бы в нее оплакивать свой черный день, от хозяина подальше. Врагу своему того не пожелаю, что с ним тогда было,- а хозяин… - не приводи, бог!- пока не принесли чистой воды, он все муки мученические претерпел.

Борода, рот, спина и пазуха, и шуба, и прочее всё у него хлюпало и шлепало. Карманы и лабчины были тоже залиты до отказа. Спина чесалась, глаза щипало, а стоило ему двинуться, так обе штанины, тоже базкатаном насквозь пропитанные, звонко, с хлюпом, ударялись друг о дружку - не то бубен, не то зурна!

Но в таком собачьем положении он все же кричал, ревел, надрывался, размахивал руками,- всё хотел схватить рассыльного и убить. Он стоял у стены, как слепая курица, и то и дело орал:

- Пустите меня, пустите! Я его убью, заколочу, как собаку- будь проклят его кривой глаз!-Этого еще не хватало, чтоб он такую штуку надо мной сыграл. Да я такое с ним сделаю, что у него от уха вот столечко останется!..

Пока принесли воды, все вконец уморились. Многие вовсе ослабели и лежали на спине. Незачем было им обсыпать друг другу лицо мукой или мазать простоквашей, как частенько делывали они потехи ради. Тут были, можно сказать, и мука и простокваша вдосталь. Как раз и жена старостина под шумок вышла, бормоча и ворча, всплакнуть о себе и смыть свой позор.

Люди хорошо знали, каков у старосты нрав,- когда он рассердится, так и ангела не пощадит, не го что какого-нибудь Котана-рассыльного, -и подмигнули попу, чтобы он, пока тот еще глаз не открыл, угомонил его, выгородил бы как-нибудь рассыльного, чтоб можно было потом привести беднягу и дать ему поцеловать старосту в ручку,-авось, уважит просьбу духовного лица.

- Наступила сырная неделя, сват Оганес, и мы, брат ты мой, обезумели,- степенно разверз уста наш достославный поп, надеясь на уважение к своему сану и желая как-нибудь восстановить спокойствие и обоих примирить,- на свете всяко бывает. Ведь не девица же ты - позолота и блеск с тебя не сошли; и не стекло, друг ты мой, не разобьешься, паче же не воск-не растаешь. Будь повеликодушней. Что в самом деле случилось с тобою? Христос в своем свято благовествовании пишет - да ниспошлет он вам всем исполнения желания всяческого!- что «блаженны миротворцы». Неужто ты на голову врага своего будешь огонь сыпать только за то, что он... аи... тьфу!.. ой-ой-ой!.. Ох! Будь твой отец проклят и кто тебя миром мазал! проклятие тебе в семи коленах, да сокрушит господь шею тебя приветствующего и днем и утром! - что же это со мной?..- вдруг воскликнул поп откуда-то из-под самого бухарика: почесывая голову и тряся бородой.- Ведь на какого проклятущего человека мы сегодня наскочили, все навыворот получается. Проклятие и хлебу тому и той воде - попали в беду да и только. Какой такой огонь нас живьем палит?..

Действительно, несчастный священнослужитель попал в огонь. Когда он подступил к хозяину, чтоб его угомонить, он не подумал, что кровь и злоба помутили тому взор и рассудок, вовсе его ослепили. Безбожный старик так саданул бедного попа кулаком в грудь, что риза его отлетела в одну сторону, шапка в другую, а сам он на четвереньках угодил прямо в кизячный огонь, и все лицо ему опалило. Рот у бедняги битком набит был золой и пеплом, а борода обгорела до самых корней волос, вся облупилась, так что и за полгода едва ли могла заново отрасти.

Оттого-то и воспоследовали сии сладчайшие благословения, что сам-то поп не выдержал и одного пинка, а хотел нашего пропитанного сывороткой, медом и благовонием старосту наставить на путь истинный.

- В церкви надоедают нам,- так мало того, и в саке хотят власть свою показать,- нешто стерпишь! - воскликнул староста.- Хорош тот, кто вас в священство рукоположил - проклятье сатане,- что это, прости господи, приходит на язык да уходит, приходит да уходит!

Еще долго бормотал себе под нос староста, а рассыльного тем временем увели и спрятали. Да направит его господь бог на правильный путь, чтоб уж он больше таких оплошностей не допускал, а грамотеям нашим пошлет побольше ума да разума, чтобы в таком месте не роняли своей чести.

4

Наконец староста открыл глаза и кинулся рыскать по всем углам, чтобы малость утихомирить свое сердце, но» рассыльный уже исчез.

Старейшины, с одной стороны, жена - с другой, обступили старосту, кое-как угомонили его, помирили с попом, а возвратившийся рассыльный бросился ему в ноги, повинился, поцеловал его в ручку и даже опрокинул водки чарочку.

Дым тоже понемногу разошелся, рассеялся и пар,- все, словом, стало приходить в порядок. Поп прочитал: «Да хранит»... один из старейшин - «Паки и паки миром»... хозяйка сказала «аминь», староста-«Прости нас, господи...» и «Отец святой, тебя имею посредником», и наконец, когда внесли водку с закусками - у всех сердце стало на положенное ему место. Все, что было, как ветром унесло, закурили ладан, открыли ердыки и дверь, запахи дурные все улетучились, головы разгорячились, и наши господа старейшины сели, наконец, трапезовать. Расстелили скатерть, на одном конце уселся поп, на другом - староста, остальные - в ряд вдоль стены, с поджатыми ногами, так, чтоб остался проход для прислуживающих.

Малый, налив водку, первым долгом поднес попу. Тот перекрестил чашу, благословил, дал сначала испить подносившему,- а подносил не кто иной, как наш рассыльный. Потом сам взял чарку в руку и начал свое благословение:

- Пошли, господи, миру покой, царям примирение, христианам

освобождение. Дожить бы нам до того дня, когда будем мы так, всем народом, под русской рукой сидеть и пировать.

- Аминь, аминь!- возгласили все.

- Дому твоему, староста, желаю благополучия, детям твоим долгой жизни. Да сохранит господь незыблемым твой домашний очаг и от злых людей оградит. Ты - венец нашей головы, цветок очей наших. Да будет над тобою благословение отца Авраама, да сподобишься, яко Симеон старец, кончины благостной. Да ослепнет всяк, кто на тебя косо посмотрит, а ежели у кого на тебя злоба в сердце, так пусть ее господь в добро обратит. Что было, то было, и да пошлет господь благой всему конец. Муку, тобой испытанную, да зачтет тебе за покаяние. Сегодня ты, завтра - мы, - мы ведь тоже, как и ты, в беду попали. Кто поссорился, тот испей водицы холодной.

Было бы у меня теплое место, в руках чаша вот эдакая, да на сердце весело,- а там мне хоть жернова на голове верти! Ну, веселитесь, дорогие мои, назло врагам. Поздравляю с масленицей,- да удостоит нас бог и пасхи! Пока возможность есть, пользуйся светлым днем. Не сегодня-завтра великий пост ноги с ердыка свесит,- знай тогда жуй квашеную ботву.

Будьте же все здоровы и веселы. Слава тебе, всевышний, лицом припадаем к стопам твоим. Мы - создания твои, не погуби же нас. Господи-боже, всели ты милость в сердце нашего русского царя, чтобы пришел он и освободил нас. Не дай нам умереть, пока не увидим лиц русских. Будьте все здоровы!

Сказал и опрокинул чару с водкой.

- Будь жив-здоров, в своем сане тверд, дорогой батюшка, хороша твоя здравица и нам всем нравится! - возгласили все и стали предлагать ему - кто сыру, кто кусочек жареной либо вареной баранины, завертывая и то и другое в лаваш.

А поп сперва дотронулся рукой до большого пальца потчующего, потом взял кусок, приложил к губам, затем ко лбу, и, сказав «благословенна рука твоя, дай бог тебе силы», благословил, похвалил и, потягиваясь, положил в рот, разжевал, проглотил, выслушал благопожелания от присутствующих и сам сказал «на здоровье!»

Так чаша с водкой начала обходить по кругу, из рук в Руки, и у каждого в руке целый час сама томилась и томила еще не отпившего, ибо у каждого заготовлен был целый мешок благопожеланий - а ведь если у кого есть хоть малейший дар слова,- так где ж его испробовать, как не за столом, не за чашей вина или водки?

Но каждое заздравное слово неизменно кончалось так:- благослови, батюшка,- да укрепит тебя бог в сане твоем: Да не убудет твоей молитвы за нас, грешных. Староста, будь здоров. Да будет покровительство твое над нами долговечно. Шурин, сохрани бог твоих детушек. Аветик, дай бог сына твоего красной повязочкой к венцу повязать. Сват, свет ты наш, пошли тебе господь здоровенького мальчика. Все кругом- будьте здоровы и веселы! Господи-боже, пошли нам кончину благостную! За ваше здоровье!

Так каждый пьющий должен был каждому в отдельности что-нибудь сказать и на каждую здравицу отозваться. Если даже двадцать здравиц провозгласит человек и двадцать человек сидит, все равно, если при каждой здравице не сказать в отдельности чего-нибудь, так и вина не проглотишь, такая здравица в горле застрянет.

Иной целый час держит чашу в руках, все ждет, чтоб пропели ему что-нибудь или сказали, спели бы, к примеру, шаракан его имени. Известное дело: кто же на селе; кроме попа да дьячка, может спеть шаракан? Но и у них частенько- не то шаракан, не то баран: так шерсть треплют, что не дай бог! - слушатель мигом до святой земли Иерусалима добежит. Но что поделаешь. На их счастье, тысяча есть таких, которые ни грамоты не знают, ни силы ее. Оно, может, и лучше,- меньше голов будет болеть.

В нашей стране перво-наперво моют руки и утирают,- все это сидя,- а малый с полотенцем на плече, с медным тазом в руках подходит к каждому, наклоняется, либо становится на колени и льет воду ему на руки,- потом расстилают скатерть, посредине расставляют солонки, миски с сыром, с рыбой, затем перед каждым накладывают хлеба вдоволь, иногда, бывает, и зелень.

Ложки, вилки, ножи в нашей стране в обиход еще не вошли. Когда есть у человека пальцы, на что они,- вилки да ножи?

А кушанья подают на подносах, и слуга, закинув полы и рукава за плечи, нагибаясь, ставит по одной миске на двоих.

После еды опять непременно сполоснут и руки и рот - иначе вся еда поганой покажется.

Снимать шапки за столом либо кланяться - не в обычае. Такой уж в стране порядок, это не Европа, чтоб быка приподымать да глядеть, есть ли под ней теленок, или нет.

Как поели малость соленого кохака да сыру, в животах прямо волки взбесились.

- Эй! У меня что-то печенка заныла, во рту пересохло, налей-ка этой отравы, посмотрим, что у нее за вкус!.. Кусок рыбы в горле застрял. Что же это такое? Не уморить же нас сюда привели!- Так со всех сторон кричали старейшины, требуя, чтоб поскорей наливали вино.

Однако да не подумает кто-нибудь, что армяне, подобно некоторым другим народам, готовы за вино душу отдать, или как иные люди, не видавшие Кавказских гор, увидят вместительный бурдюк с вином, и давай креститься, а потом засыпают где-нибудь в винном погребе, либо закладывают шашку и сюртук, либо в грязи валяются, в снегу, и бредят во сне. Не дай бог!

У армян этого порядка нет. Они от таких привычек и поведения давно отказались,- а все потому, что света не видели, как ослы жрали, как ослы росли, ни о морали, ни о законе божием ничего не слыхали - вот они и не знают цены вина; выпив два стакана, не лишаются ног и головы не теряют, не возносятся, как влюбленные, в небеса.

Нет, нет, они народ грубый, всего своего состояния на питье тратить не станут,- зато, при надлежащем случае, напирают на хозяина--лей, мол, вина - и столько пьют, что лица у них превращаются в розы, головы - в барабаны, языки - в соловьиные, сердца - в львиные,- но только не в свиные! В жизни ты не увидишь, чтобы армянин валялся в грязи, хоть выпей он пять тунг вина.

А я скажу: молодец! Вот это настоящий мужчина,- пусть-ка попробует другой кто!

Малый, служивший при трапезе, опять поднес попу чашу, стакана в два,- тот благословил и отправил по назначению. Потом передал другим. Так, во время всего обеда никто сам себе вина не наливал,- это дело слуги или кого другого. Если даже двадцать человек сидит за столом, все должны пить из одной чаши, и выходит так, что пока чаша, идя по кругу, дойдет до последнего человека, у того уже в горле пересыхало, а у первого уж и слюна не идет.

Здравицы, тосты произносить в Ереване не так принято, но человек не должен пренебрегать своим красноречием; как возьмет в руки чашу, так должен что-нибудь сказать,- что выйдет, то выйдет, не так важно. Когда головы разгорячатся,- говори, что хочешь. Ежели и плохое скажешь, сойдет за хорошее.

Обычные кушанья у нас в стране следующие: бозбаш, кюфта, хаш, толма, рыба жареная и вареная, плов с бараниной, вареная курица и шашлык из барашка- его поджаривают тут же в бухарике и частенько прямо на вертеле, с пылу с жару, подают друг другу. Время от времени и слуге, обносящему круговую, приходится открывать рот, чтобы кто-нибудь из гостей собственноручно положил в него кусок шашлыка или дал отхлебнуть вина из чаши.

Эдак осушили они уже несколько чаш и все пришли в хорошее расположение, головы разгорячились,- словом, уж собака и хозяина не найдет!

Крчонц Вирап, конечно, тоже был среди гостей, сидел с сазом на боку, наготове. Его только и нехватало. Как же не восхищаться его голосом? - были бы уши!

41

Как только потекла вода по руслу, он настроил свой саз - валяй, пируй!

Стены гудели, земля тряслась, потолок шатался, голос певца пронзал череп насквозь. Такой был зычный у Вирапа голос, что хоть уйди да пять часов по дороге иди - и оттуда все будет слышно!

- Хвала тебе и слава! Вот уж молодец, так молодец! Эх, кабы матери твоей еще пятерых таких народить, чтоб не был ты единственным на свете! Пой, голосистый ты наш, пой,- и дай бог тебе век жить всласть!

Так с тысячи мест восклицали наши господа старейшины, тряся головой и со смаком рыгаясь,- а у кого и слюни текли изо рта.

Частенько, при веселом расположении духа, и поп начинал показывать свои певческие качества и либо соревновался с Вирапом - орал во весь голос,- либо затягивал «Мироносицы-жены...», тем самым заставляя пирующих отставлять или задерживать в руке чашу,- но пел он таким прокопченным, надтреснутым, крикливым, прокисшим голосом, что у людей головы с плеч срывались.

А старейшины тоже не зевали - что на ум придет, все выкладывали,- горланили, орали так, что пение бедного сазандара всем этим хором вовсе бывало для него изгажено.

Но этого мало. Тут еще и наш медоустый староста раскрывал свою беззубую пасть. Так что было! - стены дрожали, кошки мяукали, куры во дворе, заслышав хозяйский голос, становились в ряд, клохтали и кудахтали. Теленок, бык, лошадь, вся скотина - готовы были от радости с привязи сорваться.

Осел орет, буйвол ревет, коза блеет, корова мычит, теленок кричит, кто шипит, кто пыхтит, кто жужжит, кто взвизгивает, - об остальном не говорю, стыдно. Скотина с ячменя да соломы, известное дело, всякое допустит.

Словом, что тебе, читатель, надоедать? - такого барабанного боя, такой музыки и во дворце у шаха не услышишь! Но пускай их,- зеленей себе, лоза, на здоровье!

Вся эта артиллерия,- так сказать, пальба орудийная,- ни на кого не действовала. Многим как будто даже нравилось.

Но час на час не похож,- была беда с рассыльным, теперь с попом. Этот последний, среди всего происходящего, только было взял чашу, благословил и поднес к губам, намереваясь осушить, как вдруг осел с другой стороны так тарарахнул, что у бедного попа последний рассудок из головы вылетел.

Он весь растерялся, половина вина не в то горло попала, половина по бороде разлилась, и поп, желая удержать чашу, чтоб она не разбилась, так двинул невзначай левой рукой - да ослепнет глаз сатаны! - что крепко саданул старосту по голове, у того папаха отскочила да в огонь, сбила с шашлыком вертел, а из десяти зубов Старостиных один с места сорвался

42

да в животе и спрятался. Будь другое время, знаю я, как бы он по волосику выщипал попу бороденку и в рот бы ему запихал,- но в этот час можно было и камень у него на темени крошить, он все равно бы не пикнул.

- Здорово, однако, ты стараешься. Ну, да ничего, на то масленица,- в голове не прояснится! Будь здоров! Эй, малый, наливай! Затяни-ка хорошенько, Вирап-джан! Давайте пить, веселиться! Кто знает, что с нами завтра будет? Батюшка ты наш дорогой,- завались твоя могила! - бороду бы я твою чалую съел, сердце бы насытил! Ешь, пей, веселись!- так говорил староста и довольно чувствительно бил попа по плечу. Тот тоже в долгу не оставался и за каждый удар отплачивал пятью.

Так, спокойно, по-домашнему, по-семейному, кутили наши господа старейшины, весело шутили, старались угодить друг другу, рассказывали тысячи хороших сказок, вставляли к месту поговорку, или басню, отпускали шутки, услаждая сердце слушающего. Так проводили они свой мирный день.

Давно уже насытились, яств больше не касались, ели сладости, пили вино, а кто и вставал поплясать. Когда поп предлагал кому-нибудь чашу с вином, тот тысячу раз изворачивался на все лады, чтоб принять дар из святых его рук и к деснице его приложиться. Так дожидались они часа, когда можно будет встать из-за трапезы и пойти посмотреть, как джигитует молодежь.

5

Солнце поднялось и стало посреди неба. Мороз немного сдал, в воздухе потеплело. Горы и ущелья блестели и сверкали, как серебро.

Кто бы в эту пору ни вошел в Канакер, всякий подумал бы, что с неба слетела некая благая весть, что мир стал раем, и глаз человеческий не должен больше видеть горя и скорби. Развалины Канакера и те окрылились и хлопали в ладоши, что не останутся впредь в таком виде, что и они обновятся, застроятся и заселятся.

А сколько мужчин, молодых парней, ребятишек повысыпало из домов и веселилось на улице и на крышах! Посторонний человек мог бы подумать, что эти сельчане - хозяева земли, ни горя-то у них, ни забот, и у каждого по тысяче туманов. Народ веселился, одни плясали рука об руку, другие, усевшись кружком, пировали,- кто пел, кто вторил.

Тут дудела зурна, там играли в жгут, в другом месте боролись борцы, либо гадали цыганки. Мальчишки играли в снежки, в жмурки, сражались, как настоящие солдаты. Звуки барабана и зурны, шум и гомон, казалось, заполнили весь мир.

Агаси тоже, отпировав, прибыл во главе десятка таких же, как он, молодых всадников, проскакал через село и направился на поле, к гумнам, где мельницы, показать свое искусство джигита,- так как в селе такого ровного места не было.

Ехал он, подлинно, что царский сын! Весь в оружии и доспехах, за плечами - ружье, на боку - шашка, пара пистолетов и кинжал за поясом, в зеленых канаусовых шалва-рах, в шитой золотом капе, с шелковым розовым платком вокруг шеи. Ногайская шапка лихо заломлена и надвинута на правое ухо, золотисто-каштановые кудри играют с ветром, прикасаются осторожно к благородному его лицу, спускаются на шею. Усы, словно из тонкого шелка, так закручены и уложены, что каждый ус концом своим касается уха. Кто ни посмотрит - восхитится!

Сельчане, как завидели его,- давай хлопать в ладоши, плясать. Тотчас сговорились и запели песню, в честь него сложенную:

«Агаси-джан! Голубь ты наш! Эта чаша полная-за твое здоровье, свет ты наш ненаглядный, будь век среди нас! Поезжай-и мы за тобой сейчас!» - перекликнулись так со всех сторон и выпили за здоровье Агаси. Благородный же юноша, в ответ на оказываемую ему честь, махал шапкой, любезно кланялся и ехал дальше.

Уже издали было видно, какие чудеса выкидывал юный удалец. Припав головой к уху коня, он так его гнал, что искры из-под копыт сыпались и, казалось, это не конь, а быстрокрылая птица!

Много раз подряд бросал он издали джирид свой и, пустив коня вскачь, подымал с земли на всем скаку и снова бросал.

А не то закидывал в воздух, а сам несся следом, как молния, и, поспев схватить его еще на лету, опять выпрямлялся в седле.

Или, когда джирид уже лежал на земле, он, скача мимо, так свешивался с седла и так ловко его подымал, что джирид трепетал у него в руке.

Иногда же бросал он джирид в товарищей, но до того метко целился, что задевал лишь кончик шапки, а то и вовсе шапку сносил, - но товарищи знали, что их самих он всегда пощадит, не заденет.

Часто обеими ногами становился он на седло и пускал коня вскачь. Любо было смотреть на его удальство, на ловкость его и мужество. Как не восхищаться!

- Молодец, молодец ты, Агаси! Одного такого мать родила. Тысяча лет пройдет, другой такой навряд родится!- говорили зрители, смеясь, радуясь, хлопая в ладоши.

Вдруг среди этого общего веселья словно гром грянул и потряс землю или пушечная пальба прогремела, или же небо само, разверзлось.

- Увели!.. Увели!.. Боголюбивые люди - сюда! Сюда, помогите! Плачьте надо мной! Дом мой попрали, очаг мой разрушили! Свет у глаз моих отымают, сердце из груди вырывают .. Помогите же! Бог, небеса, земля, море!.. Что же это за наказание, что за бедствие великое! Ой! Помрачитесь, дни мои, вся жизнь моя! Что это я вижу? Да переломится шашка вас в руках, да зарастет дорога ваша колючкой да тернием! Сгасла моя жизнь, мое солнце. Ой! В какую мне воду броситься, в какой ад сойти?.. Что же ты, земля, не разверзнешься, не поглотишь меня, глаза мне не засыплешь? Какими же мне глазами оплакать свой черный день!.. Дитя мое увели!.. Помогите!.. Боже, где ж твое милосердие? Что за огонь ты наслал на -нас! Сжег ты нас, испепелил... Возьми, возьми ты душу мою, тобою дарованную,- не нужна она мне с этого дня. Не душу ты мне дал, ты огонь послал, чтобы горел он внутри и тело сжигал... Ой, горе!.. На помощь!.. Помогите!.. Спасите!.. Обвалитесь же, небеса, молю вас, погребите меня под собою!.. Постыдились бы своих папах! Какие вы мужчины? Протяните же руку, помогите! Каменные вы что ль стали, деревянные? Такуи-джаи! Жизнь мою в жертву бери!.. Такуи... Умру за имя твое... лицо мое - под ноги тебе, Такуи-джан... За очи твои голубые всю себя отдам, ненаглядная ты моя! Как глаз свой, берегла тебя, лелеяла- для того ли, чтоб попала ты в такую беду!.. Лучше меня убейте... вонзите мне шашку в сердце... пусть я у ног твоих дышать перестану... пусть в землю сойду... тогда уж пускай и уводят тебя... чтоб я твоего тяжелого дня не видела... забери меня, ад кромешный...

За этим душу раздирающим криком явственно слышен был чей-то мужской голос: кто-то говорил по-тюркски, угрожал, заставлял женщину смолкнуть.

- Замолчи ты, сука, стерва! Сейчас тебе живот распорю! Чего взбеленилась? Приказ сардара. Велено дочь твою взять и увезти. Что вы можете? Какая у вас сила? Перед приказом сардара и гора не устоит. Ну, что вы можете сделать?

Народ словно водой окатили. Все поняли, в чем дело. Приехали сардаровы ферраши (слуги), взять девушку. Кто ж осмелится пикнуть?

И превратилась масленица в смертную скорбь.

Дети, дрожа и плача, побежали домой, женщины позамыкали двери и попрятались за карасами в погребах, укрылись по горницам или же забились в солому и сено.

Все селение сразу, в один миг, будто разрушилось.

Из мужчин, кто был потрусливей, - лепетнул, спрятался, другие же, у кого было мало-мальски твердое сердце, с ужасом и трепетом подошли поближе,- не за тем, однако, чтоб помочь несчастным, а для того лишь, чтоб посмотреть, какие люди приехали и как увезут бедную, злополучную девушку. На них лица не было. Бледные, как мертвецы, стали они в ряд на крышах домов. Многие не могли языком шевельнуть,- рот одеревянел. У многих всё нутро от ужаса заледенело. У многих губы от страха растрескались, кровь из них ручьями текла.

Как бы хотели они помочь, как бы хотели все, что есть у них, отдать, чтоб вызволить бедняжек!.. о кто же мог что-нибудь сделать? Раз сардар приказал,- кто же посмеет руку поднять?

Попробуй, пикни хоть раз,- тотчас дом твой и все твое добро подожгут, а самих приставят к жерлу пушечному да и выстрелят. Не приведи бог! Врагу своему не пожелаю попасть в лапы нехристей. Каким прахом посыпать себе голову?..

Что хотят, то и делают. Ни суда на них нет, ни расправы. Сколько армянский народ подобных бед видел, а нет того, чтоб сговориться и себя спасти. Девушек, к примеру, утаскивали, мальчиков уводили, а там обращали в магометову веру, от своей веры отступаться заставляли. Часто и голову отрезали, жгли, замучивали. Ни дом армянину не принадлежал, ни скот, ни все добро, ни сам он, ни жена его. Удивительно, что даже при таких бедствиях, при стольких ужасах еще появлялось у этих людей веселье в глазах, улыбка на лицах.

Итак, как я уже сказал, сбежалось с сотню человек, и все стояли, засунув руки за пазуху, и глядели с крыш.

Плач и стенанья наполнили мир.

Ферраши с пеной у рта продолжали неистовствовать: то направляли ружья на толпу, грозясь всех пристрелить, то отгоняли людей прочь, но те, как перепуганные овцы, вновь возвращались, потом вновь отбегали и снова возвращались смотреть.

Что делалось с бедной, несчастной матерью - не приведи бог! И камнями-то она голову себе колотила, и землей-то себя посыпала, бегала туда, сюда, как растерявшая цыплят наседка, била себя по голове, по ногам. И столько она себя по голове и по коленам ударяла, столько кричала, просила помощи и плакала, рвала на себе волосы, столько раздирала себе лицо в кровь, что в глазах у нее света не осталось, ни силы в теле, ни языка во рту.

Голос ее стал глух, дыханье сперло, она мотала головой и дергала ногами, сама себя избивала, ударялась головой о камни, или же, ползая по земле, лизала ее, бросалась фер-рашам в ноги или хватала их за руки, желая вырвать шашку вонзить себе в сердце. Когда они били ее в грудь, пинали ногами и отшвыривали в сторону, она с протянутыми Руками бросалась к дочери и обнимала ее за шею. И даже, если ферраши били ее по голове ногою или кулаком, плетью или ружейным прикладом, она все равно уже не могла оторваться, ничего уже не понимала. Несчастная хотела бы вспороть себе живот и обратно туда вложить свою ненаглядную.

- Такуи-джан, что же это? На свадьбе твоей что ли пляшу? Где ж жених? Почему поп нейдет? Где хна? Принесите хну, - я покрашу руки моей доченьке. Что же барабан и зурна молчат? Эй, гости! Что ж это вы зря стоите на краю крыши, руки за пазуху заложили?.. Или меня не любите? Пляшите же! Разве гости на свадьбе стоят так без всякого участия? Что глядите? Расходы, авось, мои, не из вашего кармана,- ешьте, пируйте, посулите же моей дочери счастья в жизни! Дочь у меня такая, что я ее на зеницу ока не променяю. Не можете вы что ли повеселиться ради нее, мое сердце успокоить?

Да... во сне это или наяву происходит?.. Или уж у меня голова не на плечах? Приданое готово... нет, нет... жених ведь поехал в Тифлис, не мог же он так скоро вернуться?.. Эти зачем пришли? Ведь тюрки армянского хлеба не едят... Да, да, признала: это знакомые наши приехали поглядеть, как у моей доченьки на свадьбе веселятся! Не плачь, ненаглядная ты моя! Такуи-джан! И тело и душу свою в жертву тебе отдам. Да пока я жива, кто ж посмеет пальчика твоего коснуться?.. Волосы твои золотистые, Такуи-джан, брови твои, пером писанные... доченька ты моя,- душу отдам за колыбель твою! Такуи-джан!.. роза раскрытая, пучечек фиалковый, солнышко мое, жизнь ты моя, венец мой и гордость, дочка ты моя!.. Открои глаза свои, за очи твои душу отдам, открой ты ротик свои,- за несравненные, розой благоухающие уста твои жизнь отдам!.. Так ли ты любишь бедную старую мать свою? Так-то ты на мою ласку отвечаешь?.. Ах, ты стесняешься... ну, хочешь, скажу, чтоб они все ушли?..

Эй, люди! Уходите, убирайтесь отсюда, не показывайтесь моей несравненной дочери на глаза! Делать вам, видно, нечего,- разойдитесь по домам, чего вы тут столпились?.. Вот ведь какие бесстыжие! Эй, вам же говорю,- оглохли что ли? Такуи-джан, родненькая моя, пойдем лучше в сад, деревья в цвету,- за цветущее лицо свое душу отдам! Поля - в молодой траве,- за жизнь твою молодую - жизнь отдам? Что же мы здесь стоим? Пойдем, посмотрим, порадуемся...

6

Что мне еще сказать, что дополнить? Сердце мое все в огне, как только вспомню, что говорила, что делала несчастная мать.

Кто сам взрастил детей, тот, конечно, поймет материнское сердце. Но в силах ли немощный язык передать в словах каждую рану, каждую боль сердечную?

Злополучная мать, потеряв рассудок, не знала, что говорила, не знала, что делала.

Да и ферраши - а было их человек десять - даром что нехристи, хоть продолжали сердиться и угрожать, но, видя такие терзания матери, все же почувствовали к ней некоторую жалость. И они понимали, что не легко для матери вырастить дочь и так в один миг утратить.

Курица и та, когда цыпленок у нее пропадает, жизнь за него готова отдать - что ж говорить о человеке с его разумом?

Они тоже сбились с толку,- но то был приказ сардара. Если б они его не исполнили, не увезли бы девушку,- либо голову им отрубили бы, либо глаза выкололи. Выхода у них не было.

Кончилось тем, что они, поговорив между собой, решили и мать вместе с дочерью отвезти к сардару в крепость, выполнить свой долг, а там, что хотят, то пускай и делают. Приказали слугам седлать, одели оружие, доспехи, привязали шашки и подступили потихоньку к матери и дочери, чтоб их забрать и увезти с собой.

Такуи, Такуи, око мира, Такуи, неувядаемый цветок поднебесный! Такуи, рай, фиалка! Бесценная, единственная, несравненная Такуи!-каков должен быть язык, чтоб воздать ей достойную хвалу, какие глаза, чтоб наружности ее и образу подобие найти?

Белоснежное, лучезарное лицо ее, сиявшее как солнце и как роза рдевшее, превратилось в белое полотно, поблекло, застыло. Эти небесные очи, воспламенявшие и сжигавшие душу каждого, кто смотрел на них,- ввалились, закрылись, запали.

Такуи, юная Такуи, единственная дочь у матери, Такуи, та, что, глядя на кого-нибудь ангельским взором своим, наполняла его беспредельною радостью,- теперь окоченелая, Одеревенелая, бездыханная и бессловесная, лежала на земле, лицом к небу, словно уже не на этом свете была она, но вознеслась к ангелам, пребывает в раю и наслаждается своей непорочностью.

Ее темные-темные брови, сверкающие глаза, гранатовые щеки, ее словно тонким пером очерченные губы, ясный лоб, мраморный тонкий нос, ее соловьиный язык, золотистая шея,- все, все оцепенело, окаменело, онемело.

Когда поганая рука коснулась ее, лишь «ах» успела она выговорить. Испустила вздох, ослабела, лишилась чувств и, когда привели ее к порогу двери, затрепетала еще раз, как зарезанная молодка, и смолкла. Шея перегнулась, ослабела, голова свисла через порог, лежала по одну сторону, а тело- по другую. Половина ее золотистых волос прикрывала ее невинное лицо и грудь, другая, перепутавшись, рассыпалась по земле. Одна из нежных рук ее бессильно покоилась на груди, другая лежала на земле в оцепенении. Жилы ее высохли, дыхание остановилось, душа ее вознеслась в небо.

Да и могло ли быть инче? До той поры уши ее обидного слова не слышали, глаза - горького дня не видели, никто при ней грубого разговора не смел завести. Как роза цвела, как фиалка выросла. Ни разу нога ее не ударилась о камень, в палец ее никогда не вонзалась заноза.

Ей уже минуло пятнадцать лет, а она о делах житейских вовсе ничего еще не знала. Девушки, подруги ее, и за порогом, и по крышам гуляли, время проводили, а она уткнется, бывало, коленками в колени матери и либо шьет, либо вышивает, а то прибирает в доме и на дворе, либо присматривает за скотиной и за всем вообще хозяйством.

Ежели птица пролетала над ее головой, она, зардевшись, едва дыша, вся перепутанная, кидалась домой, так, чтобы и тени ее никто не успел увидеть.

Занозит ли мать себе палец, заболит ли у нее что, дочь готова была душу свою вынуть и отдать ей. Не было камня, не было травы, где бы ни припадала она с молитвою, прося бога о милосердии.

Увидев нищего, изо рта своего доставала она кусок и ему отдавала, чтобы тот благословил ее и пожелал ей долголетия.

И в сад она выходила в тот час, когда свет еще не отделился от тьмы. Возвращалась же из сада, когда уже начинало смеркаться, движение прекращалось и наступала тишина.

Кто желал ее увидеть, должен был спрятаться за дерево или за угол и лишь оттуда лицезреть ее непорочный лик, восхищаться светом небесных ее очей.

Даже цветы, казалось, заслышав ее шаги, радовались, ликовали, распускались пышнее.

Птицы, завидев ее лицо, словно оживлялись, подымали головку из-под крыла, заливались, чирикали, щебетали, отряхивались, хлопали крыльями.

Когда она притрагивалась к голове ягненка или же гладила его, казалось, и это невинное животное понимало, что к нему коснулась рука ангела, а не человека. Стоило ей чуть-чуть отойти, крик его оглашал весь мир, жег сердце человеческое,- так он блеял, нигде не находя себе места. Нередко спал он на ее нежной коленке, ел траву из милой, благоуханной руки ее.

Когда случалось, что засыпала она на зеленой луговине на фиалках, под розовым кустом или под тутовым деревом, или вблизи журчащего ручейка,- мнилось, что с неба сошел свет и озарил берег.

Нередко, когда она так спала, мать осторожно подходила к ней, тихонько прижималась лицом к ее лицу, либо брала ее голову к себе на колени, накрывала ее и крестила, чтобы она выспалась сладко и отдохнула. Когда же подходило время просыпаться, мать опахивала ей лицо и тихонько похлопывала ладонью, чтобы она встала и успела подышать вечерней прохладой, чтобы полюбовалась на захождение солнца и, набрав плодов и цветов, вместе с нею шла домой. И часто, когда она пробуждалась так, с розами в одной руке, с пучком фиалок в другой, казалось, горы, ущелья, деревья, кусты, и цветы, и травы приходили от нее в восхищение и ловили ее дыхание, чтобы вдохнуть в себя, надышаться им, окрепнуть от него и зазеленеть.

Ветерок шелестел в ее волосах, и раз коснувшись лица ее, уже не хотел ни далее лететь, ни возвращаться обратно, все кружил над ее головой, все играл с ее волосами.

Когда наклонялась она над розой, роза сама тянулась к ней, как бы желая поймать ее дыхание, похитить у нее Цвет ланит и стать оттого еще прекраснее, еще благоуханней.

Соловей, почувствовав ее присутствие, позабывал свою Розу и начинал воспевать ее, сгорал и томился от тоски по ней.

Часто, когда она произносила что-нибудь или пела сама для себя, ей казалось, что это ангелы говорят с ней, откликаются, вторят ее голосу.

Утренняя роса с ликованием спускалась на землю, чтобы пасть на ее непорочное лицо. Последний луч вечерний отворачивался и закрывал глаза, чтобы она поскорее уснула, чтоб поскорее ночь прошла п он мог бы вновь прийти поутру, удостоиться свидания с нею, вдохновиться ее светом и возрадоваться.

Сон сходил к ее очам, как небесный ангел к святому: простирал крылья над лицом ее, навевал на нее небедные грезы, ласкал, пробуждал и снова заключал в объятия.

Ах, где я найду слова? Каждый ее поворот, каждое слово, взгляд, каждое движение глаз и губ ее - были чудесны.

Раскроет она лучистые глаза свои или губы, майораном благоухающие,- и человек уже ни есть, ни пить не хочет, а только лишь смотреть, любоваться на стройный стан ее, у ног ее испустить дух, из рук ее принять смерть.

И вот, этот ангел небесный, этот ангел невинный находился в руках зверей!

Какое нужно иметь каменное, жестокое сердце, чтобы, увидав ее или услыхав рассказ о ее жизни, не содрогнуться от ужаса? Какая мать в подобную минуту .не схватила бы шашку и не вонзила бы себе в грудь? Какой сосед или прохожий, глядя на ее лучезарное лицо, не зажмурил бы глаза, чтобы заплакать и тем облегчить свое сердце?

Но бедный наш сельский люд столько подобных дел навидался и наслышался, что и слезы иссякли, и глаза перестали видеть.

Как раз в это время ферраши, приметя, что мать и дочь, обе обессилили от горя, уже не голосят и даже не дышат, сочли за благо взять их в таком расслабленном состоянии и увезти, чтобы они -не слишком мучились и страдали.

Двое из них уже сели на коней и устраивали места для обеих женщин, один - для матери, другой-для дочери впереди, перед собою и, ничего не подозревая, думали уже, что хорошо справились со своим делом,- как вдруг засверкала шашка.

Голова одного из феррашей скатилась на землю и стала клокотать, бормотать и приплясывать. Еще не успела она затихнуть, как голова другого подверглась той же участи, покатилась за ней следом.

- Агаси-джан, Агаси, погубил ты наш дом. Опусти руку, пожалей ты своего старика-отца. Со всеми детьми, всем домом мы теперь в плен попали. Не делай ты этого, удержись, душа моя, свет ты мой, - пожалей хоть свою молодую жизнь! Ах ты, безжалостный! Господи, что же это за бедствие на нашу голову! Святой воитель-Георгий, святой Иоанн-Креститель, помогите вы нам! Ребята, убирайтесь отсюда, убирайтесь, чтобы и след ваш простыл!

Да побегите кто-нибудь к старосте, сообщите ему весточку... Будь ему пусто, обернись ему вино ядом,- тут кровь морем разливается, а наши дурни старейшины сидят- кутят! Ну и люди! - да ляжет на них проклятьем и пир их, и свят-крест, и евангелие!

Несчастные, спросили бы хоть о людском горе,- а вы сидите в четырех стенах с кувшином да чашей, лакаете, надуваетесь!

Эй, Вато! сюда скорей, сюда! Дело-то все хуже разгорается. Сейчас придут, всех нас отведут к сардару в крепость

Агаси, Агаси! Оглох ты, что ли? Беги, беги, спасайся от этих собак, спрячься куда-нибудь! Что ты, несчастный, наделал? Погубил ты нас всех, разрушил наш дом, ох, безжалостный...

Но если бы в эту минуту загрохотали пушки и забили в барабаны, Агаси все равно не услыхал бы. Он в самом деле оглох, ни уши, ни глаза, ни тело уже ему не принадлежали, однако рассудок и рука твердо знали, что делали. Глаза его налились кровью. Теперь мог молодой храбрец показать силу руки и уменье свое владеть шашкой! И зачем была ему шашка, если не для такого случая?

Еще с места джигитовки увидел он, что народ переполошился, а потом затих.

- Ребята, тут что-то неладно,- едемте, масленицу нашу опоганили!..- сказал он и полетел вихрем.

Как заметили, что он скачет, зная его горячий нрав,- со ста мест раздались голоса, люди замахали руками, шапками, чтобы он повернул обратно, но у него уже дух захватило. С такой быстротой пустил он коня своего вскачь, что даже проверить не успел, заряжено ли у него ружье или нет.

Как лев, набросился на феррашей молодой богатырь. Он уже по дороге понял, что происходило.

Когда отсек он двоим головы, другие обнажили было шашки, но храбрец Агаси - как крикнет:

- Бесовы дети! Кто вас прислал сюда? На кого ополчились? Армянин молчит,- так, стало быть, надо его живьем съесть? Вот сейчас погашу свет в глазах ваших,- вон отсюда! Не то каждому из вас передо мной трепыхаться, как цыпленку зарезанному! Пока рука моя при мне - нитки вы отсюда не унесете!

Сказал - и одному отмахнул плечо, другому выпустил кишки - а шестеро остальных, зная, что исхода им нет, вскочили на коней и помчались напрямик в крепость.

- Вставай, голубка! Такуи-джан, открой очи свои ясные, свет мой,- ведь не помер еще Агаси, не истлели кости его и в прах не обратились, чтобы посмел кто-нибудь пальцем одним коснуться волос твоих дивных! Горе очам моим! Горе моему солнцу!-вся-то она оцепенела, вся застыла! Такуи-джан - ненаглядная моя, вот возьми, возьми душу мою, пусть лучше я умру, только ты живи, сердца бедной матери своей не сокрушай, не терзай, молю тебя!..

Так говорил нежный юноша, плакал и бил себя по голове. Слезы катились градом из его глаз.

Побежали за водой. А он, скрестив руки и сам тоже словно окаменев, продолжал стоять неподвижно.

Он не осмеливался приблизиться к ней, обнять ее, размять ей руки, сказать на ухо доброе слово, потрепать рукой по щеке,- чего нельзя, того нельзя: Такуи была девушка, чужая дочь.

Глядел он на несчастную мать,- она не издавала ни звука, глядел по сторонам,- адское зрелище мертвецов представлялось глазам его. А больше никого, ни единой души, ни «диного лица человеческого не было видно вокруг. Все убежали, пустились в горы и ущелья спасать свою голову.

Собаки выли и лаяли, петухи и куры кричали,- как будто говорили ему с сочувствием:

- Хватит и того, что ты наделал, спасай голову! Скрывайся скорей, скачи в Памбак, в Тифлис,- на русскую землю. В этой стране солнце твое закатилось, день твой померк, светильник твой погас. Жерло пушечное здесь ожидает тебя. Пока еще тихо, пока повод коня твоего у тебя в руках, пока еще есть у тебя дыхание в устах и сила в ногах,- беги, спасай себя!

Если останешься, все равно весь дом ваш вырежут, уедешь - то же самое будет,- но, хоть по крайней мере, себя спасешь! Один ты сын у отца, не задувай его очага. Ведь руки у тебя в крови, ты убил слуг сардара. Ах, где ж твоя совесть! Подумай только - ведь их кровь с тебя взыщут. Их родные теперь в бешенстве, с пеной у рта небось сами себя грызут.

Что же ты стоишь, как деревянный! Чего еще ждешь? Резвый конь под тобою, оружие и доспехи на тебе, а кусок хлеба везде найдется на белом свете...

7

Казалось, ад разверзся перед ним. Дьяволы о тысяче головах скрежетали зубами, дико радовались, хохотали, выли, точили когти, разводили, раздували адское пламя, собираясь сжечь его, зажарить и поделить куски его между собою. Тысячи карасов с горячей смолой, тысяча змей и скорпионов, казалось, ожидали, раскрыв пасть, готовые растерзать его, проглотить, сожрать.

Едва он успевал очнуться от ужасного этого сна, как ему начинало мерещиться, что сардаровы палачи, засучив рукава, с налитыми кровью глазами, с отточенными шашками, подходят к нему и вот-вот сейчас его уведут. Пушкарь прочищает, готовит пушку, уже заряд выбран и поднесен. Отец, мать, родня, земляки, прохожие,- все будто кричат, голосят, хлопают себя по голове, по коленям бьют, сокрушаются, кличут его по имени и оплакивают:

- Агаси-джан, и меня, и меня ударь шашкой! Погибла моя жизнь, померкло солнце... Разрушен дом... дитя ты мое... душа моя... небо, земля, ангел ты мой... ой, горе!., глаза мои выкатились, зрачки потухли... срази меня своей рукой, сын ты мой драгоценный... умру у ног твоих, дышать перестану!., милый ты мой... из рук твоих приму смерть!., душа ты моя... Седины мои подстелю под ноги тебе, Агаси-джан! Пока есть свет в глазах моих, дыхание в устах моих, стань на уста мои ногой, вонзи мне шашку в самое сердце, дай мне смерть, дай я уйду, сгину совсем,- а там делай, что хочешь. Лиши меня света очей! К небу я приравнял тебя, сын мой... вершина моя горная, божество мое!..

Старик валялся в ногах Агаси, бился головой оземь, рвал на себе волосы, кидался обнимать ему колени.

Любезные читатели,- не излишне ли говорить?- вы и сами догадываетесь, что этот бедный, несчастный старик был не кто иной, как горемычный отец Агаси.

Вестник, немой от ужаса, вбежал в саку, где пировали старейшины, и крикнул:

- Эй! Да не разрушится ваш дом,- на село напали, разгромили, девку Атоянцову схватили, Агаси в крови плавает, ферраши стреляют, губят народ...-и как бывает, что грянет вдруг гром или страшно выпалит пушка и грохотом отдастся в ущелье, и скалы дрогнут и загудят, а уши у тебя вдруг оглохнут, и ты стоишь несколько минут, как ошалелый, и голова твоя полнится гулом и кружится, в глазах темно, мрак и темень тебя обнимают, рассудок улетучивается, стоишь, как остолбенелый, ноги, руки слабеют, и весь ты дрожишь, и язык у тебя немеет в гортани, и уже не знаешь ты, где находишься,-на земле или в аду,-так и отец Агаси содрогнулся до мозга костей, сознание от него отлетело, и застыл он на месте, остолбенел и стал водить глазами по сторонам.

Он был уже изнурен старостью, одной ногой в могиле, и было у него на свете всего одно детище, этот единственный сын. Любовался он на него и думал: царь я и шах на земле!

Глядел ли, как сын джигитует,- ноги его словно отрывались от земли, словно взлетал он на крыльях. Все забывал он - и старость, и смерть, и ад, и рай. Думал, что во второй раз родился, радовался, ликовал, веселился и хохотал, как восьмилетний мальчишка.

Бывало, услышит его имя, и все нутро в нем взыграет, и сердце оборвется. Каждый раз, когда он целовал его в глаза или обнимал его, ему казалось, что свет нисходит на него с неба, что стены превращаются в розы, горы и долины - в сплошные цветы.

Глядя на его ясный лоб, любуясь ростом его, всем его обликом, думал он, что это взошло новое солнце, ему хотелось рассечь себе грудь и вложить его туда.

Вот уже стал Агаси и взрослым юношей, а ни разу отец не сказал ему жестокого слова, ни разу так не выразился, что у тебя, мол, глаз за бровями не видно, или - чтоб дымом на тебя понесло!

Если б он жизни у отца потребовал, не пожалел бы отец и жизни, если б душу захотел взять, не пикнул бы, голову бы свою продал и исполнил бы заветное желание сына.

Когда случалось ему идти к хану или беку, он так наряжал его, что все дивились, на него глядя. Сардар и сам теже приметил удальство юноши, его храбрость, силу его руки. Часто, в праздничные дни, оказывался он первым среди всех джигитующих,- никому, бывало, не уступит. А борцы при одном его имени приходили в ужас, их кидало в дрожь. Когда выходил он бороться на площадку, все стояли, разинув рты. Ни один не осмеливался и близко подойти к нему.

В крепости у сардара частенько шутки ради подводили ему быка или верблюда вместо барана,- авось, дескать, хоть тут посрамится,- либо подменивали ему шашку, давали тупую, чтобы хоть чем-нибудь его потом устыдить, но молодой удалец одним махом отсекал голову что быку, что верблюду: и валилась голова в одну сторону, туловище в другую

- Жаль, жаль, что ты армянин!-нередко говаривал сардар, качая головой,-был бы ты мусульманином, следовало бы тебе ханство дать!

В самом пылу боя, среди пуль и огня, он летел стрелой, врезался в самую гущу вражеских рядов, как лев, раскидывал кого в одну сторону, кого в другую, разил, крошил и, схватив какого-нибудь османца за волосы и волоча его по земле, приводил к сардару.

- Аслан баласи (сын льва)! - восклицал сардар и целовал его в лоб.- Вот еще бы мне таких десяток! Переломись спина твоей матери - чего она еще четверых таких не родила? Молодец, молодец! Да пребудет светлым лица твое!

На охоте его пуля всегда первая попадала в цель.

И ханы и беки приходили в изумление, в восторг от красы его лица, от широких, могучих плеч его. Частенько, как бы в шутку, они говаривали, что сделайся он мусульманином, так быть бы ему беком или даже ханом. Обещали поместья, говорили, что дадут крестьян, скот, богатство всякое, девушек,- но не тем молоком был он вскормлен, чтобы отступиться от святой своей веры, позариться на имущество, на блага суетного света.

- Мой черствый хлеб слаще мне вашего каблу плова! Последнего паршивого волоска с головы нашего священника не променяю на вашего муллу да ахунда. Лучше мне в, своей вере ходить за плугом, пахать да сеять, копать землю-заступом, чем стать ханом или беком, властителем мира, а от веры своей отступиться.

Сардар подарил ему шашку, Джавад-хан - ружье, Наги-хан - коня. Не так давно назначили его сотником в армянском отряде. Что еще добавить? Один был Агаси на весь Ереван. Всякий его именем клялся, всякий радовался его жизни, хотел чем-нибудь угодить.

8

- Где же это я? Сплю? Или бодрствую? Сон вижу?.. Ох, ох, ох... Вот, вправду, крови море...- так стал говорить сам с собой злополучный старик, когда первый жар остыл и нашло на него оцепенение.- Вот она, преисподняя, самый ад... верно рассказывают - геенна огненная... горе мне, трижды горе!.. Плоть моя трепещет... В глазах темно... вон, вон - готовят крюки, косы точат, вон вертела сверкают... Боже, велика слава твоя!.. Зачем же ты создал нас, чтобы сжечь в пламени вечном?.. Блажен, кто не вышел из утробы материнской... Что я вижу?.. Господи-боже ты мой!.. Вон жарят... на куски мясо режут... Пощады, пощады!.. Пощады молю!.. Сгиньте с глаз моих! Провалитесь вы!.. Вон тот вина много пил - так ему теперь живот распарывают... Кто злословил, сплетничал, наговаривал, дома разорял... тому язык вырывают... ой, жгут, ой, жарят на сковороде... Вон тот деньги любил... так они монеты из огня достают, к телу ему прикладывают... А у взяточника-то: мясо вырывают щипцами, да и суют ему в рот... Беспутникам да ворам, да блудницам свинец расплавленный льют на голову... вертела раскаленные в сердце им вонзают... обжигают, нутро им жгут... Там визжат, там стонут, где писк, где рыдание... Вон у того вместо пота струи огненные с лица стекают, а у этого - огонь изо рта, пламя... жгут его... отсюда молния ударяет, оттуда гром гремит... Все исчезло-небо, звезды, солнце, луна... все померкло... Ой, чудится мне - у одного не язык, а меч огненный, у другого не рука - змея, у этого - огонь из глаз, а у того из носу-дым... Боже! Куда я попал?.. Кто завел меня сюда?.. Или это уж день судный?.. Давно ли,- вчера еще всем народом, всем селом сидели мы - пировали... Помогите, спасите бога ради!., ради Христа!.. Вон идут... сейчас уведут и меня... Агаси-джан! Где ты?., протяни же мне свою богатырскую руку! Родной мой... когда же ты отцу поможешь?

Едва лишь имя сына коснулось его слуха,- точно молния ударила. Он встрепенулся, очнулся, открыл глаза и увидел, что все это - одно воображенье, что ни огня нет, ни ада, а перед ним та же скатерть, тот же хлеб, только гости разошлись, а поп положил ему на лоб евангелие, поднял глаза к небу, читает псалтырь, молится, крестит его и сам плачет, утирая тихие слезы.

- Батюшка, дорогой... это ты... дай к ручке приложиться... родимый ты мой... ой, как хорошо... Сердце мое будто успокоилось, тело крепнет... Еще поживу на свете твоими молитвами... Ох, что же это было?.. Чуть-чуть меня живьем в ,ад не уволокли... Я еще и Агаси не поцеловал, ни жены, ни снохи не благословил,- куда ж мне так идти?.. Где ребята? Где Вирап? Как все попримолкли! Вот шельмы! Опять улучили минуту, оставили меня одного, сонного, а сами ушли хоровод водить... Вот видишь, что эти бестии со мной делают!... Я, правда, стар, ноги у меня уж от танцев отстали, но руки-то я могу еще поднять в ладоши похлопать, со всеми, вместе сладко время провести. Ох, старость проклятая,- никто на старика и смотреть не хочет... Налей-ка вина, батюшка,- пускай и ад и мир рушатся, а мы, пока глаза глядят, будем-ка пировать!..

Старый человек - то правда - не легко переносит страдание: жизненная сила пошла в нем уже на убыль, и нет в. нем ни прежней крови, ни прежнего сердца. Но и страдание он забывает скоро, ибо душа в нем не так уже горяча, да и память не так крепка, чтобы надолго в ней что-нибудь удерживалось.

Когда первый жар остыл, и старик очнулся от своего оцепенения, он ничего уже не помнил, думал, что крепкое вино его свалило и лишило сил, что жар от углей ударил ему в голову,- вот он и заснул.

Как открыл он глаза после того страшного сновидения, несчастному показалось, что он вторично на свет родился. Он рад был бы все отдать, лишь бы еще пожить несколько годочков и понаслаждаться земными благами.

Когда человек увидит страшный сон, будто его убивают, или приснится ему, что враги окружили его со всех сторон и собираются отрезать ему голову,- о, с каким легким сердцем вскакивает он и творит крестное знаменье, радуясь,, что он у себя дома, в своей постели! Такое же чувство было и у бедного старика. Он хотел выскочить, целовать стены и двери; невесток и детей, друзей и врагов прижимать к груди своей, целовать, на всех любоваться, душу им отдать, лишь бы они по гроб жизни ладно жили друг с другом, друг друга любили, наслаждались бы благами мира, и чтобы на том свете не осталось у них неисполненных желаний, чтобы не обращали они взоров назад на землю.

Он вспомнил свой сад, поле, горы, ущелья, дом, все добро свое, скот, богатство, деревья, цветы; он видел, что все это опять у него в руках, что он своими глазами на все это смотрит, опять ощущает знакомый вкус и благоухание,- и ему хотелось самые камни лизать в порыве сердечной любви и лобызать землю. Хотелось на колени встать перед всеми, класть земные поклоны, жертву принести,- в жизни своей с таким рвением не стоял он в церкви, в жизни своей так ревностно не молился, не крестился с такою верою, так горячо не целовал руку священника, таким ласковым взором, не глядел на небо, на землю, на весь мир.

Никогда еще так не ликовала его душа, как в этот час.

Казалось ему, что мир - это рай, а люди - ангелы, и ни одной недоброй мысли, ни одной нехорошей тайны не оставалось у него в сердце. Кто бы мог в тот час найти в мыслях его гнев, злобу, зависть, ненависть, недоброхотство, досаду? Все, все стерлось, все исчезло. Теперь он понимал, что значит ходить в церковь, для чего существует молитва, какая сила в святой литургии.

Создатель мой! Подумать только, как мало дней, как мало лет жить нам на этом свете! Подумать, что бог создал нас для того, чтоб мы пользовались счастьем, наслаждались его благами, но что общий удел наш - горсть земли, место наше - могила длиною в два шага, что для каждого наступит тот день, когда это прекрасное лучезарное небо, эта милая земля с ее горами и ущельями в коврах цветочных,- все скроется от наших глаз. Глубоко, в холодной темной земле плоть нашу поедят черви, кости наши станут прахом, и кто знает, в какую сторону, в какой уголок земли залетит он.

Вот снова говорю - и слеза катится из глаз моих, и весь я содрогаюсь.

Стоит только подумать, что это ухо, столь охотно склоняющееся к худому слову, должно когда-нибудь оглохнуть, что этот глаз, не желающий и малой толики света видеть в чужом глазу, когда-нибудь обречен ослепнуть, помрачиться, уничтожиться; что этот язык, ежедневно, подобно змее жалящий и отравляющий тысячу человек, когда-нибудь должен умолкнуть, отсохнуть, распасться, достаться в снедь червям,- и разве злая мысль может прийти нам на ум? Разве не захотели бы мы, так подумав, всех почитать, уважать, ухаживать за всеми, как если бы они были святые!

Но глаза наши ко всему привыкли, сердца остыли, мысли окаменели.

Мы ходим в церковь и думаем, что дело уже и сделано, долг исполнен, раз мы покрестились, сколько надо, отвесили столько-то земных поклонов, постояли у обедни, разговелись, причастились. Что говорится в церкви,- для нас мертво, на нас не действует, ибо это не нашего сердца слово, не нашего языка речь.

Нам говорят, а мы развесили уши, вперили глаза и слушаем-- не слышим, глядим - не видим. Когда бывает, чтоб сердце наше возгорелось, чтоб поняли мы, какое это чудо, всеблагим богом для нас сотворенное? И что мы такое сами собой представляем,- что наше поклонение, славословие, наши поклоны земные и благодарения что-то значат для господа-вседержителя?

Кто беден - того поддержи, кто болен-того утешь, обездоленному приди на помощь,- вот о чем должны мы думать. Огорчили мы кого-нибудь,- пойдем, помиримся. А ежели мы входим в церковь с сердцем, полным желчи, яда, тысячи всяких обид, и выходим оттуда тоже с тяжелым сердцем - какой же от этого прок? Разве надо умереть, чтоб сердце очистилось? Лицезреть ад, чтобы оценить этот мир? Разве надо сойти в землю, чтобы лишь там страстно искать человека, приятного твоим очам, с которым и поговорить можно, которого и послушать хорошо?

Ах, подумай: если бы ты мог после смерти выйти из могилы с теми же силами, какие у тебя сейчас, не захотел ли бы ты обхватить ноги первого путника, проходящего мимо твоей могилы, обнять его, прильнуть лицом к его лицу и облить его своими слезами, прижать уста к устам его и, заключить его в объятья, уже от груди его не отрываться за то одно, что сказал он, проходя: господь да успокоит его душу! или зажег свечу на твоей могиле?

Не захотел ли бы ты тогда размешать в воде и выпить ту землю, что засыпала прекрасные глаза твои, исказила твой благородный образ, сковала твой ласковый язык, приглушила сладостное дыхание, и поклониться камню, всей тяжестью лежащему на тебе?

Почему же теперь, когда разум твой при тебе, и сердце у тебя в груди, и мысли в голове - ты обо всем этом не думаешь?

Ах, мой дорогой, как желал бы я, чтоб в этот час заглянул ты в мое сердце и узнал, какое море в нем бушует.

Когда-нибудь я должен буду лишиться вас, милые душе моей друзья, приятели, товарищи, знакомые, те, кого люблю я больше всех, кто единого со мною образа. Не услышу тогда вашей сладостной речи, ни звука вашего голоса,' не увижу ваших благородных лиц. Вы опустите меня в могилу, помянете добром грешную мою душу, бросите мне горсть земли на. лицо,- и, может быть, у кого-нибудь из вас заноет сердце, кто-нибудь проронит надо мною каплю слез,- но, ах! - язык мой немеет, только лишь об этом помыслю, и руки падают без сил... ах, и малой благодарности не сможете б ы услыхать из уст моих... Что говорить об аде! Я удалюсь от вас навек, не услышу никогда более слов ваших, не увижу ваших милых лиц,- какой же ад может быть ужаснее?

Подобными мыслями поглощен был и наш бедный старик. Он готов был целовать полы рясы стоявшего перед ним священника, проводил ими по лицу, по глазам или совал руку его себе за пазуху, или подносил ее ко рту и нюхал. Бедняга-священник недоумевал: глаза зажмурит, ртом бормочет, рот рукой прикроет,- соленое море льется из глаз.

Рассказать о том, что произошло, священник боялся: старик мог уйти и не вернуться. Утаить?- Но как скроешь, о чем шумит весь мир.

Могло и то случиться, что сын помрет, а отцу не придется и поглядеть на него в последний раз,- тогда вконец потом истоскуется. Что было делать?

Священник поглядывал на дверь,- жалко ему было старика, да и боялся, а ну как тот отдаст богу душу у него на руках! Сердце его сжималось, все нутро переворачивалось. Очутился он между двух мечей - куда ни подашься, все равно заколешься.

- Оганес, сын мой, стань, выйдем наружу, погуляем, освежимся,- чего мы торчим дома, запрятались в угол? Погода потеплела, смягчилась, пойдем, на божий свет поглядим!

Так сказал, наконец, добросердечный поп и поцеловал старосту в голову и в бороду,- он хотел под каким-нибудь предлогом непременно поднять его с места; он полагал, что, выйдя и не разобрав хорошенько, в чем дело, старик смешается с толпой, пойдет, куда все,- и увидит все собственными глазами.

Одно дело - слышать, другое дело - видеть. Чем дальше от нас горе, тем сильнее мы его чувствуем, а когда оно перед нашими глазами, мы сначала цепенеем, потом рана понемногу сама собою начинает ныть, болеть и, наконец, постепенно заживает.

- Выпьем еще вот эту чашу, дорогой батюшка, потом, куда хочешь, веди меня. Выпьем, и я - твой пленник, пес твой,- если и на голову мне наступишь, смолчу, не пикну. Ведь я даже Агаси нынче весь день не

59

видал, - он с утра, как вышел, так и не приходил. Ужели ж мне не поглядеть, как он джигитует, в глаза его не поцеловать? Я .без него и получаса не могу прожить. Пойдем, все хорошо, будь здоров, да укрепит тебя господь в сане твоем!

Только он успел промолвить: «Агаси-джан, свет моих глаз, пью, мой ненаглядный, за твое здоровье!..» - как вдруг словно пушечное ядро разорвалось и разнесло дверь и окно, ударило ему в лоб по самой середке и разворотило мозг. Хилый, иссохший старик упал навзничь да так и остался лежать, без слова, без звука, как зарезанный баран. Только что взял он в руку палку, чтоб выйти из дома, как раздался крик:

- Где Агаси?.. Хозяин-джан!.. Агаси увели... Хозяин!.. Дом наш разрушили... Хозяин-джан... загасили твой очаг... гора ты моя... захлопнули твою дверь, господин ты мой!.. Ага... га... га... си... Агаси... Агаси... Агаси... Агаси!.. Пришли... ведут... руки связали... ноги заковали... Ой, ой, ой!.. глаза мне выкололи... Кому я худое слово сказала, что такая беда со мной приключилась!.. бегите... догоните, полюбуйтесь на его статный рост... Посмотрите, как джигитует... Иду, иду, Агаси-джан! погоди, только чадру накину, голову повяжу... А ты, горемычная... пошевели хоть руками-то,- что ты стоишь столбом!.. ой, ой, ой!.. Пощади, молю!.. Сгорела, испеклась я вовсе... Отсохните вы, руки мои!.. померкните, глаза мои! Невестушка, милая, да шевелись ты, хоть руки подыми! Эх, Вардитер-джан, фиалка ты моя, цветик весенний, касатик ты мой яркий, маргаритка моя... что ж ты руки скрестила... сокрушаешься?., стоишь, как убитая?..

Зангу рядом, погоди немножко, мы проводим Агаси... душа его не успеет еще долететь до неба... мы раньше него там будем, не горюй... Слушай, я спою тебе песню про него:

Агаси… дитя мое… джан…
Наша гордость, венец ты наш...
Нет гордости... венца у нас, нет,
Нет меча и ружья у нас нет...
Жизнь померкла... погас мой свет...

Агаси-джан, Агаси!.. А ты, горемычный... Долго ты будешь спать? Ладно, ладно... иди... сына твоего увели... иди, кинься в воду... мы за тобой сейчас следом...

Несчастный отец за это время успел десять раз отправиться на тот свет и обратно вернуться... Только подымет голову, опять его ударят по темени и столкнут в пропасть. С одной стороны молодая, двадцатилетняя сноха била, колотила себя по голове, трепала себе волосы, с другой - бедная его старуха-жена. Ни одежи на них уже не было, ни живого места на лице.

Все они истрепали и изодрали. Лачак, ошмаг, лоб, грудь - все стало красным от крови, словно кумач.

Что делалось с молодухой - и не приведи бог! Она стыдилась громко рыдать - и оттого еще сильней жгло ее горе, еще больше она терзалась... Ей хотелось разодрать себе грудь, броситься куда-нибудь вниз головой.

Они обе, лишь только услыхали роковую весть, тоже словно обезумели, спрятались в ацатун и стояли там, как вкопанные,- одна в одном углу, другая - в другом.

Да и недобрые, страшные сны привиделись в ту ночь им обеим. Матери привиделось, что конь Агаси во время джигитовки споткнулся и упал. Подбежала она обнять сына,- да так и вскочила. А молодуха видела свадьбу, и что будто напали разбойники, Агаси на каком-то сером коне погнал разбойников и рубил их шашкой, а потом скрылся в пыли и тумане. Сверстницы молодухи хотели ее удержать, она выдернула полу,- бросилась было ему вслед, но упала ничком,, открыла глаза - а дом кругом ходит.

Когда ей сейчас вдруг живо представилось, что произошло, она так вскрикнула, так завопила, что в самых небесах было слышно, а стены так и загудели. Услыхав дикий крик невестки, старуха отскочила на добрые пять гязов, словно шашку вонзили ей в самое нутро. Потом, громко вопя, вырывая себе волосы, схватила невестку за руку, выскочила из ацатуна и повалилась перед своим полумертвым мужем. Она скребла ногтями землю, посыпала себе голову и, подобно только что зарезанной курице, у которой еще кровь не остыла, билась ногами и лицом об камни,- как уже было описано Ах, я не хочу распространяться подробнее,- то, что они делали и говорили, сожгло бы, испепелило бы сердце слушателя.

От этого-то и крика, - как я уже сказал,-наш несчастный старик сразу вскочил с места и, не захватив ни шапки, ни шубы, выбежал из дому. Он истошно кричал, бил себя по голове, рвал на себе бороду и так, задыхаясь, с трудом переваливаясь с боку на бок, беспомощно топчась ногами, дотащился, наконец, до сына, упал на землю и стал валяться у его ног.

Сто раз падал он, сто раз ударялся ногами и лбом о камни, пока добрался до того места,- на голове и всем теле у него живого места не осталось. О тысячу камней ударился он - и весь покрыт был ранами. Белоснежная борода его с примерзшей кровью прилипла к челюсти. Теперь, припав к сыну, старик лизал его ноги, моля, чтоб тот и ему нанес удар своей шашкой, избавил бы его поскорей от этого горького света.

Тот жалок народ, чья рука слаба,
Жалка страна, что врагу - раба.
Народа того, кто родину, жизнь
Разбойникам предал, жалка судьба.

Кто в горы идет для забав, охот
Иль дома сидит да копит доход,-
Беззащитных людей без промаху бьет,
Беззащитных главу в свой кошель кладет.
И закон, и дом, и семья, и храм -
Сравняется все с землей и скалой,
Если шею народ подставит врагам,
Останется сам без страны родной.
Взыграл океан,- что ему слеза?
Ах, ни сердца нет, ни души в волне.
Ему корабля доверять нельзя:
Отведешь глаза,- откроешь на дне
Взбесился медведь, нагорную тишь
Он ревом смутил, и в ущельях дрожь.
Ягненок невинный, чего ж стоишь?
Беги от него - не то пропадешь.
Гудят и дрожат луга и поля,
Перевернут мир, гром гремит в выси,
Прохожий, что стал ты, слезы лия?
За камень ложись - и себя спаси!
Ах, добрый ангел, солнце, зайди,
Склони свой жгучий прекрасный глаз!
Для армян хоть вовсе ты не всходи,-
Давно закатилась звезда для нас.
Меч, трон, дворец, богатство - прошли,
Цари и князья - в объятьях земли.
А кто приютит их бедных сирот?
В сердцах у врагов разве бог живет?

Конец первой части.

Стоит человек посреди руин,
В тяжелых думах стоит один,
Размышляет он о былых делах,
Печален стоит, и глаза в слезах.
Как будто камни родной земли
Нам говорят: «Берегись, человек!
Оплачь безумные дни свои,

Помни, что мир нам дан не навек».
Как будто у стен и у тех есть речь
Они спешат нас предостеречь.
«Смотри, человек,- будь к смерти готов.
Тут было немало невест, женихов,
Тут было немало сынов, отцов,
Вельмож, князей, богатых купцов.
А где же они? Сравнялись с землей,
И сова сидит над их головой».
Но, ах, где кровь лилася ручьем,
Там исчез народ, разрушился дом,
Разбойники, звери живут кругом,
У всех, кто мыслит, огонь в мозгу.
Он весь дрожит, и в глазах темно.
У армянина - огонь в мозгу.
Едва лишь завидит вдали Зангу
И грозную крепость на берегу.

ЧАСТЬ ВТОРАЯ

1

На голом, каменистом утесе, закинув голову вверх и, как некий тысячеглавый демон равнодушно озирая окрестность, высится Ереванская крепость - тысячелетняя, древняя, дряхлая, с четырех сторон окруженная рвом и укрепленная башнями, с целым ожерельем острых зубцов поверху, с двойным поясом стен толщиною в пять гязов Одной ногой оперлась она на Конд, другой на Дамур-булах и, раскрыв одну пасть на север, другую на юг, воздев к небу иссохшую свою голову, расстилая по земле широкие полы свои, белея гладко оштукатуренным бесстыдным лицом с тысячью жерл, с тысячью окон, подобных вытаращенным в разные стороны глазам,- охватила она когтями и прижала к груди каменистое, ужасающее, черноликое Зангинское ущелье,- безволосая, безъязыкая, поистине людоедская Ереванская крепость. Издали старается она скрыть пожелтевшее лицо свое, опускает ненасытные очи долу, чтобы тем скорее ввести в обман простодушного зрителя, тем легче приманить его к себе, а потом потихоньку, без шума поглотить и уничтожить.

Построил ли ее коварный, лживый перс или непримиримый свирепый османец заложил ее основание, об этом нет записей, время ее возникновения неизвестно. Ее история скрыта во мраке, ничего достоверного никто не знает, никто ничего не слышал.

Но вот уже целое тысячелетие стоит она, выставив свое бесстрашное, ни перед чем не трепещущее жестокое лицо, подобно наглому зверю. Сколько пушечных снарядов попадало в ее шершавую спину, в ее рыхлую грудь, в ее голую голову,- а ей все нипочем, ничто ее не проймет. Едва залечив поврежденные крылья, укрепив поломанные кости, она уже снова вскинула мрачное свое чело, вновь набралась духу, поднялась, встала во весь рост, расправила, выпрямила, подтянула плечи - она вновь угрожает, сеет ужас и, хлопая в ладоши, издевается и смеется над слабостью, малодушием, бессилием и глупой дерзостью тех, кто почесывал ей голову и пробовал заигрывать с ее тенью.

Вновь с вызывающим видом, грозно подняла она палец - эта земляная, не каменная даже, крепость. Ничего не стыдясь, так и осталась она сидеть на месте, засунув поломанные ноги в Зангу,- ту самую Зангу, что денно и нощно, не зная ни сна, ни покоя, обезумев, бешено разит и тешет тупою шашкой, каменным топором своих вод ее обнаженную грудь, ее бессовестное сердце и, видя, что не в силах утолить мстительный гнев свой и разрушить ненавистную, несется дальше, с шумом, рокотом и воем. Голос ее постепенно глохнет, она тихо, с закрытым лицом, входит в лоно Зангибасара и уже без всякой надежды, с разбитым сердцем, печально растекается, разбегается в разные стороны и, неся с собою и раздавая всем тысячи разнообразных благ земных, тысячи плодов и всякого иного добра, сама сбивается с дороги, теряется, не в силах даже донести весть о себе любимой сестре своей - реке Аракс, ибо жаждущие влаги ереванцы уже преградили ей путь, уже любовно отводят ее, влекут на свои поля, стремясь ее светлой, слаще молока, водою утолить сожженное сердце, обмыть горький пот и дарованными ею плодами поддержать свою жизнь.

Ереванская крепость! Земля армянская вот уж тысячу лет, как стала обиталищем врагов и разбойников,- та самая земля, та страна великолепия, где был сад эдемский! Бог не пощадил ли святую армянскую гору Масис, когда весь мир опустошил потопом, не нашел ли ее того достойной, чтоб Ноев ковчег на ней остановился, чтобы из армянской земли вновь размножились люди и заселили все другие страны?

Та святая земля, куда, отвергнув злой умысел безбожного Бэла, собрав семейство и храброе, доблестное войско свое, пришел непобедимый Гайк

64

и, восхищенный чудесными горами, прекрасными полями армянскими, увидев райское ущелье Зангу и пенистую, бесстрашную ее воду, благодарственное лоно реки Араке, поднебесные вершины Масиса и Алагяза, цветущие долины и горы Севанские, воткнул копье в землю и назвал ее своим святым именем - «Айастан», а бездыханный прах Бэла принес в жертву стреле и луку своему; то священное место, куда, собрав войско, пришла Шамирам, покорительница мира, нигде не найдя образа, желанного ее сердцу, где тосковала по лицу нашего ангелоподобного Арая, в надежде, ежели плачем и любовью не удастся завлечь его святое сердце, - пленить его силою, чтобы хоть так святое дыхание его коснулось ее лица,- и когда был он мертв, приказала положить тело его перед собою, плакала день и ночь, страстно желая либо его возвратить к жизни, либо самой испустить дух у его ног; та страна, где Зармайр хотел подать помощь Гектору против Ахилла, где Паруйр с Арбаком испепелили Сарданапала, где Тигран вместе с Киром отняли душу у Астиага, где Вахэ с Дарием Кодоманом пытались преградить путь АлекСандру, где Вагаршак-парфянин, закрыв доступ в Армению брату своему Аршаку, благоустроил страну и утвердил в ней нахарарство; где сидел на престоле Тигран - царь царей - подчинивший сирийскую землю и пригласивший к себе полководца Ганнибала - исполина Карфагенского; где непобедимый Трдат, удивив Рим отвагой и мудростью, овладел страной отцов и отвадил от нее аланов и персов; где единородный сын божий явился святому Просветителю и лучом очертил предел и меру места своего сошествия; та земля, где Вардан Мамиконян и достойный брат его Ваан беспримерной, в мире еще не виданной храбростью, кровью собственной отстояли закон свой и честь своей церкви; место, куда Врамшапух перенес просвещение и мудрость всего мира, привлекая их в свою родную землю; та избранная страна, где Рубиняны и Багратуни вновь извлекли из могилы беззащитную, тысячью врагов плененную родину и вдохнули в нее новую жизнь; та благословенная земля, куда вторгались ассирийцы, персы, гунны, аланы, македоняне, римляне, арабы, османцы, Целым потопом ее затопляя,- сотни народов и стран растоптали они, уничтожили, стерли с лица земли, предали огню и мечу, - где не было горы, не залитой кровью, ни такого камня, что не задавил бы под собою человека, а сто соседних с нами народов сравнялись с землею, так безвозвратно погибли, что ни духа от них не осталось, ни имени,- святой же армянский народ, неодолимые потомки Гайка, когда потеряли все: жизнь, царство, величие, славу, власть, войско - и увидели, что не в силах противостоять этому всеразрушающему потопу, этим варварским народам, которые куда бы ни устремлялись, один по стопам другого, - в Европу ли, в Азию ли - неминуемо проходили через армянскую землю,- воздели очи к небу, склонили голову на грудь и, тесно сомкнув сердца, объединив души, прошли под тысячью мечей, через тысячу огней и доныне сохранили себя, свою святую веру, свой святой закон с таким душевным величием, какого никогда не бывало и не будет в мире.

Эта самая страна, этот беспримерный народ, в последнее время стоявший на краю гибели, ныне воздел очи к небу, моля, чтобы могущественный русский орел явился и принял под крыло свое землю их и детей.

За какое-нибудь двадцатилетие нога просвещенных христиан, крестопоклонников-европейцев так разрушила, стерла, с землей сравняла жалкую Америку, что из ее племен, насчитывавших до пяти-шести миллионов, на сегодня не осталось и тысячи человек, да и те скитаются по горам и ущельям, как дикие звери, оплакивают свой черный день и гибнут. Что же было делать бедному армянскому народу? С ноева века целых шесть тысяч лет жил он не посреди христиан или просвещенных народов, а среди язычников, идолопоклонников, магометан, нехристей, вел с ними борьбу и над многими нередко торжествовал,- но разве может роза цвести в море, разве фиалка уцелеет вблизи огня? Однако вытерпит ли так молнию и град гибкий пшеничный колос, как вытерпел, как выдержал наш народ гнет своих врагов?

Армянский народ, армянский народ! Жизнь отдам за тебя! За землю твою, народ мой армянский, собой пожертвую. Армяне мои, каким молоком вскормлены вы, что за чрево дало вам жизнь, какая рука вас обнимала, какие уста благословляли, что оказалась в вас подобная душа, подобное сердце, что явили вы всему миру такое неслыханное чудо?

Слепы должны быть глаза, чтобы не видеть, не знать ваших достоинств. Немы должны быть уста, чтобы молчать и не прославлять вас, не почитать вашего имени. Из камня должно быть сердце, чтобы вас не любить, чтобы души в вас не чаять!

Благословляйте приход русских и сами живите душа в душу, любите друг друга. Ведь вы - порождение той самой страны, дети того самого народа, который удивил весь мир и еще впредь удивит. Берегите же друг друга, как берегли ваши предки, уважайте друг друга взаимно - вспомните предков ваших! Поклоняйтесь вашей земле и вашему народу,- а я возвращаюсь к прерванному своему рассказу. Однако взор мой смотрит вдаль и ухо чутко прислушивается: умоляю вас, не пренебрегите этим заветным моим желанием, чтобы не унес я его с собой в могилу,- чтобы тело мое не томилось в земле, и душа моя в небе не мучилась, услыхав, что взаимная любовь ваша пошла на убыль и дружба иссякла.

Идемте же в Ереванскую крепость. День гаснет, одевается мраком. В глазах моих темно, в сердце моем смятение, и даже земля, где я увидел свет, сейчас представляется мне бельмом на глазу, ножом в сердце.

Птица любит свое гнездо,- а я... ненавижу свою землю! Я поношу ее,-

ибо то, что я слышал и видел, как раскаленные угли, жжет и язвит мое сердце - ведь чуть ли не вся целиком земля и вода крепости ереванской окрашена армянской кровью!

Что же мне делать? В какую воду броситься,- чтобы утолить сердце или умереть, избавиться, чтобы эти муки не убили меня, живьем бы меня не съели?

Ереванская крепость, Ереванская крепость!

С тех пор, как армянское царство перестало быть в своей стране и христианство сделалось надеждой и упованием армянского народа и царствием его небесным, а персы и османцы, изведя римлян в Европе, замучив там греческий народ, истребив ассирийцев и вавилонян в Азии, с двух сторон косились на нас и, наточив мечи, уподобясь бешеным львам и тиграм, жаждали напиться нашей крови, чтобы утолить ненасытную свою утробу, - чтоб один пожевал и другому передал, один пососал крови и другому в когти перебросил,- с тех пор еще полтораста лет была Ереванская крепость в руках османцев.

Тогда появился Надир-шах и, растоптав Индостан и Арагстан[2], повернул лицо свое к Еревану. Горы и ущелья склонялись перед ним. Что ему османец в широких шалва рах ?-горсть земли! Мог ли он устоять перед Надир-шахом? Едва на верхушке Мурад-тапы, немного повыше Канакера, обозначился его шатер, как тотчас каджар Гасан-Али-хан погнал османцев к самому Карсу. Отважный полководец столько их изрубил шашкой, столько снес османских голов, столько плеч отсек, что рука у него онемела и шашка притупилась. А когда возвратился, он метнул копье перед шатром Надир-шаха, и оно, дрожа, вонзилось в землю.

Однако доблесть храбреца стала для шаха бельмом на глазу, и вместо почестей и славы он в тот же час приказал ослепить несчастного хана, чтобы луна не смела сиять при солнце, чтобы имя шахово не потерпело урона.

Этот злосчастный слепец и получил после изгнания османцев ханство Ереванское: проклятая нога перса опять вступила в нашу страну.

После него ханом стал брат его Гусейн-Али-хан. Был он столь слаб и ничтожен, что царствовавший тогда в Грузии царь Ираклий пошел на него войной, разбил и даже обложил его данью в три тысячи туманов.

Когда на его место сел сын его Магомет-хан, выступил в поход Ага-Магомет-хан, - по-иному Ахта-шах, - и, подобно Надиру, громя горы и ущелья, сам двинулся на Карабах и Тифлис, а брата своего Али-Кули-хана направил на Ереван.

---

[2] Т. е. Ирак (Ред.).

67

Пока тифлисские пленные совершали путь до Еревана, Магомет-хан, собрав вокруг себя жителей страны, сидел в ереванской крепости и не отдавал врагу поводьев от своего коня,- а враг, осадив крепость со всех сторон, не предпринимал пока военных действий, ибо хан сам говорил, что «когда, мол, возьмете Тифлис, я уже, конечно, достанусь вам в руки». Так и случилось: когда Тифлис взяли и сожгли, а караван последних пленных как раз достиг Еревана, хребет у хана сломился.

Али-Кули-хан вступил в крепость и пригласил Магомет-хана к себе в гости, но во время обеда приказал связать его по рукам и ногам и отправил в Персию.

Рассказывают, что из всех ханов не было хана лучше его. Как прошло несколько дней, он однажды в ночное время вдруг вызывает к себе мелика Абраама. Тот - несчастный - явился к хану ни жив, ни мертв. А хан вдруг говорит сердитым голосом: сам он-де слышал, что армяне без колокольного звона в церковь не ходят,- так почему же колокольного звона не слыхать? Когда же мелик, весь дрожа, ответил ему, что звонить перестали из страха перед ним, тот осердился и велел ему сей же час пойти, объявить армянам, что он, Али-Кули-хан, прибыл сюда для того, чтобы охранять народ, править им, помочь ему в беде, а не с тем, чтобы его притеснять.

Это был тот самый достопамятный хан, который освободил народ от подушной подати и от барщины, окрылил его надеждой и милостивым отношением.

Но не долго оставался он у власти. Когда в Карабахе Садык-хан убил его брата, ереванские армяне и тюрки захватили крепость и изгнали его, чтобы от каджаров имени даже не осталось,- так что несчастному едва удалось мольбами и всяческими просьбами спасти свою голову и возвратиться к себе на родину.

Немного спустя прибыл в Ереван хан Макинский и взял власть в свои руки как родственник Магомет-хана.

Когда же Фат-Али-шах сел на престол, Магомет-хан прибег к посредничеству его матери, обещал взятку в десять тысяч туманов ереванскими деньгами и, вновь вернувшись, занял прежнее свое место.

В это время вот что происходило. Кялбали-хан Нахичеванский, слепец, пошел войной на Каре, разбил пашу и предал страну разоренью.

Русские тем временем только что успели занять Памбак, и был там майор по прозванию «Кара», что значит «Черный».

Хан, на возвратном пути, пожелал попробовать завладеть и Памбаком. Узнав, что у майора Кара всего несколько сот людей и больше ничего, он приказал своим пойти и схватить его живьем.

Но эти жалкие люди еще не знали тогда силы русского солдата и русской пушки. Три-четыре раза отряд их совершал нападение, но, видя, что русские стоят, как стена, и не отворачивают лица даже от пули, вконец перепугавшись, повернули своих коней и возвратились восвояси.

В это же самое время случилось то, что не имевший совести Магомет-хан уговорился тайно с шахом и обманным образом пригласил к себе доблестного Цицианова, якобы для того, чтобы сдать крепость русским.

Но когда Цицианов с тремя тысячами людей вошел в Ереван и увидел, что лукавый перс расставляет ему западню, он, недолго думая, занял ереванскую мечеть и в ней заперся. Три месяца продержался там этот доблестный богатырь,- без хлеба, без подкрепления, в самое жаркое время, когда кажется, что огонь сыплется на голову, при такой дороговизне, что лидр соли нельзя было купить и за целковый. Шах тем временем явился с бесчисленным войском и занял горы и ущелья. Большая часть русского войска погибла - кто от голода, кто от жары. Одни только армяне приносили хлеб и всячески помогали русским,- в особенности же заживо-мученик епископ Иоаннес, опорожнивший все амбары зчмиадзинские, чтобы только русские могли как-нибудь удержаться в Ереване.

Но не такова была божья воля. Собрав горсть своих воинов и армян, Цицианов сумел увести их от стольких зверей и прибыл в Тифлис как раз в то время, когда вся Грузия, весь Кавказ подняли междоусобие,- все грызли друг друга.

До самого Казаха кизильбашские войска, спереди и сзади охватив его отряд, завязывали бои, но снова вынуждены были повертывать назад, почесывая себе затылки.

С приходом Цицианова сразу наступило в стране умиротворение: таково было одно имя этого доблестного богатыря.

Армяне, живущие теперь на Авлабаре, именно тогда оставили свою страну, и - кто под началом мелика Абраама, кто - сотника Оганеса,- перешли на новые места и поселились в Тифлисе.

По уходе русских Магомет-хана схватили, увезли в Персию, а на его место пришел и сел управлять Тавакял-хан, тот самый, что воевал с Гудовичем. Но его тоже скоро сменили и послали в Ереван сардаром Гусейн-хана, вместе с братом Гасан-ханом, - эти двое успели за несколько лет попрать ногами и Каре, и Баязет, и Эрзерум и османцев обратить в драных кошек.

Вероятно, никогда в Ереване не видали такого доброго, честного, отзывчивого к народному горю, заботливого ко всякому благоустройству человека, каким был этот сардар. Но насколько был он добросердечен, настолько свиреп был его брат. Это был истинный зверь, исчадие ада,- от одного его шага горы и ущелья трепетали. Для него, все одно - что голова человека, что луковица.

Вот почему бог на него прогневался и отнял у него все достояние, утолил, наконец, сожженное, испепеленное сердце бедных армян. Ныне хранит их и осеняет крест, и пятиперстие Али уже не вводит в страх и трепет.

Да будет благословен тот час, когда русские благословенной своей стопой вступили на армянскую светлую землю и развеяли проклятый злобный дух кизильбашей.

Пока есть у нас дыхание в устах, денно и нощно должны мы вспоминать пережитые нами дни и, увидя лицо русского, всякий раз перекреститься и прославить бога,- что услышал он нашу молитву, привел нас под могущественную державную руку русского царя.

Но до того, как достигнуть этого счастья, какие мы дни претерпели, какие пули сыпались на голову бедного нашего народа, какие шашки рассекали, жгли внутренности его, сколько было пролито нашей крови, сколько, о сколько раз перекочевывали мы из края в край, покидали дома, насиженные места свои! Сколько, о сколько князей наших испустили дух в огне или под батогом,- кто хочет обо всем этом узнать, пусть пойдет со мною,- отправимся снова в Ереван.

Пусть читатель не подумает, что поскольку я уроженец Еревана, любовь к его земле и воде так увлекает мое сердце. О, нет, богу ведомо, я был еще ребенком, когда выехал оттуда. Но стоит мне вспомнить даже и сегодня, по прошествии стольких лет, как, бывало, проходили мы по зангинскому мосту или через базарную площадь и блаженной памяти покойный отец мой делал мне знаки рукой и ногой,- ибо и говорить вслух было опасно,- чтобы я проходил поскорей, чтобы тюрок нас не приметил, как подумаю, сколько, о сколько раз в нашем собственном саду или мы сами ранили кизильбашей или же они нас,- я весь содрогаюсь и жутко становится на душе.

Пусть мы пока не видели еще русского лица,- но войдем еще раз в Ереван: это наша родина, здесь жили наши предки, здесь властвовали они, умирали, погребались,- мы поймем тогда всю заслугу русских и оценим, как должно, наше счастье. Кто хочет,- да придет.

Ереванская крепость, ереванская крепость!

Ах! Завидишь на рассвете ее бесстыжую голову и покажется тебе, что самый ад разверз свою пасть, скрежещет зубами, яростно выдыхает поганое, ядовитое, горькое свое дыхание и разносит, со слюною вместе, во все стороны; срыгивает, чтобы легче переварить в гнилых своих кишках поглощенное им праведное тело и вновь запустить когти и вновь проглотить, не разжевав, тысячу неповинных, праведных людей, набить до отказа ненасытную свою утробу.

А при закате солнца казалось, будто чада и присные сатаны, воинство его и военачальники собрались сюда на дьявольские игрища, празднуют свой адский пир и на верхах башенных, тут и там, либо топчут отсеченную голову, либо кромсают обезглавленное тело и плюют на него и хлопают в ладоши, смеясь, хохоча, гогоча, и шашкой, копьем или палкой переворачивают с боку на бок чье-то бездыханное тело, бьют его ногами, и, наконец, сбрасывают в бездну.

А в полдень казалось, что это стоит некая огненная гора, внутри, во всех пазухах, наполненная горящей серой и пламенем, и что дымит она, пылает и вот-вот сейчас затрещит, разверзнется, лопнет и завалит громадой своей, поглотит целый мир.

Каждая ее башня, каждый угол, битком набитые костями и трупами, либо невинными заключенными, отяжелели, как свиньи, не могли уже и брюхом поворотить, раздулись до отказа - того гляди треснут, лопнут, рассыплются на мелкие куски!

Золотом украшенные купола мечетей сверкали под лучами солнца, словно надуты были они дыханием тех бессовестных душ, тех бессердечных людей, что творили свой намаз там, внутри, и вместо того, чтобы прославлять бога и молить о ниспослании мира и спокойствия всему миру, призывали огонь содомский, чтоб посыпался он с неба и сжег, испепелил, похоронил под собою горы и ущелья.

Враг армянина, мулла, день и ночь мечтавший о том, чтобы вера Христова исчезла с лица земли, а с ней вместе исчез бы и народ армянский, когда подымался на минарет и пел азан, призывая народ правоверный прийти и помолиться своим имамам - Али и Муртузали,- дабы на том свете не попасть в адское пламя,- когда прикладывал руку свою к уху и визжал, казалось, что это труба самого сатаны зовет армян оплакать свою горькую судьбу, ибо не раз случалось, что какой-нибудь бедный, беспомощный крестьянин из армян как раз в это время мирно шел себе на базар поторговать и получить несколько медяков, чтобы отнести домой и тем прокормить своих домашних, как его вдруг так начинали лупить по ногам и по голове, что он и хлеб свой и семью позабывал, не помнил уже и по какой дороге пришел, а все лишь оттого, что в час молитвы случайно коснулся одежды мусульманина и тем осквернил ее!

Люди словно всякую минуту ждали, что вот-вот упадет на них огонь с неба -так каждый содрогался и трепетал за себя, так боялся ненароком попасть в беду. Да что говорить, что рассказывать!

Быть может, труба самого сатаны, самый день судный не так страшны, ибо есть еще надежда на милость божию, как эти ужасные дни, когда вечером человек не знал, наступит ли для него утро, на рассвете не надеялся, что здравым и невредимым закроет к ночи глаза. В вечном страхе, в вечном трепете жили люди.

Ереванская крепость, ереванская крепость!

Ах, провалились я на месте,- сколько, сколько она армянского мяса поглотила! Сколько, сколько невинных душ, из года в год подвергаясь казням и пыткам, заживо приняли венец мученический! Сколь многие, все перенеся, все претерпев- и огонь, и пламя, и вертела железные, и молотки, и кирпич раскаленный,- вылетали из пушки вместе с ядром, разрывались на тысячу кусков, или же, крича, взывая к небу и земле, грызя зубами собственное тело, с глазами, готовыми выпасть из глазниц, внимая еще голосу родных братьев, близких родственников, сыновей своих и детей, качаясь в петле, с истерзанным сердцем, на виселице отдавали богу душу, улетали в небо, избавлялись наконец от этого горестного мира, от лап этих бешеных зверей.

А молодые люди, единственные сыновья целой семьи, опора и утешение бедного, неимущего дома, глава и надежда семейства из добрых десяти душ,- сколько, сколько их погибло в цветущем, юном возрасте, на заре жизни и счастья. С одних сдирали живьем кожу, другие, как ягнята, подставляли под шашку благородную свою голову, чтобы хоть там, на небе, обрести исполнение заветных желаний молодости, если уж земля возжаждала невинной их крови, поспешила выпить ее и, может быть, утолилась.

2

Дорогой читатель, свет очей моих, армянин, это - твои единоверцы и соотечественники, о них я говорю и скорблю. С тобой из одной купели, одним миром мазаны, одним крестом крещены. Что говорит сердце и душа твоя, слушая меня?

Знаю, ты говоришь про себя - пусть-де минует подобный день и не вернется больше, пусть-де и враг твой не попадет в такую беду. Знаю, - сердце твое пылает, ноет, так, что не хочешь даже глядеть на этот потерявший совесть народ, хочешь при виде его бежать, скрыться, но поверь мне: виноваты не они, а мы сами.

Если бы мы уважали друг друга, помогали друг другу, взаимно друг друга просвещали и тем жизнь свою улучшали, пусть море сдвинулось бы со своего места и хлынуло, оно не смогло бы поглотить нас,- не то что какой-нибудь османец или перс!

Всеблагой создатель дал нам эту душу и ум и талант не затем, чтобы нелюди нас унижали.

Бог послал нам теперь луч света: перед русским мечом и горы не устоят. Ежели мы будем стараться, будем любить друг друга, крепко держаться за свой язык, за свою церковь, как наши блаженной памяти предки, то поверь мне: и бог полюбит нас и люди.

Нехорошо, конечно, оставлять начатое дело и читать такую длинную проповедь - сам знаю,- да сердцу не терпится. Как же тут быть? Опять я вспоминаю, о чем толковали наши сельчане. В том вина не народа, что он сбился с дороги, что люди забыли друг друга. Да таких ученых людей, как мы, надо за ноги к дереву привязывать и голодом их морить! Кому много дано, с того много и спросится. Как придет день судный, какой ответ должны держать вот такие люди, как я, кое-что в грамоте смыслящие? А мы что? - нам бы только вкусно есть да пить, ездить на резвых конях, блестящими рублевками в кармане позвякивать, их рукой подкидывать забавы ради, гулять, кутить да развлекаться - ни о чем другом мы и не думаем!

Мы тянем наливку, упиваемся всласть кахетинским, торжественно, важно разъезжаем в карете или на дрожках, носим парчу да шелк, прислуга подает нам умыться, освежить лицо, лежим, валяемся под теплым одеялом на мягком тюфяке, разряживаемся с ног до головы,- все это, пожалуй, в ад нас не сведет, но и рая нам не доставит, во всяком случае.

- Это и ребенку известно,- скажешь ты мне.

Но что поделаешь? Одно дело - знать, другое дело - делать. Я ведь о себе самом говорю, так пускай другие не обижаются. Пока мне денег не платят, ни книг никому не даю, ни детей не учу. Вот лезгины и тюркские муллы-те не так поступают: они бесплатно обучают детей своего народа, и все же бог посылает им пропитание. Неужели же он нас будет голодом морить? Во дворе, при каждой мечети, даже в селах есть непременно школа и даже большая, где обучаются двум-трем языкам. А во дворах наших церквей аист и тот гнезда не вьет. Как же не остыть постепенно сердцу народа?

Кто в жизни своей шашки в руки не брал, может ли ее оценить по достоинству? Кто ни разу не стрелял из ружья,- сумеет ли охотиться? Хоть тысячу лет тверди курду, что индейка или каблу-плов отличные кушанья, но раз он никогда их не ел, оставит разве он свои лук и простоквашу, творог да просяной хлеб, станет он разве тебя слушать,- как ты думаешь? Пусть я замолчу, но сам-то ты разве не знаешь, что, пока у ребенка не выросли зубы, ему твердой пищи давать нельзя?

Ты хочешь без фундамента дом построить, без огня хлеб испечь, вместо свечи палец суешь в огонь. Хочешь, чтобы без фитиля тебе сало светило. Положишь топор под дерево, сам заснешь либо стоишь в сторонке, сложа руки,- что ж, по-твоему, дерево само в дрова для тебя превратится? Где твой ум? Тесто без закваски не подойдет. Нет, нет -

понапрасну ногами не топай. Шашка без дела ржавеет, пшеница в сыром месте плесневеть начинает. Засеешь поле, хорошенько не пропахав,- глядишь, черви да птицы все зерна и пожрали.

Нет, ты сначала поле вспаши, под дом заложи фундамент,- открой глаза народу,- и который путь ежели верен, по тому его и веди, а не в горы и ущелья. Ты покажи народу свою любовь, и посмотрю я тогда, как он тебя не полюбит! Другие на нас клевещут. Мало того, мы и сами, как начнем себя судить. Недалеко от них ушли. Разве так можно?

За армянский народ душу свою отдам. Дай же образование детям его, воспитай его светлую душу. Воспитай, говорю,- а не то, чтоб он умел в карты перекинуться, болтал по-французски, заучивал стихи наизусть да порол чепуху.

Нечего также учить его петь шараканы да псалмы и уписывать рисовую кашу,- от этого-то мы и страдаем. Сделай, как надо, и посмотри, отдаст ли он за тебя душу или нет.

Пока весна не пришла, дереву не зацвесть, без лета плодам не созреть, а ты захотел в самую лютую зимнюю стужу понюхать розу в своем саду, сорвать в нем созревший плод. Да где ж это видано, как это может быть?

Кость и та, коли долго не разгибать, немеет и начинает ныть. Полежи-ка хоть два дня подряд, - спина заболит. И ноги от ходьбы устают,- ну так вот... Ведь тысячу лет это бремя лежит на нас, тысячу лет оковы на ногах наших, а ты говоришь: беги! - Только то и выйдет, что упаду я вниз головой.

Если человек неделю голодал, разве можно его мясом кормить? Разве обмороженное место к огню подставляют? Угоревшую голову,- скажи,- в снег кладут или в огонь?

У бедного народа сколько лет душу выматывали, тысячелетняя рана у него в сердце,- и до сих пор еще не зажила. Столько горьких слез он проглотил, что не осталось у него в глазу света, во рту - вкуса, в сердце - жара. И ты хочешь, чтобы все это в один час изменилось? Как же это может быть?

Возьми благородных представителей нашего народа, хотя бы господина Заврова или Хрединова, Давида Тамамшева, Мовсеса Тер-Григорова: они ради кладбищенского благочестия, ради пустого поминовения, тратят тысячи рублей. Сами жертвуют землю, строят церковь, народ идет добровольно и работает даром, на своих харчах,- неужели ты думаешь, что такие избранные люди и такой добродушный народ откажется строить школу и помогать друг другу, если только почувствует к этому вкус?

Нет, дорогой мой, вода вверх не потечет, не будет того. Ты найди ей дорогу, очисть канаву, повыбрось камни и бурьян, и посмотрим, потечет ли вода сама собой или нет.

Однако я затянул дело,- пусть читатель не сердится. Отправимся же опять в наш ад.

- Довольно, довольно тебе,- пожалуй, скажет кто-нибудь,- махни ты на весь этот ад рукой!..

Ах, как же махнуть? Как пройти мимо наших красивых светлолицых девушек? Не должны мы разве помянуть их, рассказать, как ведут их, как волочат, повалив ничком, по камням, по песку, по колючкам, по терниям, хватают и тащат за волосы, бьют по голове, стегают по спине кнутом, как нередко и на животе у них пляшут, лягают, пинают, плашмя полосуют шашкой, топчут ногами, ударяют прикладами или же кованым сапогом; связав им руки, сковав им ноги, гонят частенько за целые сто верст, а за ними плетутся отец с матерью, сестра, брат, босые, простоволосые, и дядя, и зять, и родственники, и все колотят себя в грудь, рвут на себе волосы, осыпают себя землей и камнями; как их, словно стадо растерявших друг друга ягнят и овец, загоняют наконец в крепость и там раздают праведным своим имамам, чтобы те сделали из них гаремных жен-мусульманок?

Многие еще дома испускали дух, многие по пути, на глазах отцов и матерей, переходили в иную жизнь, где нет печали и воздыхания.

Многие же, более сильные духом, доходили до крепости, и тут на них набрасывались хаджи, муллы, кялбалаи, суфты, ханы, беки, ахунды, сеиды, стараясь обманом или угрозами заставить их отречься от своей веры. Но когда убеждались, что они ни славой не прельщаются, ни кар не боятся, не льстятся на ханское житье и не страшатся смерти, а желают стать христовыми невестами, уйти девственницами из этого мира, чтобы сопричислиться к сонму ангельскому никак от своей веры не отступают и никакое наказание - пытку меч огонь, пламя, костер, голод, смерть - ни во что не ставят - тогда отцу и матери отдавали золотокудрую голову либо белоснежное тело, либо отрубленные руки и ноги

Девушки - и такие сердца! Камень - и тот треснет Упокой, господи, их души!

3

Такое сердце, такая вера, душа, любовь были у народа армянского, что он решился утратить все: землю, страну, свободу, царство, власть, величие, всё в руки предал зверю-врагу, всем, всем пожертвовал ради своей веры, пошел в услуженье, в неволю, изведал жизнь на чужбине, страдание, муки, голод, смерть,- лишь бы крепко, твердо, нерушимо держаться своей святой церкви, своего светлого закона, дарованного Просветителем.

Вот геройство, вот сила бодрствующего духа, великодушие, храбрость, твердость воли, истинная душевная мощь, каких с самого потопа и до наших дней ни один народ никогда не выказывал, да никогда и выказать не сможет. Тут и гора бы развалилась, и железо бы расплавилось и стерлось, море бы иссякло, до дна бы высохло,- но боголюбивый народ армянский с беспримерным мужеством все перенес и имя свое сохранил.

Оставим теперь этих несчастных калек, лишенных глаз, рук, ног... Таких красивых молодых армян можно и сейчас встретить в Ереване - ослепленные на оба глаза, ахая и охая, мучительно жаждут они видеть и не видят невест своих, жен, детей. Иные не могут есть ни рукой, ни ложкой,- им другой должен, как малому ребенку, положить кусок в рот: у них нет вовсе губ, и руки их срублены от самого плеча.

Третьи искалечены так, что их возят на тележке.

Одни - без носа, другие - без языка.

Сердце у них в груди разрывается, когда при них разговаривают, радуются, когда дети плачут или смеются. Верно и у них в сердце есть какое-нибудь горе или заветное желание, но они - как немые, как младенцы новорожденные, вынуждены лишь ногами и головой делать знаки, чтобы их поняли, а сами не могут сказать другому ни обидного слова, ни ласкового.

О, да сгинут государства, подобные тому! Да стоит нерушимо царство русское, освободившее наш народ и страну от пленения, принявшее их под милостивую свою руку, отечески опекающее и оберегающее их! Какой язык, какие глаза должны быть, чтобы каждый раз, обращая взор к небу, не славить бога? Как не пасть ниц и не молить его о даровании долголетия, здравия, могущества всемилостивейшему императору нашему, здравия и благоденствия царственным его сыновьям и детям, а могущественной державе его - крепости, блеска и вечного существования?

Сколько всего ты услышал, любезный читатель,- ужели сердце твое не воспламенится при мысли, что ты - сын этого самого народа, претерпевшего столько страданий ради тебя, обрекшего себя на муки, но молока твоего и крови с другим народом не смешавшего? Ты думаешь - легкое дело тысячу лет так страдать и все же сохранить народ, вырастить детей, иметь свое имя, язык, веру?

Ах, кто же так подумает? Какое надо иметь сердце, чтобы не любить свой язык, свой народ?

У соловья, скажем, сладкий голос, зато фазану или павлину бог дал красивые краски, красивые крылья и перья. Роза, конечно, достойна всяческой похвалы, но почему же фиалка не даст ей своего цвета, своего запаха? Разве, увидав однажды розу, уже нельзя полюбить фиалку? Даже горный безуханный цветок ни места своего, ни славы не уступит розе. Разве, кто слышал соловья, уже не может держать у себя канарейку?

У каждой вещи своя цена. Изделия кондитерские, правда, сладки, но никогда не заменят хлеба. Шампанское вино приятно,- но что поделаешь? - в нашей стране его не производят, и нам приходится дорого за него платить. Положим, драгоценные камни, алмазы отменно сверкают и стоят больших денег, но - что делать? - из них не построишь дома, и не каждый сможет их приобрести. Ежели сосед твой богат и ест каждый день по десяти разных блюд, а тебе это недоступно,- должен ли ты из-за этого перестать есть свой простой хлеб?

Ах, язык, язык! Если б не было языка, на что был бы похож человек? Язык и вера скрепляют народ, объединяют, его. Перемени свой язык, отступись от своей веры,- и что же? Скажешь ли ты сам тогда, к какому народу принадлежишь? Какие бы сладкие, отборные кушанья не дал ты ребенку, а все же молоко матери слаще для него и сахара и меда. А захотим мы продать свое молоко, покупателя и не найдется.

Ежели мы вынем и отдадим другому свой глаз, сможем ли вставить новый взамен его? В колыбели, когда нас убаюкивали, мы слышали родной язык,- так неужто не должны мы больше и вспоминать о нем? Ежели закупил ты, скажем, много нового товара, неужели старый нужно выбросить?

Даже самые дикие племена не променяют своего грубого языка на целый мир. Ты ведь много раз слышал концертную музыку,- скажи по правде, разве она более тебе по сердцу, чем твой народный саз и баяти? Есть люди, знающие десять-пятнадцать языков, но и они свой родной язык почитают выше всех. Говоря со своим народом, они стыдом себе считают высказывать мысль свою на чужом языке или вмешивать в речь чужестранные слова. Попробуй, вмешай в твой любимый хаш - рыбу, сахар, конфеты, изюм, сухие фрукты, икру - посмотри, какой получился вкус!

Вот ты вставляешь русские слова, говоришь: пошел «прогуляться», мне «скучно», я «обиделся», я подал «прошение», у меня много «занятий», голова у меня «кружится», он «бесчестный» человек, он «разбойник», ты какой-то «ябедник», пойдем «купаться», я иду с «собрания», они «проигрались», в дороге «все-таки удобно», много «хлопот» «случится»... и так далее. Свет очей моих, подымай только, что скажет слушатель!

Знающий, просвещенный человек - тот, кто старается на всяком языке изъясниться как можно более чисто. Что же тут дурного, если ты будешь говорить чисто на своем родном языке? - или, думаешь, ум у тебя отнимут, или премудрость твоя благоприобретенная в воду канет? Пли ты хочешь угодить правительству? Но разве пожелает попечительное правительство, чтобы человек отрезал себе язык, отошел бы от своего народа? Зачем же строят тогда столько школ, зачем оплачивают учителей, раздают им чины и всячески отличают? Если французы, немцы, англичане любят и восхваляют твой язык, насколько более ты сам должен его любить и восхвалять?

Я не на тебя сержусь, мой свет,- такова наша судьба. Время до сих пор такое было лихое, что человек только и Думал, как бы уцелеть, голову на плечах удержать. Где уж тут заботиться о языке! Вот оттого-то у нас, в новом языке, половина слов тюркские или персидские. Но это нетрудно исправить, можно мало-помалу очищать язык,- надо только, чтобы народ подучился и начал понемногу разуметь слова своего родного языка.

Да вот хотя бы тюркский язык: сами тюрки на нем не пишут, а только говорят,- причем насколько они грубее и неотесаннее нас! А между тем наш народ настолько вошел во вкус их языка, что песни, сказки, пословицы - все у нас по-тюркски, а не по-нашему - и это лишь потому, что образовалась привычка. Называют тюрков басурманами, а язык любят - не удивительно ли это! Слыханное ли дело, чтобы молоко кормилицы было лучше материнского? К столь смешанному языку мы еще примешиваем всякие там «прогуливаться» - и что же получается? Как же ты будешь разбирать евангелие, книги, богослужение?

К вам обращаюсь, к вам, подрастающие армянские юноши, светы вы мои ненаглядные,- десять языков изучайте, но своего родного языка, веры своей держитесь крепко.

Ну что такое один язык?- Неужели же трудно одному языку научиться? Разве не хотели бы вы тоже сочинять книги, сохранить имя свое в народе,- чтобы ваши книги перевели другие народы и чтобы имя ваше на веки вечные стало бессмертным? Как бы мы ни знали французский или немецкий, мы все равно не можем написать на этих языках такое произведение, чтобы оно среди французов или немцев составило себе имя: у них один ум, одно сердце, а у нас другое. Кроме того, среди них такое множество писателей, что их и не счесть.

Русский язык - язык нашего государства,- мы должны ставить его выше всех других, но затем взяться за свой, родной.

Разве не хотели бы вы тоже писать стихотворения, выражать свои мысли, своп чаяния, чтобы иностранцы знали, что и среди нас есть выдающиеся писатели, и еще больше оценили наш язык?

Дай бог здоровья тем родителям, чьи дети находятся у меня. Они первейшей целью поставили, чтобы дети их хорошо знали армянский язык. Даже в могиле не забуду я этого святого их слова.

До возвращения в Ереван у меня оказалось несколько месяцев свободного времени,- вот я и свернул с дороги, да как надолго!

Между тем зима прошла, наступило лето. Беда тому, кто в эдакую жару туда поедет, но я должен ехать. Кто желает, пусть едет со мной.

4

Полуденная жара спадала. Горы и ущелья снова пришли головы, чтобы хоть немного вздохнуть. Солнце спокойным оком безмолвно взирало из-за Масиса на ереванскую крепость и понемногу собиралось идти на покой.

Густой сумрак, серая мгла окутала поля и ущелья, воздух отяжелел. Невмоготу было птице шевельнуть крылом, наседке - выуснуть голову из гнезда. Движение прекратилось, голоса и звуки умолкли, все кругом затихло.

Кто поливал землю - тут же прилег у канавка. Пахарь заснул прямо в поле. Садовник забылся у себя, под деревом, вкушал отдых.

В селениях не видно было ни души, ни единой живой твари. Только где-нибудь на холме или же на склоне горы,, дороге или в поле, нет-нет да показывался неясный силуэт всадника. Он качался из стороны в сторону, сидя на своей лошади, клевал носом, откидываясь назад, снова выпрямлялся и подымал голову, шевелил стременами и поводом, колотил лошадь ногами, хлестал плеткой, чтобы только она ускорила шаги и пораньше довезла его до дома.

А вот и другой всадник. Заложив руку за ухо, грустным, тонким голосом затянул он заунывное баяти, опустил поводья на шею лошади и так едет, мурлыча себе под нос,- тоже стремится поскорей добраться домой и дать отдых разбито-усталому своему телу где-нибудь под покровом тени либо достигнуть двери своего дома и увидеть семью свою, пока еще не стемнело, и тем облегчить сердце. Пахари также отпрягли волов, освободили их от надоедливого ярма, сами отошли в тенистое место и, оставив плуг тут, волов - там, разлеглись на берегу потока и погрузись в сладкий сон.

Там стадо коров, там овцы расположились в тени, на лужайке, лязгают челюстями, фыркают, жуют свою жвачку.

Пастух положил голову на камень и тоже прикорнул немножко, намереваясь, как только спадет жара, встать и с наступлением вечерней прохлады погнать стадо на хорошее злачное место и там пропасти его до зари.

Чуткие собаки, какая на выступе, какая на верхушке холма, а иная и у ног пастуха, положив головы между лап, с насупившимися мордами, лежат, притаившись, на случай, если бы вор или волк, другой ли какой зверь дикий отважился подойти близко, всегда готовые наброситься на него и растерзать на куски, защитить овец своего хозяина.

Ни травинки, ни зеленеющего кустика, ни единого цветка нигде не было видно, чтобы человек мог понюхать или полюбоваться, порадовать сердце и забыть длину своего пути, или же освежить свое разгоряченное, истомившееся от жары тело,- настолько горы и ущелья, долины и поля высохли, выгорели, опустели. Только отдельные сухие стебли да колючие верхушки кустарников торчали там и сям, вытянув головы, унылые, печальные, словно в замешательстве и тоске.

Одни черные вороны - охотники до мертвечины - да трусливые галки еще попадались взору: тут и там, на краю скалы, либо на верхушке крепостной башни, или же где-нибудь посреди дороги, слетались они стаей, сидели, кружились, клевали друг друга, дергали за крылья, стремясь вырвать друг у друга случайную добычу, поделить ее, отдать тоже своим птенцам или же унести с собою.

Змеи, скорпионы, ящерицы, жуки и всякого рода иная тварь - саранча, мошкара - затеяли базар. Все тихонько движется - из-под кустарника, с верхушки утеса, в траве. Кто дрыгает хвостом и головой, прыгает и вновь притихает, кто ползает по каменистому грунту и шипит. Все свистит, стрекочет, пищит, звенит, все в оживленье, все хочет насладиться жизнью. Иные повысовывали головы из норок и, греясь на солнце с острыми вытаращенными глазками, молча, тихо прислушиваются, опешившие, очарованные, глядят по сторонам, ожидая, когда утихнет вся эта суета и когда можно будет снова выйти, подышать, поблаженствовать, добыть себе дневное пропитание и опять вернуться в свою норку заснуть, отдохнуть.

Другое дело-несчастная сова! В расщелине скалы или на краю камня сидит она, вобрав в себя голову, насупившись и повесив нос, вся отяжелевшая, глядит под ноги и оплакивает горькую свою судьбу.

Враг всех кур - коршун - распростер крылья, наточил когти и, разжимая их и сжимая, обтирая клюв или перебирая перышки на груди, парит в поднебесье. Он опустил голову ниже груди, водит по сторонам зоркими своими очами и кружится, готовясь во мгновение ока упасть камнем и ударить в голову одного из щуплых, еще не оперившихся цыплят, сидящих тихо и смирно кучкой, носик к носику, под крылом матери, то почесывая ей голову, то дергая ее за крыло, пища, поклевывая и чутко прислушиваясь к ее кудахтанью и клохтанью,- или же вонзиться в спину несчастного беспомощного перепела и, радуясь его писку и крику, взвиться с ним вверх, разорвать его, общипать и принести в жертву ненасытной своей утробе.

Вот он - превосходный, непревзойденный образец жестоких варваров-персов, лютых насильников, губителей народа и страны потомков Гайка!

Так замерла, так затихла природа,-ниоткуда не слышно ни шороха. Только время от времени издали веял легкий ветерок, скользил по листьям деревьев, шелестел, тепло и нежно касался щек и губ человека, проносился и исчезал в колючем кустарнике, травах, скалах и ущельях.

Села, поля, овраги, рассеянные по равнине, померкнув и умолкнув, словно погруженные в дым, похожие на клочья черной тучи или на погорелые, выжженные места, чернели тут и там, лишь смутно различимые для глаза.

С запада река Аракс, подобная стреловидной змее или серебряному поясу, показывала из ущелий острый, лучезарный свой лоб и голову и с тихим, еле слышным лепетом катилась по равнине, легонько ударяя .ладонями по подножию Маспса и гладя его,- но вдруг, искоса на него взглянув, забурлив и зашумев, повертывала голову и стремилась дальше, принимала в себя Зангу и Гарнй и, резвясь, играя, сверкая, уносилась дальше вместе с милыми сестрами, губы в губы,, грудь с грудью, спина к спине, пока они, лаская друг друга,. не притомлялись наконец и, сомкнув глаза, не погружались в сон, разбитые и усталые, на ровном лоне Шарура.

Окинешь взором эту печальную равнину и вдруг увидишь, что покрытое тучами небо хочет как бы растоптать горы и ущелья, хватить по голове Алагяз, Масис и все другие горы, сорвать их с места и повергнуть на землю за то, что осмелились они так высоко поднять свои вершины, что облака, не чуя опоры в небе, поссорившись с лазурной матерью своей, спускаются вниз, клубами нагромождаются на горных главах и так наседают друг на друга, так теснятся, что сгоняют Одни других, толкают, откидывают и занимают их место.

В такое-то время некий черный призрак наподобие тонкой змеи, тихонько вытянув голову и выпрямившись, тяжелым взором поведя направо и налево, повертевшись на верхушке высокого минарета, будто спросонья, осторожно поднял руку, приложил к уху, откинул назад голову и, словно чахоточный, начал взывать протяжным голосом, как из глубины ущелья-Аллау-Алакпа-ру!.. (Аллаху всевышнему).

Зазвучал этот голос - словно гром грянул. Последний звук призыва разбился на тысячу осколков, потряс землю, всполошил горы и ущелья, пронесся поверх скал, сквозь пещеры и, растягиваясь понемногу, стал совсем тонким, прервался, замер.

И тут, как пчелиный рой из разоренного улья, повысыпали правоверные мусульмане,- кто из лавки, кто из сада, кто из ущелья; иные, еще не стряхнув утренний сон, другие с ввалившимися от голода глазами, с заглохшим голосом и бледным наморщенным лицом, с насупленными бровями, с низко опущенной головой.

Кто шел с медным рукомойником в руке, с подобранными и заткнутыми за пояс полами халата, с надвинутой на самые брови, длинной, черной, загнутой посередине меховой хорасанской шапкой, с черной закрученной прядью за обоими ушами, с облупленной, луженой бритой головой, с почерневшей от пота и грязи шеей, огрубелой и заскорузлой; с длинной, тонкой, черной от хны, тщательно разглаженной бородой. Иной шествовал в наброшенной на плечи черной или темно-зеленой накидке, широкой и длинной, без ворота и без пуговиц, крепко держась, за ее полы; иной-в ситцевом архалуке с застежками в два ряда, с разрезами от бедра до пят, с крепко подтянутыми рукавами и туго запахнутой грудью, застегнутыми на бесчисленное множество пуговок; в рубахе, торчащей из-под архалука, как лопата или белое пятно на лбу пестрого быка, и с воротом, тоже застегнутым у самого горла; кто, обмотав себя крепко затянутым кушаком, величиной с целый вьюк, из узорчатой шерсти или белого полотна, обхватывающим тело, как насыпь - грядку или обруч - бочку, засунув за него наискось и прикрепив кривой кинжал с костяной рукоятью или свернутую в трубку толстую бумагу; в широких, как мешки, штанах навыпуск, из красного плотного шелка или из простой темно-синей ткани, нижние края которых, обшитые мелким узором из белых ниток, шлепали вместе с полами архалука по голеням, волочились по камням, подметали землю и пыль, свертывались и развертывались между ног, а когда дул ветер, трепались и запутывались в ногах; кто в похожих на жабье рыло сафьяновых ко-шах с узким носком и широко разинутым ртом, хрустевших и шлепавших под ногами на своих высоких, остроконечных, железом подкованных каблуках; в пестрых, невысоких, толстых шерстяных носках, оставлявших открытыми черные загорелые голени, причем коши игриво ерзали, словно шутки ради, хлопали по пяткам, набирали пыль и песок, со вкусом проглатывали, высыпали обратно и снова по зернышку вбирали в рот,- словом, ели, как десерт,- больно укалывая .при этом и протыкая ступни.

Кто обмотал вокруг головы белую полотняную чалму величиной с вьючное седло, кто нахлобучил до ушей красную тюбетейку, кто напялил на затылок облезлую баранью шкуру, кто накинул на плечи шубу из волчьего меха, кто козлиную бурку, всю измочаленную и продранную, с выбившимися наружу, висящими клочьями растрепанного войлока и шерсти с тысячью дыр и прорех, залатанных, заметанных бумажными и шерстяными нитками, похожую на какую-то торбу с отверстием для шеи, крепко завязанную узелком у самого горла при помощи обрывка обыкновенной веревки; в буйволовых трехах, в голенищах или поношенных обмотках; с зачерствелой на лице и бороде тысячелетней грязью и навозом - и таракямя и карапапахи, с бечевкой на шее с огромной папахой на голове, в бурке тоже вроде торбы,- все повысыпали на улицу, все двинулись, идут.

Только ты, паренек, не смейся,- скажут: нехорошо это, стыдно. Вдруг какому-нибудь брюзге-прохожему обидным покажется: он, пожалуй, начнет брыкаться, из седла выскочит, чего доброго, и ожидай тогда побоища, подставляй голову.

Я свой долг исполнил - хочешь смейся, хочешь - пляши! А и в самом деле не шутка - увидать сразу столько чудес и при этом закрыть глаза и ничего не говорить либо тихонечко, молча мимо пройти. Словом, как хочешь.

Так вот: как мы видели, все эти благочестивцы, кому намаз по сердцу, а христиане не по сердцу,- муллы, ахунды, ходжи, купцы, арахлу, кизильбаши, таракяма, карапапахи, мскллу, пастухи, курды, персы, бэки, ханы с гор, из ущелий, из домов своих, с полей, из деревень, с кочевьев, с базара, с купли-продажи,- побросав все на свете,- плуг в поле, овец в горах, скот на пастбище, поливку, пахоту, посев,- все это оставив на месте словно после жаркого боя, друг у друга на плечах, валили в Ереван.

Один покачивался на верблюде, другой восседал на спине осла и орал -«Чош, чош!»; еще один с важностью трясся верхом на кляче, крича-«Дах, дах!»; четвертый сидел на буйволе и то и дело кричал-«Тпру...»; один забрался быку на самый хвост и все орал-«Го, го!»; иной тыкал мула в бок и понукал -«Ну ты, живей!». Кто ехал в открытой арбе, кто в закрытой, на тысячу ладов погоняя свою вьючную скотину. Тот красовался на резвом коне, весь обвешанный оружием, в доспехах, с ружьем на плече, посвистывал и позвякивал стременами. А тот гнал перед собою отару овец и коз; у одного был ягненок на плечах, у другого мешок из волчьей кожи на шее, иногда нацепленный на ружейное дуло; кто в вывернутой медвежьей шкуре,- смотри, паренек, и забавляйся, это зрелище дорого стоит; кто накинул на себя буйволову кожу, кто козлиную шкуру. За одним семенил щенок; другой привязал поджарую борзую рядом с лошадью, кто припутал овчарку к колесу арбы - эти несчастные существа так бежали, так выбились из сил, что у них языки высунулись на целый гяз и глаза выкатились. А у иного в арбе была с собой пахталка, люлька, утварь всякая, но все пустые; другой привязал собственного своего щенка к спине веревкой или просто тряпьем,-впрочем, на многих из них вся одежда не стоила и двух абасов, да и та насквозь грязная и почерневшая от дыма и копоти. У иного в арбе или за пазухой - кусок тысячелетнего, порыжевшего, заплесневелого, черствого просяного хлеба, а у другого в плетенке либо в большой корзине - куры, всякая живность, птица, наседки с цыплятами, пестрые куры-молодки.

Да, молодец тот, кто при виде такого зрелища останется равнодушен и не рассмеется!

Милые и покорные млекопитающие и пернатые не желали оставаться в долгу у хозяев и сводили с ними свои счеты - не щадили ни передника их, ни кармана, ни сумы, ни скатерти, ни чашки, ни миски, ни бороды, ни лица,- пользуясь тем, что большинство хозяев, разморенных зноем, сладко спало в своих арбах и занято было сновиденьями.

Так двигались они, кто с плеткой в руке, кто с дубиной, кто с серпом на плече, кто с длинным шестом от шатра, кто с шилом и ниткой, заколотыми в шапку, либо с зашитым там талисманом, когда-нибудь подаренным святым муллой; кто с телячьей привязью, кто с собачьей палкой, кто с лошадиной уздой, кто с конским или ослиным седлом, взваленным на спину.

Нередко по дороге разоряли они гумна и скирды бедных армян, иногда отнимали лошадь или губили сад, разваливали проход в ограде или верх у нее разрушали, пыхтели, изнывали, шли, дремля и спотыкаясь, напевая баяти, горланя песни, так зычно завывая, что даже и животные чувствовали прилив бодрости - визжали, ревели, блеяли, ржали.

В конце концов добрались до воды, стали на берегу,- осел заревел, собака зарычала. Слава во веки веков, аминь,- словом, тут пришлась бы кстати побасенка про муллу Насреддина! И наши богомольцы тоже сошли на землю - вымыть ноги и руки, чтобы чистыми войти в Ереван: в этот день был у них «Магерлам».

- Аллах, бис-миллах... из-рахман - из-рахнм... шахсэй-вахсэй... Гасан, Гусейн, Аагам... вай... аи! Али... шахсэй-вах-сэй!..

- Довольно, довольно,- могут мне сказать,- зачем же и нам совершать намаз?

Кто же говорит, что мы будем совершать намаз?- я хотел лишь показать, как наши соседи-персы начинают молитву.

Теперь пойдем в Ереван и поприсутствуем на «Магерламе», согласен? Эти звуки несутся из Еревана,- оттуда шум, там происходит зрелище. Но мы с тобой должны проникнуть в город тайно, иначе они отнимут у нас все до нитки, а нас превратят в тех «езидов», что убили имамов.

В этот день, где бы они ни поймали армянина, они связывают его по рукам и ногам, одевают в дорогие одежды, сажают на коня, дают ему оружие, доспехи - так продолжается до тех пор, пока не кончатся скорбь и плач, пока не будет исполнен обряд Гасан-Гусейна и не огласят завещания, но потом-горе тебе, ждет тебя злая участь: одежду с тебя снимут, будут бить тебя по ногам и голове и наконец выгонят, вон вышвырнут. Но кто может что-нибудь сказать: их власть!

- Свагнули-хан или Джафар-хан - мой покровитель, мой господин, мой ага...- скажет тебе какой-нибудь ереванский армянин,- пойдем к ним в дом и оттуда полюбуемся на зрелище...

Что поделаешь? Покровитель-то человеку бог и собственное мужество, но они выросли под палкой и если не станут так говорить, им будет худо.

Послушаемся же на этот раз нашего ереванца, пойдем и посмотрим на зрелище,-а то упустим время.

Глаз не смыкай, а сердце и губы сожми, чтоб не рассмеяться,- не то голову тебе отрежут и кишки выпустят. Улицы, проулки, площадь, базар, дворы, крыши - все кишит народом.

Ну что ж,- может быть, они веселятся? Нет, провались, пропади такое веселье,-они сами себя калечат!

Тот бьет себя в грудь, этот лупит по голове, один дерет горло, другой рвет себе волосы и бороду, убивается - плачет, бьется ногами и головой об камни, вопит «вай», орет, кричит и, словно слепой, ударяется головой об стену.

Но почему же, почему все это? Или наступил день страшного суда? Кто разорил их дом?..

Потерпи же еще немного, болезный мой,- чего ты болтаешь пустяки - или бобов объелся? Усмири язык, скоро все узнаешь, как только зайдем в мечеть,- наш ереванец нас не оставит, не бойся.

Ах, голубчик ты мой,- да что же это такое? Погляди же - тебе я говорю или нет? Жернов, что ли, у тебя на шее? Да ведь вон тот человек вовсе с ума спятил. Вот так зрелище! Постой, постой, сначала поглядим, потом уж узнаем, в чем дело. Кто нас гонит? Не горит же у нас под ногами, потерпим малость.

Толстопузый тюрк с окладистой бородой в козлиной шубе, а может, и в медвежьей, теперь разбирать не время, с намасленным лицом, с окрашенными хной пальцами, в грязной одежде, с шеей - не приведи бог! - целый год не видавшей воды, крепко держа обеими руками длинный шест, нижним концом упиравшийся ему в грудь и с пятиперстием Али на верхнем, вопил, убивался, что-то рассказывал, разговаривал и, заодно с шедшей за ним толпой, бил себя по голове, молился пророку, кричал: «Шахсэй-вахсэй», глотая при этом пыль и песок, высоко подбирая полы одежды, вовсе потеряв голову и ничего уже не соображая.

Так толпа хотела дойти до самой Мекки.

Однако наш благочестивый паломник,- как он воодушевился, как усердствует! - то обопрется ногой о камень, то откинет голову, то выпятит грудь, то перегнется назад, вытянется, извернется и снова бросится вперед,- и все восхваляет при этом силу и чудеса Али,- поистине зрители могут подумать, что ему набросили веревку на шею и за нее тянут.

Но кто же не знает, что нечестивый, злой сатана как раз на пути благочестивых паломников напускает пыли и тумана?

Трах-трах!.. Ну, парень, теперь отойди,- наш паломник достиг цели - ослепни сатана! Смотри, не запорошило же тебе глаза снегом, смотри же, говорю, - видишь? он под самой стеной утирает кровь и перевязывает голову. Да, брат, со стеной не шути! Попробуй-ка, ударься, коли можешь, об стену головой,- посмотрим, брызнет ли из тебя кровь или станет у тебя с этого ухом больше!

Послушай, кто это там, из ямы, голосит, блеет козлом, кричит, зовет на помощь, молит, чтоб толпа расступилась и отошла в сторону? Дом, что ли, обвалился? Что случилось?

Или, впрямь, дом обвалился? Дом без языка, да не без ердыка. Коли вслепую идти, долго ли провалиться? И поделом!

Но что нам дом? Обвалился-так опять выстроят. Дело вовсе не в доме, а в том, что это еще один паломник оплакивает из ямы свой черный день.

Наконец толпа расступилась-вера святая, молитва сильна, кто не поверит, на том вина - и, гляди, опять наш мешок молитв поднялся с места, привел в порядок ноги и голову, отряхнулся и, кряхтя, кашляя, скрипя, стеная, хлопая ушами, дергая плечами, собрал свои пожитки, и весь в поту, с пеной у рта,- тут аба, там чалма, обе в грязи,- стуча и шлепая грязными кошами и припрыгивая, опять облобызал свой успевший сломаться шест, потер его и в таком виде снова пустился в путь.

Да не разрушится дом твой! Что же это за бессердечные люди! Давай-ка лучше уйдем отсюда подобру-поздорову. Ведь когда теленок завязнет в грязи, так берут его за хвост и тянут, из грязи вытаскивают. А наши земляки из мусульман стоят вокруг и прославляют аллаха, что, дескать, их радетель достиг такой славы, потерпел на этом свете и удостоится, стало быть, венца на том. С нами крестная сила! Ничего,- только не подходи, на клочки разорвут, одно ухо останется.

Если даже камень дробить на темени у того, кто тверд в своей вере, он все будет думать, что это на бубне да на зурне играют.

Убудет ли из твоей мошны, если другие, всяк по-своему, голову ломают? Ты о своей голове пекись. Горе тому, у кого голова толста, а мозг в костях жидок.

Ой, мухи и те сегодня с ума посошли, взбесились совсем- что же это за чудо? Собаки тоже пройти не дают. Что такое? - Кости, кости, милый мой! Шум, крик в лавках, на базаре. Отовсюду пахнет шашлыком, вареной бараниной, пловом, лавашем.

Погляди-ка сюда, ради бога, на этих седобородых старцев, им тоже не зазорно, что они побросали свои дома и здесь, на площади, угощаются: один уплетает кусок шашлыка, завернув в лаваш; другой, подчиняясь приказу желудка, действует большой ложкой; этот запихнул в рот кусок жилистого, недоваренного мяса и жует изо всех сил, размазывая жир по одежде, курдючное сало по бороде,- а живот снизу, знай, голосит, урчит, глотка же с другой стороны плачется,- то откроется, то закроется. Старик, видно, уж свету не взвидел, а все старается, все силится протолкнуть кусок вниз - дай, бог, счастливого пути! Ну, если дойдет он до низу,- знаю, какой осел в стаде заревет! Вот и заревел, вот и перестал.

Они свой Магерлам-байрам справили, разговелись по-своему,- так пойдем же, мы это зрелище и в другой раз увидим. Стегани свою лошадь!..

86

О, почтенный старец,- аллах сахласын!.. Куда там! Он своим брюхом занят,- впрочем, что тебе за дело? Он на твою морду и смотреть не станет! Пойдем!

Внутрь мечети войти невозможно,- там люди вовсе друг друга едят. Надо наблюдать издали, с крыш ближайших домов или покоев какого-нибудь муллы, смешавшись с толпою. Надо иметь здоровое сердце, чтоб выдержать это зрелище, здоровый глаз, чтоб глядеть и самому не расплакаться.

Во дворе мечети собралось народу видимо-невидимо. Все эти люди, как, впрочем, и остальные, так истово рыдают и бьют себя в грудь, точно взаправду это и есть самый день мученичества Гусейна. Ахунд, сидя на высоком кресле, с таким воодушевлением рассказывает историю Али, Магомета, сыновей Али - Гасана, Гусейна, так плачет и убивается, что, кажется, камни и те готовы зарыдать в ответ. Рядом с Ахундом несколько молодых девушек, распустив волосы и беспорядочно растрепав их по лицу и груди, сбились в сторонку и вместе со своей матерью льют слезы.

Несколько юношей тоже оплакивают жалостными голосами смерть своего несчастного отца, несколько всадников с шашками наголо налетают на них вскачь, точно хотят их убить: они изображают езидов, мчащихся стремглав исполнить приказание своего халифа. Верхом на конях носятся они туда и сюда, делая вид, что хотят предать мечу либо пленить семью Гусейна. Все разглагольствуют, все так живо играют свои роли, что зритель невольно может подумать, будто именно сегодня умер Гусейн.

Для примера приведем несколько слов, дабы читатель имел представление, как наши соседи справляют свой траурный обряд.

СКОРБЬ МАГЕРЛАМА

Первый вестник печали

Померкни глаза, стань язык мой нем
Преломись нога, я влачусь без сил.
О когда б я к вам не прибыл совсем,
Печальной вести не приносил!
Чего ж вы сидите без слез, без слов?
Потемнел ваш день, погасла звезда
Образумьтесь! Враг нагрянуть готов,
На крылах летите туда, туда!
Калифом сидит в Дамаске езид.

87

Но им не почтен наш имам святой.
Несметное войско вкруг нас стоит,
Огнем нас палит разбойник лихой.
О храбрый араб! Злодея рука -
У глотки твоей, скрутила совсем.
Загнали к Алеппу наши войска,
В когтях ястребиных имам Гусейн.

Второй вестник печали

Увы! Рассеки мне грудь! Поспешай!
Фатьма, за тебя свою жизнь отдам!
О Гасан, Гусейн, о горе мне -вай!
О Гасан, Гусейн... вай, вай! Увы! Джан!
Госпожа, вай, вай!.. Лишиться бы глаз, - вай!
За лицо твое умереть тотчас!- ах!
Нам голову - вай! - снесли. Обрушься, небо, на нас! - вай!
Имама, увы, увели! Спасайтесь!.. Аллах!.. Джан!
Ослепнуть бы мне!., вай!.. Издохнуть бы мне - вай! Вай!
Померкни, мой день! Разверзнись, земля! - вай! Вай!
На помощь! Сюда! Увы нам! Свет наш погас!
Мать и дочери
Мать
Увы! Что за весть? Увы! Что за речь?
Несете огонь,- мой очаг разжечь.
Отсохни язык, принесший ту весть!
Развалился дом у юных невест.
На свет мой, на жизнь, на голову - прах!
Ах, черные дни! Нет силы терпеть!
Как быть мне? В каких утонуть волнах?
В чью дверь постучать, в чью руку смотреть?
Творец отвернулся. Ах доля моя!
И зачем ноги не сломила я!
Пресекся мой дым, потемнел свет дня,
На горькой земле кто ж проклял меня?
Вай, все я отдам за намаз твой, имам!
За ладонь Али свою жизнь отдам!
Умру я за праведный лик твой, джан!
Лицо подстелю под ноги твои,
Сирот приючу, господин мой, джан!
О Гасан, Гусейн,- голова, гора!
Что отвечу им, душа моя? - вай!

Что обрушил ты нам на голову, джан!
Опалил сердца нам, о сокол джан!
Услыхать бы раз лишь голос твой,- ах !
Лицом к лицу прикоснуться, - ах!
Распластать бы душу у ног твоих!..
Вдохну лишь тебя,- и да стану прах!
О, имама сын о светлых крылах!
Царь мира, тебя возлюбил аллах,
Рука на земле, рука в небесах,-
На горы мечом нагоняешь страх!
Весь мир, ага джан, ты поверг к стопам.
Покорил ты тьму народов и стран!
И горы, шаг лишь слышали твой,
Дрожа, склонялись ниц головой.
Моря и земля, твой услышав глас,
Покорно к тебе являлись тотчас.
И тучи, дрожа при взгляде твоем,
Ширяли крылом, и гремел в них гром.
Ты топал ногой - земли глубина
Мертвела от страха - потрясена.
Ах, солнца глава тебе отдана,
Тебе власы подстелила луна
Тебя приняла небес вышина -
Сиротствуем мы, нам печаль одна.
Кому же теперь подчинится мир?
Под чьею же сенью найти покой?
Истомился мир, одинок и сир,
Ведь руку его ты держал рукой.
Кааба и Мекка в грудь себя бьют.
Слезы - и море и суша льют,
Землю на темя сыплют, горят,
Имя твое повторяя, дрожат.
Возьму, поведу я твоих сирот -
Пойду, утоплюсь! Со светом прощусь!
Покинуты мы. Наше сердце - лед.
На горестном свете что меня ждет?
Иного царя-владыки мне нет,
Ты - солнце, луна, венец мой и свет!
Все рушилось! Мне лишь сидеть совой.
Рыдать над горькой своей головой.
Убьюсь - кто ж примет детей твоих?
Заколюсь-как быть твоим сиротам?

Кто им даст молока, кто вырастит их?
Коль груди отрежу, так что ж им дам?
От плача мои ослепли глаза,
И печень и сердце прожгла слеза
Ах, раз лишь один в твой лик заглянуть,
А там - хоть тысяча лезвий в грудь!
Ущелья и горы пускай падут,
Меня погребут, меня поглотят,
О лишь бы одной не скорбеть мне тут,-
Исторгнись, душа, разверзайся, ад!
Вы, дочки мои, теперь без отца
Кто обнимет вас, согреет сердца?
Ах, кто вас полюбит, кто сбережет?
Осталися вы без ласк и забот!
Ах, где глаза, чтобы видеть вас?
Рука, чтоб ничем не обидеть вас?
Уста, чтоб лелеять и нежить вас,
Своим поцелуем утешить вас?
Засохло до дна ваше море - вай!
Ушел отец, не сказал ничего.
Оставил детей своих в горе - вай!
А где ж он?
Где мне искать его?
Изранено сердце, горит огнем.
О дети, у вас господина нет.
Разрушен наш дом, развалился трон,-
Ах, кто вам теперь промолвит привет?
Гусейн мой, жизнь за тебя отдам!
Ты сжег мне сердце,- лежит золой.
Ненаглядный мой,- кто поможет нам?
Ах, если бы взял ты и нас с собой!
Дочери
Ах, мать и отец мой родимый - вай!
Где отец? Когда ж он вернется?-вай!
О, где ж он? Мать, ненаглядная!-вай!
Не плачь, не рыдай!- О свет ты наш,- вай!
Хоть в плен нас отдай! Брось в воду нас-вай!
Ах, вечер придет, прояснится день.
Но кто ж ввечеру нам откроет дверь?
Кто ж будет приветствовать нас теперь?
О отец мой джан, о родитель - вай!
Ах, очи, на мать наглядитесь - вай!

Наш отец - калиф - не придет сюда,
Не молвит ласковых слов никогда.
Он гневен на нас, он исчез из глаз,
Не увидит он ни дома, ни нас.
А куда ушел - не сказал того.
Ах, чем мы могли прогневить его?
Ослепил бы нас - чтоб мира не зреть,
Ах, зарезать нас он мог бы велеть,-
Ястребам степным, воронью на снедь!
Спалил бы он нас, иль предал мечу!
Ах, отдал бы нас во власть палачу!
Увели отца,- я за ним хочу!
Ужель не придет? Разлюбил сирот?
Ужель нашу скорбь отец не поймет?
Мы здесь рыдаем - он слез не льет!
Мы умираем - он не идет!
Нас в плен угонят - он не спасет!
Сыновья и дочери (вместе)
Что сделали мы?
За что осерчал?
Кто из нас когда отца огорчал?
Побежим, догоним его! Идем!
У ног его ползать, молить начнем,
Лобзать его полы, ноги лизать,-
Обнимем колени, наземь падем
Коль он не вернется,- мы все умрем.
О, нас не гони, хоть шею руби,
Хоть душу вырви, хоть погуби!
Мы - жертва тебе, мы - прах твоих ног.
Пощади, отец! не пришел наш срок.
Иль без сердца он? Не сжалится он?
Ничто для него наш вопль и стон?
Веди нас туда, куда сам идешь.
Скончалась мать - а ты слез не льешь.
Ужель он, смягчась, не придет опять,
С земли нас поднять и рукой обнять,
Утереть нам слезы, поцеловать,
На колени взять и к груди прижать,
Сластей и сахару детям дать? -
«Дитя ты мое, отрада очам,
Не плачь, с тобою скорблю я и сам,
Отец -твой слуга. Тебе жизнь отдам!

Он душу отдаст вам - сердешный мой -
Не плачьте! Пожертвую вам - душой.
Глаз колют,- вас да колет мой глаз!»
Нет отца у нас, нет - вай!
Смолк отцовский привет-вай!
Мы призываем,- а он не чует - вай!
Мы умираем - он не тоскует-вай!
Мы голодаем - он не горюет - вай!
Мы зовем его - а он не идет - вай!
И бежать напрасно за ним-ах!..
Ах, кто же будет для нас отцом? - ах!
Ах, кто же может держать наш дом? - ах !..
Кто пособит нам в горе таком?- ах!..
Он не спешит, напрасно зовем!- ах!..
Нас уведут - что ж делать потом?-вай!..
Нет... добр отец дорогой.
Он вышел, придет домой.
О нет, наш отец не злой,
Он детям предан душой,
Он любит нас больше очей.
Он любит своих детей,
Не бросит, он не злодей.
Родимая, слез не лей!
Скорбим мы скорбью твоей!
О не губи наши дни!
Веди нас, похорони!
Родная, на нас взгляни,
Где скрыться нам? Мы одни!
Кому нам сказать: не плачь!
Пусть мы обратимся в прах,
Умрем за родную - ах!
Тогда не увидим тебя в слезах,
Не услышим скорби в твоих устах!
Ты нас утопи в волнах!
Что ж ты не с мечом в руках?
Сама детей схорони,
Клади нас в землю скорей!
Потом постой возле нас,
Над нами слезу пролей!
Родная... Идут... Вай!
Уведут и убьют - ...вай!

- Уведите, уведите меня, матушка-джан, отец-джан, сестра-джан,- родимые!.. Аллах, Аллах!.. вай.. ах-вах... умираю... Скорей, скорей... на помощь!..гы-га, гы-гы! гы, гы-го... гы, гуу!..

- Замолчи! Отдай жизнь, дитя имама! Как смеешь ты отворачивать лицо? Как смеешь плакать и кричать?..

5

Еще не кончился траурный обряд, как вдруг вся толпа обратила взоры в одну сторону, все стали шушукаться и переглядываться.

На верху Учтапалара («Три горки») появилось несколько всадников, не похожих ни на персов, ни даже на обыкновенных путников. Казалось, они задумали напасть на Ереван, ограбить его, увезти все добро.

Они ехали на конях, едва мелькали верхушки их остроконечных шапок. На голову каждого из всадников было накручено что-то вроде огромного полотенца, один конец которого словно нарочно был выпущен и играл с ветром.

Всадники казались великанами, так раздувал ветер их одежды, откидывал назад и, при быстрой езде, охватывал ими коня и крутил в разные стороны. Было явственно видно, что у этих людей не было, однако, при себе ни ружей, ни шашек, ни копий.

Они пустили коней гуськом и смело погоняли то в гору, то под гору, как вздумается. Наблюдавшие поражались, как это они решаются скакать вниз, во весь опор, с этих остроконечных высот, когда человек и пешком-то не в силах бежать по этим горам, так они круты. Немного спустя они скрылись, въехали в Далминское ущелье, в сады.

Всем хотелось узнать, кто же такие эти необычайные путники. Полагаю, что пока я не скажу, и ты этого не узнаешь!

У обитателей нашей страны зрение острое, они издалека узнают всадника по его движениям, но на сей раз у всех словно глаза были завязаны,- может быть, оттого, что много в тот день плакали.

Не прошло и получаса, как всадники выехали со стороны Георханы, и можно было уже ясно различить их островерхие клобуки - стало очевидно, что эти удалые учтапаларские наездники никто иные, как едущие от нашего святого престола епископы и монахи, которые в подобные торжественные дни должны были непременно приезжать и привозить с собой хорошие подарки, чтобы задобрить ереванского сардара и ханов, а также поздравить их с праздником и тем выказать свою готовность служить им, дабы они, с своей стороны, милостивым оком смотрели на наш народ и страну.

Сами они, правда, тоже получали подарки и возвращались не с пустыми руками, зато потом им бывало в десять раз хуже - всю душу им выматывали; частенько на неделю, а то и на две, приезжали в Эчмиадзин с ними еще всякие люди, человек триста,- и там ели, пили, выжимали, выцеживали из монахов все, что можно, и уезжали обратно.

Беда в том, что, когда приезжал сам сардар или Гасан-хан, то вся братия монастырская должна была с крестом, с хоругвями, с колокольным звоном и пением шараканов выходить им навстречу и сопровождать их до обители.

Верхом на добрых конях своих ехали великолепные наши священнослужители в сопровождении служек, причетников и вооруженных ружьями стражников. Эти ехали позади,- один высоко подымал в руке посох, другой заезжал вперед очистить дорогу, освободить место, иной так и впивался в глаза своему старшему, чтобы в ту же минуту, едва только он мигнет, исполнить его приказание.

Священники из Конда и Шехара, тоже со своим причтом, с крестом и хоругвями, вышли им навстречу. Они простояли целый день в ожидании возле керпости, чтобы достойно встретить прибывающих, и такого страху натерпелись от проходивших мимо нехристей, что даже во рту у них пересохло.

Каждый бросал им какое-нибудь слово: иной складывал пальцы крестом, при этом городил какую-то дичь и бросал дурные слова, другой бормотал что-то наподобие шаракана, насмехался всячески над священниками, третий кривил рожу и кричал: «Кэшиш бэла иш!» (Поп - а что делает!).

Какой-нибудь купец или ахунд, проходя мимо,- не приведи бог,- глядя прямо вперед, насупив брови, хмурясь и сморщив рожу, с пеной у рта, так страшно исподлобья глядел на них, что, казалось, будь у него возможность, он в ту же минуту высосал бы из них кровь, живьем бы их съел.

Да и нынче еще в Ереване, во многих церквах - где глаза на ликах святых повыковырены, где рот соскоблен, а где и пол-лика вовсе отодрано. У многих церквей купол разрушен, двери и престол рассыпались; во многих накопился навоз овечий высотой в добрый гяз, покрыл алтарь и завалил дверь.

У каждого, кто подойдет к церкви положить несколько земных поклонов или войдет внутрь ее, душа горит, терзается,- едва лишь помыслит он, что если над иконами неодушевленными и каменьями творили такое, то каково же приходилось живым христианам.

Стране без хозяина, беспомощному народу, человеку в безвыходном положении - кто посочувствует, коли не он сам!

Увидев епископа, бедные священники, дрожа всем телом, повылезли из своих углов, облачились в ризы, дьячки надели стихари, подняли хоругви, сняли шапки и низко поклонились, и все, торжественно и чинно, с пением шаракана, направились в сторону Анапата, где имеет свое пребывание ереванский преосвященный.

У армян, как известно, везде существует обычай встречать патриаршего посланца или епископа с таким почетом. Часто бывает, что и народ выходит навстречу владыке, целует у него полы, руку, принимает от него благословение и таким образом задерживает усталого от дороги путника довольно долго за городом ради того лишь, чтоб исполнить заветное свое желание. Но, слава богу, подобные предосудительные обычаи теперь мало-помалу выводятся и приезжего больше не мучают.

Наши епископы с глубоким вздохом окинули взором мечеть и безмолвно двинулись в Анапат. Здесь собравшиеся сельские старейшины и именитые люди города приложились им к руке, сняли шапки и ввели гостей в покои. А люди помельче, с попами и стражниками, остались во дворе и, держа фелони под мышкой, беседовали в ожидании приказаний от господ своих.

Епископы, как вошли, сняли обувь, сменили одежду, закинули назад клобуки, сели на ковер и прислонились к подушкам. Именитые люди - кто поважнее - сели, скрестив ноги по обе стороны от них, вдоль стены. Монахи, причетники, служки, не сводя глаз каждый с своего господина и скрестив на груди руки, молча стояли перед ним либо наливали водку и предлагали закуски именитым людям. Все они так и вперились глазами во вновь прибывших. Те пошевелятся - и они всколыхнутся; те обернутся - и они обернутся тоже. Словом, таковы были почести, оказываемые именитым людям, и таков страх, внушаемый епископами, что можно было подумать, будто и самые души этих - в руках у тех.

- Поздравляю тебя с приездом, отец святой, добро пожаловать!-да не оставит нас бог без вас! Постоянно взоры наши направлены в ту сторону, откуда вы имеете прибыть. Бог да прольет сияние на наш святой престол и да укрепит его навеки веков!..- начал один из именитых людей, отвесил поклон, потом, оправив свое место, вновь открыл уста:

- Раб я твоей десницы,- как поживает наш духовный владыка, в добром ли здравии, хорошо ли себя чувствует, бодр ли, не ослабел ли ногами и руками? Господь да утвердит его на престоле его, да не убудет у нас его святой молитвы! Пока он в живых, господь не откажет нам в пропитании. Только и есть у нас святой престол да владыка наш духовный,- ничего-то больше нет у нас на этом свете. Денно и нощно об одном возносим мы молитвы: чтобы господь содержал святой престол наш в благоустроении и процветании и даровал нашему владыке духовному долгие дни. Все, что наше-то ваше, детей родных продадим ради вашего благоденствия, лишь бы вы милостиво на нас глядели!

- С вами господне благословение, да благословит бог веру вашу, да сохранит господь народ армянский в благоустроении и процветании!- ответил епископ,- вы - агнцы деда-Просветителя, приходится нам вкушать ваше масло, доить молоко, стричь шерсть вашу и шить себе одеяния,- не то хоть в могилу ложись - нет у нас шашки, чтобы нападать да грабить, нет и власти, чтобы силою отнимать. Все, что вы дадите, принимаем с закрытыми глазами, с протянутой рукой, берем, благословляем дающего и тем обходимся. Сами вы знаете, что не можем мы заниматься ни торговлей, ни, скажем, земледелием, ни ткачеством, ни садоводством. Такова печальная участь черноризца. Кому он нужен на этом свете? Семьи у него нет, в обществе он не показывается,- какая у нас жизнь? Существуем вне круга людского! Вы нам дадите - и бог вам даст, а мы грешными своими устами будем к богу взывать денно и нощно, чтобы даровал он вам счастья в жизни, чтобы в тысячу раз больше вам воздалось, чтобы вы со своими чадами и домочадцами цвели, пустили ростки и вошли в силу.

- Хорошо изволишь говорить, отец святой,- головой за тебя пожертвую, прах я под ногой твоей - да что тут делать станешь? Пока дело-то сладишь, нож - гляди - в кость упрется, и не вытащишь! - неожиданно вставил один из сидящих с другой стороны и поправил на голове папаху.

- Мы сами хорошо знаем, что крест и евангелие - наше достояние, что двенадцати народов христианских и семидесяти двух других племен превыше стоят армяне, что армянского богослужения и шаракана, армянского мира и символа веры ни у одного другого народа нет, но эти нехристи нас и от веры отшибли и вовсе из сил выбили. Увидят у нас скотину - отнимают, попадется девушка - похищают, прямо как на огонь нас положили, живьем жгут-жарят, а слово скажешь, так беда тебе-столько накладут тебе по голове, что глаза вылезут. Если и дом твой разрушат,- ты пикнуть не смей. Ведь они нас, как звери, заедают, а выхода-то нет. Кто ни встанет, тот ногу на нас подымает. Хоть иди в воду бросайся, со всем этим покончь. Разве это жизнь? Стоим, как сироты, шею согнули. Когда же этому конец будет?

В книгах вам не попадалось?- что там сказано - сколько еще этот мир будет стоять? Не пришло ли еще время возгреметь трубе Гавриловой, не настала ли пора, чтобы мир гладким стал, как зеркало, чтобы даже иголочка малюсенькая с расстояния целого дневного пути видна была, чтоб малые люди пришли да Илья пророк. Да стали бы люди ростом с пядень, и остались бы стоять только наш Эчмиадзин да Иерусалим; наш бы народ усилился, а эти бы безжалостные нехристи погибли, сгинули, мы же стали бы вкушать от благ земных и небесных, как ангел возвестил в сновидении нашему святому Просветителю. Мы тоже это от других слышали, не из головы выдумали.

Спокон веков мы слышим, что господь бог столько святого нашего Просветителя мучил, четырнадцати казням подвергал, четырнадцать лет в темнице держал в Хор-Вирабе - преклоняюсь перед святым могуществом его (сказав это, он перекрестился), - и все это ради нас, чтобы и наш народ страдал, мучился, чтоб перестал он этим светом соблазняться, чтоб предстал перед богом с лицом открытым и царствия небесного удостоился. Ах, как было бы хорошо, чтоб день тот поскорее пришел!- чтоб и наши глаза увидели свет. На что нам земное царство? Наша звезда должна в небесах воссиять, чтобы все племена ее видели и нам завидовали; чтобы узрели на нас венец, какого нет на их голове; чтобы устыдились и пожалели, что так пленялись земным величием.

Наши попики тоже книги читают, это правда, да только они много и от себя выдумывают. Кто речи поповской верит?

У нас есть святой престол, и нечего нам у них побираться. Ответствуй мне, владыко, молю тебя,- ведь и нога ваша знает больше нашей головы. Мы - что скот неразумный,-. встанешь утром, умоешься, перекрестишься, выговоришь несколько слов, какие в голову взбредут, да и за дело. А у вас и книга в руках, и ключ к ней. Ваш один волос знает столько, сколько весь мир.

Говорят, пока не придет конец света, не будет у нашего народа ни царства своего, ни престола, так и будем мученья терпеть: мы - трудиться, а те - проживать. Правда ли это или неправда,- одному господу богу то ведомо; и слово и книга перед ним в ответе.

Говорят, один дурак разбил кувшин, так сто умников потом слепить не могли. Так и слово: передают его из уст в уста - ведь что сказано, того обратно не проглотишь! А что правда, что неправда - где ж тут разобрать? Деды нам передали, мы - внукам передадим.

А ведь и кровь у нас горячая, и сердце у нас хоть куда, и мужества хватит посчитаться с врагом. Да один армянин, коли придется, десять неверных под себя подомнет да и изобьет до смерти. Правда, они не постятся, круглый год едят жир да масло сливочное, а мы частенько по целым неделям да месяцам одним хлебушком питаемся, обходимся травой да овощами,- но в нас упование живет на святое миро и светлую веру просветительскую,- великая это сила! Да хранят нас наши святые угодники и всеспасительный наш святой Гегарт!

При случае каком или в бою наш брат армянин одной дубинкой десяти неверным голову размозжит; пальцем ударит - так замертво их уложит,- да благословит бог армянскую святыню и все племя армянское! Но что ж поделаешь, коли действовать мечом нам не велено? Сам Христос отнял меч у Петра, чтобы и армянин крещеный за меч не брался. Молитва, церковь, обедня, пост, милостыня - вот меч христианина.

Однако говорить легко, да не легко исполнять. Пускай их будут и церковь, и обедня,- отсохни у того язык, кто скажет «нет», но сила меча и ружья тоже благословенны, правду я говорю, хоть горло мне перережь! Нет у тебя меча - и голову тебе секут, жену и детей у тебя похищают, никакого житья тебе не дают, добро твое отнимают, а самого табя уводят в плен. Таков уж свет - что ж тут поделаешь? Надо сильную руку, чтоб крест держать. Молитве - свое, мечу- свое. Бог и птице, и животному всякому дал либо когти, либо рога, либо зубы, чтоб могли они царапать, бодать, кусать, себя защищать.

Прости меня, господи! Сердце во мне пылает, оттого я и говорю. Сколь многие, подобно мне, охали и ахали, оплакивали свою горькую долю, да так и сошли в могилу, охая да ахая, вот и я, как они; но истинное слово - ежели я о себе одном пекусь, пусть лопнут мои глаза!

Прости меня, я раб святой твоей десницы. Знаю, вы тоже душой болеете, потому и говорю. А не то - найду себе уголок укромный да и уткнусь туда, найдется, думаю, и земли горстка, будет чем посыпать голову, когда глаза мои навек закрою.

- Хорошо, изволишь говорить, ага Петрос,- ответил преосвященный,- но что поделаешь? Мы Христу, а не миру служим. Мы сыны неба - не земли. Христос, господь наш возлюбленный (тут все перекрестились), творец неба и земли,-ежели бы хотел, чтобы святой его промысел с легкостью исполнялся, ежели бы не желал сам претерпеть муку и распятым быть на кресте, не пришел бы он в этот суетный мир, не принял бы телесного образа, спасения нашего ради. Стоило ему только повелеть - и все бы исполнилось.

Но нет, адамов грех над нами тяготел, и пока этот грех не будет искуплен, и ад разрушен, не будем мы спасены. Мы ученики святого евангелия, дети святой купели,- а такие мысли внушает вам злой сатана, недаром он денно и нощно все ходит за нашей тенью. Сам господь сошел к нам, смирился, принял плоть и кровь нашу, ради нас был распят, умер и был погребен, чтобы и вы следовали его примеру. Кто хочет удостоиться славы небесной, святого царствия Христова,- пока не будет распят, не претерпит муку, страданий, не примет смерти, не сможет удостоиться созерцания святого лика божия. В самом евангелии сказано: «Кто не возьмет креста и не пойдет за мною, кто не оставит отца, мать, жену, детей и не пойдет за мною, тот не достоин меня. Восстанут народы на народы, царства на царства, будут притеснять, мстить, преследовать вас ради меня, - а вы радуйтесь, ибо велико будет воздаяние вам на небе, и волос один с головы вашей не упадет без отца моего, который на небе. Так преследовали пророков, которые были раньше вас...» и т. д.

Вот видите, любезные, так говорит евангелие, и что написано, должны

98

мы исполнять. И апостолы, и пророки, и мученики так поступали, и они пролили свою кровь - как мы ежедневно про то слышим и читаем - и ныне восседают они одесную бога, получили свою награду, прославились и наслаждаются радостью небесной. Так должны ли мы ради одного часа лишиться вечной жизни? Какой же безумец так поступит?

Что мирская слава?- цветок!-сегодня есть, а завтра увял. Нам ли грешным, недостойным людям, противиться воле божией?

Подобные злые, ужасные мысли и на ум не должны приходить, а не то что переходить на уста и выражаться словами. Как бог велит, так и должно быть. Апостол Павел не говорит разве: «Будьте покорны царям, ибо власть ик - от бога»?

Вот и все. Кто инако думает, значит, в бога не верит, и удел его -геенна огненная. Наша обязанность - сказать, а ваша - внимать. Не послушаетесь, так на себя пеняйте.

А если бы вы знали, что враги нашей веры с нами творят, вы бы все на свете забыли. Каждый бек, каждый хан, когда приезжает к святому престолу, ставит нас на огонь, вроде как на вертеле поджаривает. Сколько их ни корми, ни пои, никак их утробы не насытишь; ни почестями, ни подарками взора их не умилостивишь. Неделями, случается, сидят у нас. Все им даем, чего ни потребуют, а они все недовольны. А когда сардар или Гасан-хан приезжают, так словно небеса над нами разверзаются,- такая поднимается суматоха, что уж никто ничего разобрать не может,- уж больно много волков сразу наваливается. Ведь непременно по четыреста, а то и по пятьсот человек с собой приводят, без стеснения лезут прямо в дом, разве их остановишь? Хан, бек и слуга, и конюх, и повар, и сокольничий, и кальянщик, а с ними мулов, верблюдов да лошадей еще вдвое больше, чем людей, со всем скарбом-и всё это множество вваливается в обитель,- вот и иди, устраивай их!

И с того дня, когда ждем мы их прибытия, у нас всё в расстройство приходит - и трапеза, и служба церковная. Целый-то день либо возле храма, либо за воротами монастырскими посреди дороги и в зной, и в дождь, и в пыль приходится дожидаться,-когда они изволят приехать. Не меньше трех-четырех епископов должно выйти навстречу. Все монахи, обнажив голову, с крестами, с хоругвями, со свечами и кадилами да ладаном, в облачении, за целую версту тоже встречать выходят и с пением шараканов - бегом, впереди лошадей, все в поту,- провожают гостей в обитель. Часто перед воротами монастырскими стелем ткани самые лучшие, парчу да шелк, чтоб прибытие нехристей добром обернулось, чтоб не испытать нам урона, - они ведь всех перебить могут. А ткани идут феррашам - вот ведь как приходится угождать! Приедут - и всю обитель зополонят. В покоях католикоса, в кельях, в Казарапате - приткнуться некуда.

99

Сердца сардара и ханов мы еще кое-как подарками да деньгами задабриваем: и католикос, и епископы и днем и ночью вокруг них хлопочут. Но что творят с несчастными простыми монахами и служками, врагу своему не пожелаю! Грозят палкой, шашкой, ругают их целый день так и сяк, бьют -и чего только не требуют! То коней не туда поставили да не так корму им задали, поднесешь им самое их любимое, а они говорят: не годится. Наших коней и скотину вон выгоняют. А уж свиней - так беда! Как увидят, так и давай разрубать шашкой пополам - ведь они, известно, враги свинины. Хлеб, нами испеченный, кушанье, нами сваренное, мясо нашего убоя, даже вещь, к которой мы прикоснулись,- все у них считается поганым. В амбары лезут, в погреба, все сами, двери высаживают, хватают, что хотят, и непременно собственными руками,- сколько при этом зря повысыплют! - топчут, ломают, крушат, портят. Заберут и вынесут, изготовят сами по своему вкусу, и опять к нам пристают.

Всю-то ночь и мальчики-плясуны, и цыганки, и кяманча, и саз - кто пляшет, кто гадает, кто горло дерет, кто голову ломает,- а все, чтоб ублажить этих нехристей. Что же до вина, так пить они научились, да еще как! А мы - не приведи бог! всю ночь должны стоять перед ними, иногда и на коленях, скрестив руки на груди, в полное их удовольствие. Нередко бывает, что они и монаха исполосуют шашкой, изранят всего. Да, пока не выпроводишь их за ограду обительскую,- очень туго приходится.

Ежели они с нами такое творят,- так что ж про вас говорить? Мы должны терпеть, жизнь - терпение. Может быть, и откроются для нас двери милосердия божия или же погибнем, уйдем из этой жизни и сподобимся узреть святой лик божий,- выход во всяком случае найдется. Христианин не должен мечом устраивать дело свое. Его меч - терпение и вера.

Вон - Агасн, глупый деревенский осел, что натворил? Из-за одной девицы поднял меч, - так сколько бедные канакерцы пени заплатили, и старик, отец его, и старейшины сельские вот уже пять лет сохнут в тюрьме, в колодках томятся и еще бог знает, какой им будет конец. И мелик Саак за них просил и католикос просил, ничто не помогло. А сам он бродит по горам, словно обезумевший, совершает нападения, перерезает дороги,- вот так проводит свои горькие дни. Кто знает, к какому камню преклонит он голову, где затравят его собаки да волки?

Не лучше ли втянуть в себя голову да помалкивать? Нет, любезные вы мои, нам надобно, елико возможно, себя соблюдать: скажут «да» - и ты скажи «да»; скажут «нет» - и ты - «нет»; скажут - «сядь» - садись; скажут «встань» - встань, - а там видно будет.

Говорят, русские уже до Апарана дошли. Кто знает,- на них, быть может, и возможно положиться, пути господни неисповедимы. Да заострит бог их меч! Лишь бы нога их ступила на нашу землю,- а там пусть нас берут, в жертву приносят. Только торопиться не надо. Цицианов и Гудович Еревана не взяли,- быть может, господь того не захотел, чтобы еще раз подвергнуть нас испытанию. Мало ли мы терпели - потерпим и еще, посмотрим, чем это для нас кончится. Но опять говорю: христианин и за рукоять меча браться не должен - если бы даже камень дробили у него на темени[3]. Звонят ко всенощной, пойдемте в церковь, помолимся,- успеем еще наговориться. Мальчик, подай клобук, подставь башмаки. После всенощной времени еще много, ночь длинна, делать нам нечего, столько еще будем беседовать, что вам спать захочется.

- Дай, господи, пути счастливого, святой отец,- да святятся уста твои! Вот как должно наставлять народ. Какое веселие в мирском житии? В пустыню надо идти, в пустыню, чтобы господь на небеси возрадовался, а земля мало-помалу бы разрушалась, чтобы сатана треснул и лопнул, чтобы ангелы божий поскорее нас взяли и донесли бы к пределу славы нашей. Что есть народ? Что есть мир? Все - одна ложь. Каждый человек сам должен найти путь души своей. Насколько возможно готовься заблаговременно,- бойся отстать!

Дьячок тотчас же подал клобук, монах поднял с полу башмаки и поставил их перед преосвященным. Именитые люди, покачивая головами, натянули на плечи свои шубы и абы, поправили на головах шапки, расступились, и преосвященный вышел. Они тоже вышли ему вслед, один за другим, надели коши, оставленные у входа. Дьякон взял фелонь, монах посох и подал у дверей преосвященному. А бедные попы с фелонями на плечах так долго простояли за дверьми, до того продрогли и иззябли, что, пожалуй, и в день страшного суда их в пот не ударит.

Как только епископ вышел, они встали в ряд по обе стороны, надели фелони и торжественно повели его в церковь, сопровождаемые сзади дьяконами, дьячками, монахами, знатными горожанами и стражниками.

При входе дьячок поставил перед преосвященным туфли, дьякон накинул фелонь, а один из священников, державший в руке сложенный коврик,- как только епископ вошел в церковь и дошел до алтаря,- несколько раз перекрестился, отвесил низкий поклон, расстелил этот коврик на пол и сам встал. Епископ произнес несколько слов про себя, поклонился святому алтарю, приложился и, торжественно проследовав на левый клирос, сел в свое кресло; благословил приступить к богослужению, прочитал «Отче наш», и служба началась.

---

[3] Из этого разговора разумный человек поймет, что было причиной жалкого нашего состояния Я больше не стану говорить Что написано в евангелии - свято. Обратись к разумеющему,- тогда уж и бей меня по голове. (Примеч. автора).

6

Но не успела обедня дойти и до половины, как вдруг поднялся страшный шум и гам, казалось, сотрясались горы и ущелья. Тюрки, сарбазы, персы наполнили церковь. У отправлявших литургию язык отнялся. Тут уж не смотрели, кто стар, кто мал. У кого достало в ногах проворства, в теле силы,- те все вылетели стремглав и скрылись кто куда. А кто не мог, те остались на месте и стояли, как вкопанные, окаменев, застыв. Куда ни глянь, - везде раскраивались черепа, крошились зубы. Не знающие совести персы не щадили ни храма божьего, ни людей. Ружейными прикладами они притиснули всех к стене, набросились на лепту церковную, - утварь всякую, кресты, евангелия - все, что было в храме, разгромили, разбросали; где видели ризы, кадильницы, что-либо похожее на серебро,- все срывали, ломали, хватали и швыряли под ноги.

Некоторые же встали у дверей, на пороге и, ловя выходящих, грабили их. На ком видели новую одежду, срывали и забирали себе. А что творили с женщинами - не приведи бог! Золотые украшения головные, кольца, ожерелья и броши, вышивные шелковые платья, парчевые архалуки и собольи шубы,- все сдирали, стаскивали, причем били несчастных кулаками и топтали ногами.

Старик епископ попытался было вмешаться, помочь бедным прихожанам, но его тут же схватили и связали по рукам. Подоспели священники, но их притиснули к стене,- и всех, кто был в церкви, погнали, махая шашками, как баранов, и вытолкали вон. Плач и вопль достигал до неба, а для этого безжалостного народа все происходившее было по душе- что твой саз, что кяманча!

Как вышли из церкви, так света не взвидели!

Звуки Магерлама и Гасан-Гусейна уже умолкли. Горы и ущелья, казалось, бежали, словно у них впрямь были ноги, плакали, словно у них глаза были.

На улицах Дзорагеха и Конда негде было иголке упасть. Столько набежало персов, карапапахов, курдов, сарбазов, что земля почернела. Там громили лавки, там грабили дом, поджигали, а хозяина гнали с пустыми руками, грозя ему шашкой и ружьем, вместе с несчастной женой и детьми, - в чем мать родила.

Только то и осталось у людей, что успели закопать или запрятать куда-нибудь в мешок,- в хлеб или муку.

Плач детей, молодых женщин и девушек на улицах мог бы камни растрогать, исторгнуть у них слезы. Многие испускали дух под копытами лошадей, иные от страха и ужаса тут же падали мертвыми, иных ничком тащили по земле или, схватив за волосы, волокли, привязав к коню - да сгинет тот день и не вернется! Что только творилось в Ереване!

Многие отцы семейства, многие мужчины были на полях, либо в садах, либо отлучились еще за чем-нибудь и не знали, какая беда стряслась над их домом и над всем миром. Норагехская равнина и дорога у моста, и склон Козерна - все кишело всадниками. Не один, а тысячи их высыпали из города, спеша сообщить и несчастным сельчанам горькую весть.

Тогда и птица не могла бы пролететь над головой - подстрелят, общипают и обдерут! Человек не мог протолкаться.

Кто был с достатком и помоложе, тех навьючили одеждой и паласами, всяким домашним скарбом и пожитками и загнали в крепость.

А кто был стар и неимущ, нуждался в куске хлеба насущном, тех, избив, искалечив, выгнали из дому и приказали сейчас же оставить свое обиталище и хозяйство и уходить, перекочевать вместе с другими сельчанами: было осадное положение, подходили русские.

Счастлив был тот, у кого имелась хоть арба, лошадь, корова пли вол, или хотя бы осел. Всего-навсего успели они взять с собой несколько паласов, ковров, одеял, тюфяков, посуды, муки немножко, либо рису, чтобы под дождем да под солнцем не умереть с голоду.

В городе, однако, у большинства не было ни вьючных животных, ни людей, а об арбе и говорить нечего.

Бессовестный враг так торопил, что и необходимого не успевали с собой забрать. Сколько было съестных припасов - рыбы, масла, сыру, хлеба, вина - все, что заготовлено было дома впрок,- громили, выбрасывали, жгли или бросали в воду; дома поджигали, словом, крушили все, лишь бы они поскорее выбрались из города и перекочевали в другое место.

Двери церквей, домов, мельниц-все остались раскрытыми настежь. Кто что мог, уносил, тащил, грабил,- такое творилось, что собака хозяина не узнавала, сын - отца.

В таком бедственном состоянии, наконец, пустились в дорогу,- так было трудно, так тяжело переселяться, что, кажется, легче змее родить, камню разорваться.

Несчастные матери - и сколько было таких!- беременные, задыхающиеся, с одним младенцем у груди, другого привязав на спину, третьего держа за руку, беспрестанно припадали на колени и, кажется, рады были бы вовсе душу отдать, лишь бы избавиться от горькой своей доли. Не знали, о себе ли плакать, или унимать несчастных детей, совсем ослабевших от голода, жажды и жары; ножки у них были поранены в кровь - многие шли босиком; они обвивались вокруг материнских колен, кидались матерям на шею, просили кусочек хлеба, глоточек воды.

Многие отцы, с ребенком на плече или на спине, с ковром или хурджином через плечо, метались туда и сюда, плакали, но стоило кому-нибудь на минуту присесть, чтоб хоть чуточку отдышаться,- как тотчас рукоять шашки или ружейное дуло тыкали ему в глаза, и он должен был вскочить с места, бежать, не отставать.

У кого остался дома умирающий отец, у кого невестка или жена, у кого лежащая в постели родительница или же грудной младенец в люльке.

Кто все это видел, сердце у того пылало, но что мечу, кровавой руке безжалостного кизильбаша отец, больной, старик, ребенок, мать, дочь?

Кого убивали камнем, а кого шашкой, иных тащили за ногу и кидали в воду, иных тут же приканчивали, чтобы другие не задерживались и, покинув мертвое тело шли дальше.

Собаки - неразумные создания - при виде этого жестокого, ужасного зрелища, страдали и тосковали больше, чем наделенные разумом люди.

Ах, кто изобразит, кто передаст вопли, скорбь, рыдания и слезы несчастного народа? Сердце у человека разрывается! Но небо не обрушивалось задавить их, земля не разверзалась, не раскрывала недр своих, чтобы их поглотить и разом с ними покончить.

А каково было тогда крестьянам - не приведи бог! У многих волы остались без призора в поле, скот в степи, овцы в горах. Только и успели иные запрячь арбу, навалить на нее кое-какое тряпье да пожитки, посадить детей и пуститься с плачем и горькими слезами в путь.

Дом, двор, сад, припасы,- все было покинуто на произвол судьбы. Сын от отца отрекался!

И все же эти крестьяне - да будут они благословенны! - брали к себе на арбу детей, жен и имущество городских жителей, ухаживали за их больными; у них на худой конец были все же вьючные животные, съестное, скот - а тем откуда взять? - и они, насколько доставало сил, помогали горожанам.

Иные отцы и матери на этом страдном пути по два, по три дня держали на руках умершего от голода грудного младенца,- всё хотели зарыть его в землю так, чтоб зверь какой не тронул и чтоб смогли они на возвратном пути выкопать останки несчастного своего покойничка, забрать с собою и похоронить по обряду, с отпеванием. Но когда иссякали силы и исстрадавшиеся родители совсем теряли головы, они бросали трупик в воду или клали под камень, убивались, терзались над ним, а на следующий день, рыдая, полумертвые от горя, пускались в дальнейший путь.

Случалось, что беременная женщина тут же на дороге разрешалась мертвым младенцем,- а не его ли девять месяцев с горечью и мукой носила она во чреве, пока он созреет?

Если же ребенок рождался живой, мать его пеленала и одного лишь хотела - умереть с ним вместе, только не оставлять его, только с собой унести,- но, увы! шашка безбожного кизильбаша либо обоих сразу укладывали на месте, либо жестокий отнимал обернутого в пеленки младенца из рук матери и на глазах ее убивал или кидал в воду, либо разбивал о камень.

Многие старики и старухи с расслабленными членами, будучи уже не в силах двигать ногами, почти лишившиеся дыхания, садились где-нибудь под камень, чтобы пришли дикие звери, растерзали и сожрали бы их. Они обнажали голозы, плакали, рыдали, благословляли детей своих, желали им счастливого пути, счастливой жизни, а сами лишались чувств или же бросались в ноги персам, просили, умоляли не гнать их дальше, но не успевали досказать мольбы своей, как падали, сраженные шашкой, ни голоса сына не слыша, ни лица внука не видя, и с тоскою навек закрывали очи.

Многие, видя немощность своих близких, видя, что нет уже у них сил двинуться с места, сами тоже полуживые - собирали остатки сил, крепились, что есть мочи, и взваливали себе на спину драгоценную ношу: сын отца или мать, жених- невесту, муж - молодую жену свою, братья - сестер, зять - тестя либо тещу, и так шли, решив лучше самим умереть, чем их бросить. Но вдруг чувствовали, что спине почему-то стало легко,- между тем кровь сладостной, родимой их ноши уже струилась по их шее, и земля уходила из-под ног, голова кружилась, свет в очах помрачался, память и сознание меркли. Многим везло: шашка не миновала и их и уносила из жизни вместе с их любимыми.

Увы! сами они, правда, избавлялись от всех мучений, но кому теперь позаботиться об их малышах - детках? кто приютит их, даст им глоток воды, кусок хлеба, спасет от голода и смерти?

Горе тем, кого прикончит свирепый перс, либо голод возьмет в свои когти.

Камни рассекали босые ноги, солнце пекло, жарило облаженные головы.

Персы вырывали детей из материнских объятий и тут же рубили на куски, чтобы матери шли быстрее.

И ты, о небо, с открытыми глазами, спокойно смотрело! И ты, земля, с закрытыми устами, внимала!

Когда передавали кому-нибудь такого оставшегося невинного младенца, тот его тотчас бросал, не считая его достойным даже горсти земли.

Горе тому, у кого ломалось колесо арбы либо лошадь уставала с голоду, или вьючное животное падало, ослабев «т жажды и зноя! Тут либо убивали и хозяина вместе со скотиной, либо оставляли арбу на дороге вместе со спящими в ней малыми детьми, а хозяина гнали вперед ударами шашки, не давая ему опомниться. Многие так и бежали - жизнь каждому дорога,- но многие клали голову на арбу и умоляли отрубить ее, чтобы умереть, избавиться и несчастных Детей своих не оставить в дикой степи.

Ах, что еще добавить? Сердце обливается кровью, руки начинают дрожать, взор помрачается. Счастлив тот, кто ничего такого не видел и не слышал и впредь не увидит и не услышит. Но наш несчастный народ тысячу раз видел, тысячу раз слышал - и терпел.

Нет камня в нашей стране, нет куста, не окрашенного армянской кровью. Ты тоже ушел с ними, мой дорогой брат Моси, мой ягненочек, братец ты мой! Ах, как я тосковал по детскому твоему личику и никогда более не увидел его. На груди нашей матери, всего трех лет от роду, погиб ты голодной смертью,- да будет светла твоя память! Где могилка твоя, не знаю, но хоть на небе увижу ли я тебя, брошусь ли тебе на шею, о ненаглядное, невинное дитя мое?

Ах, любезный армянин! услыхав про такие дела, отдай все и вся, чтобы народ твой мало-помалу стал лучше жить. Вон они - ходят по домам, просят милостыню, чтобы отправиться и выкупить своих пленников, проданных в эти тяжкие дни в Баязет или Карс, и чтобы остальных прокормить.

Погляди на детей своих и прославь бога, что они, радуясь, резвясь, играют перед тобою. Ах, постигни горе того, кто стучится к тебе в дверь, не отворачивайся от него. Они отбились от дома своего и двора, лишились детей и жен, они терпят голод и жажду и на тебя надеются. Не тверди, что они ленивы, что бегут от дела,- у каждого из них по тысяче мечей в сердце воткнуто!

Они в те дни питались травой, корой древесной, ветками да трупами павших своих животных, ибо резать тогда был» воспрещено. Если попадалась им по пути нива или встречали они какую-нибудь полуразрушенную деревеньку, то думали, что попали в рай небесный: там, на худой конец, все же находили они хоть горстку пшеницы либо ячменя,- жарили на огне, терли в ладонях и ели. Соли же и в помине не было.

Так перегоняли на новое место несчастный, бедный наш народ. Кизильбаши узнали, что собирается война против русских и хотели, на случай, если русские займут страну, не лишиться хотя бы населения, а увести людей в Тегеран, сделать рабами, либо обратить в мусульманство, либо стереть с лица земли.

Ах, душа моя изнывает. Зачем обновил я старое горе? Зачем всего этого вновь коснулся?

Так продолжалось недели две. Одна половина ереванского населения, убавившегося чуть ли не вдвое, побитого, разгромленного, вырезанного, попавшего в плен частью к курдам, частью к карапапахам, вступила в

Карсскую землю, другая половина ушла за Масис, в Баязет, но к кому, в чьи дома попала - и богу самому неведомо.

Эчмиадзинская братия тоже разбрелась. Первыми - епископы Ефрем, Барсег, Иоаннес, нынешний католикос и другие, забрав монастырские драгоценности, пришли в крепость.

Прошло еще пять-шесть дней, пока стражники-тюрки окончательно не рассеяли монахов. Книгохранилище, амбары частью опорожнили, частью заперли. Из двухсот черноризцев не осталось и пяти, чтоб охранять храм и святой престол, да и те были преклонного возраста, одряхлевшие иноки и монахи: они предпочли сложить одинокую свою голову там, где столько лет служили, чем скитаться по миру и умереть где-нибудь на дороге.

Были среди этих бедняг и такие, что решались вернуться даже из далеких мест, да по каким неспокойным дорогам!- с опасностью для головы. Оставив семью на попечении чужих людей или всевышнего, они возвращались присматривать за своими садами и полями, а также и за соседскими, ухаживать за ними, поливать, оберегать,- чтобы не засохли. Эти бедняги днем прятались в терновнике, в кустах либо между скал, а ночью, когда мрак окутывал землю, прекращалось движение и смолкал всякий шум, в смертельном страхе, обливаясь холодным потом, вылезали из своих укрытий и поливали сады и поля,- сами тут изнывали, мучились, ахали и охали, а несчастные их семьи-там, в чужой стороне!

Многие думали, что стало уже спокойно, выходили - и тотчас же на них набрасывались разбойники, хватали за горло и отрезали им голову, лишая жизни. Что голова, что луковка, как говорится.

Горы и ущелья кишели грабителями, ворами, разбойниками. Птица не пролетит! Воздух заражен был трупным запахом, и пернатые хищники налетали со всех концов света и собирались тут и там, чтоб до отвала набить себе зоб. Вода то и дело влекла мертвые тела, ветер то и дело приносил запах гниющей человеческой плоти. Не было камня, не окрашенного свежею кровью. Небо недоумевало, смотрело и изумлялось, сколько зла может содеять человек, и думало, как наказать его в меру его злодейства

7

Шел... июнь 1825 года[4].

Кровопийца Гасан-хан, младший брат сардара, - погубивший тысячи

---

[4] В авторской рукописи число отсутствует, а год указан неправильно. На самом деле шли первые дни июня 1826 года (Ред.).

невинных жизней, разрушивший тысячи домов, разоривший города и села, успел уже пять-шесть раз попрать ногами Каре и Баязет, привел к покорности эрзерумского сераскира, нагнал страх на весь мир и собирался теперь идти походом на Петербург, взять его и разрушить, а по дороге захватить тифлисских красавиц и раздать на утеху озверелым своим войскам.

Он приказал Наги-хану-с его карапапахами и мскллу- закрыть выход из Казахской теснины, главаря курдов Окюза-агу послал к границе Карсского пашалыка, а сам со своими сарбазами и войском направился в Апаран, чтобы при первой же возможности вторгнуться через Памбак в русские пределы. Все крепости привели в готовность, в Ереване и Сардарапате оставили сколько нужно войска и боевых припасов, а прочее все взяли с собою.

Всякий, кто вошел бы в это время в Ереван, подумал бы, что, наверное, только что произошел потоп и разрушил мир. Апаран превратился в настоящую бойню. Не проходило дня, чтобы в горах или в степи не ловили людей и не приводили к Гасан-хану. Кто приводил пленников, становился его правой рукой, - подарки сыпались до самого Карса.

Гасан-хан дня не засыпал без человекоубийства. А как, бывало, проснется и совершит утренний намаз, так первым делом прикажет привести к себе несчастных, растерявшихся пленных, пойманных тут и там, и либо сам выколит им глаза, отрежет нос и губы, либо же прикажет отрубить руки и ноги, а то и велит им всунуть обрубленные руки в котел с кипящим маслом, чтоб остановить кровь, а иногда и самих: изрубить на куски.

Наги-хан и Окюз не отставали - их молодцы тоже чудеса творили.

Казах и Борчалу поднялись целиком. Местные мусульмане хватали и забирали людей среди своих же сельчан и сдавали их кизильбашам; указывали дорогу, сообщали сведения и либо приводили врага, либо сами грабили дома и добро злополучных армян.

Нередко случалось, что они в открытую, среди бела дня, являлись к человеку, с которым спокон веку жили рядом, из года в год водились, вместе по-добрососедски ели хлеб, и грабили его дом и добро, ему же самому говорили:-«Лучше уж мы возьмем, чем враг. Мы вам друзья,- лучше мы вашим попользуемся, чем враг придет и унесет!..»

Много всяких совершилось событий, но лукавые персы так воровски вели дело, что в нашей стороне ничего не было известно. Такое беззаконие уже не раз бывало. Много лет подряд, при каждом походе на Каре или на Баязет повторялось подобное.

Сардар ежегодно выступал со своим войском в Апаран, оставался там целых три месяца, посылал подарки памбакскому начальнику, приглашал его к себе и давал тысячу клятв, что нет у русских лучшего друга, чем он.

По этой причине правитель Памбака, владетельный князь и военачальник Саварзамирза никаких подозрений и не питал. А что где-нибудь угонят скот или уведут людей в плен, так эту добрую привычку и теперь сохраняют наши соседи - Казах, Борчалу. И сейчас они убивают, грабят, режут - это их постоянное занятие. Поэтому, уверяли они, ничего нет удивительного и никакого в том нет злого умысла, что из Еревана людей выселяют,- вся причина в том, что сардар хочет идти походом на Эрзерум,- оборонительные меры принимались и раньше тысячу раз, это было не ново. Одним словом, тюркские агалары так вкрались в сердце Саварзамирзы, что как хотели, так и вертели.

Бывало, какой-нибудь армянин получит письмо из Еревана, от друзей, узнает про все дела и заикнется об этом,- так в Караклисе смеются над ним, по морде дают: трус армянский! Агалары так обступили дверь начальника, так засели у него на пороге, что армянину не давали и пикнуть.

Однако памбакские армяне, крепко зная коварство персов и помня пережитые горькие дни, все же подготовились во всех местах.

И в Парни, и в Гюмри, где была крепость, восстановили стены и засели за ними. В Хлкараклисе, где ни крепости, ни пещер не было, жители нагромоздили друг на друга арбы и плуги и устроили целое укрепление. Свезли и спрятали гам все имущество, приняли к себе также и окрестных сельчан. Мужчины, собрав сколько с давних времен было в селении шашек и ружей, ввели туда женщин и детей, пригнали к укреплению скот - главное свое богатство - и караулили День и ночь, не расставаясь с оружием.

В поле выходили тоже целой гурьбой. Дороги почти все были перекрыты. Частенько, ночью, грешили против христова слова: попадался им по дороге неверный, так не успевал моргнуть, как голова его отлетала.

Так как было время кочевки, нехристи держали ухо востро, а где хотели пустить в ход свое свирепство, там их же кровь обливала им сердца, ибо памбакские, лорийские, карабахские, мушские, баязетскне армяне, живя в горах и в степи, не очень-то прислушивались к голосу попов и церкви и сохранили до сих пор вместе с деревенской своей грубостью дух храбрости и мужества, каким отличались непобедимые наши предки. При случае не больно-то пугались они евангельских слов и монашеских угроз,- что, пролив кровь, попадут в огонь вечный, - кто один палец подымет, тому всю руку в рот засовывали; кто курицу со двора утащит, тому голову с плеч сносили.

Поэтому персы, проходя по тем ущельям, не столько боялись грозных скал и бурных рек, сколько всяких щелей в скалах: ружейная пуля или тяжеловесная шашка храброго лорийца разили оттуда голову

109

проходящего, как луковицу, а тело врага приносили в жертву родным ущельям.

Одно имя Овакима Меграбяна-Туманяна из Дсеха заставляло трепетать камни. Он вырос в горах и ущельях, привык проливать кровь зверей и разбойников - кости его стали крепки. Двое мужчин не могли обхватить его, пять человек не могли скрутить одну его руку, голова у него никогда не болела. Ел он мед да масло, одевался в грубую шерстяную одежду, нога его всю жизнь ступала по цветам, по зеленым лужайкам. У горных ручьев, в лесу впервые открыл он глаза в своей колыбели. Что могло противостоять ему?

Великан, не мужчина! Рост его был в четыре с половиной гяза, спина - шириной в полтора, грудь - твердая, как скала, рука - что столб, нога - что сук дубовый, шея - с целое древесное корневище. Лицо его сплошь заросло волосами; пониже лба тянулись в две пяди и ниспадали черные-расчерные брови, окаймлявшие орлиные очи и нос, как грозовая туча окаймляет ночные звезды. Нос и губы так густо обросли волосами, как глыба каменная - бурьяном либо кустарником.

У него было восемь братьев, один громадней другого. У каждого из них было по пять, по шесть сыновей; они не только всех сыновей поженили, но и внуки их уже выросли, на их глазах играли, ходили с ними в горы.

Более шестидесяти душ - невесток, зятьев, внуков, правнуков - выходило поутру из их дома и вечером, с наступлением темноты, засыпало под их кровом, - а столетний их родоначальник Меграб, будто недавно еще вовсе был мальчиком, лихо закручивал усы, зачесывал бороду, заламывал папаху, плясал, когда все плясали, играл, когда играли, нередко отымал у кого-нибудь саз и сам начинал щипать струны, пел песни, как двадцатилетний, вскакивал на коня, обвешивался оружием или же в горах, в ущельях, холодною ночью, под кровом шатра, собрав вокруг себя всех своих семейных, рассказывал тысячу разных вещей - о своих подвигах, об отваге лорийцев, о старине, о лезгинах, о тюрках- и внушал им, что даже спящий должен держать шашку и ружье под подушкой, что и в могилу надо ложиться с шашкой на боку либо класть ее вместе с саваном в землю, дабы и камень бессмысленный знал, кто под ним погребен.

Этот Оваким купался однажды в реке. Вдруг видит - человек пятнадцать лезгин выходят из лесу. Он вылезает потихоньку из воды и, делая вид, что этих лезгин ровно ни во что не ставит, начинает себе одеваться. Лезгины обычно людей не убивают, предпочитают хватать живьем, чтобы потом продать. Как только подошли они ближе, наш великан закричал им, чтоб остановились, и говорит, что если пятнадцать человек скопом нападут на одного и схватят, это еще не подвиг, что если у них храброе сердце,-пускай станут по одну сторону, а он станет по другую, один, и ежели они одолеют, тогда пусть берут его и уводят.

Лезгины, чтоб себя не уронить, согласились. Миг - и Оваким, как лев, выстрелом из ружья уже свалил одного. Не полагаясь больше на пулю в такую жаркую минуту, он выхватил шашку и бросился прямо на врагов. Те повернули назад, и он четырнадцать из них прикончил - кого пулей убил, кого шашкой в куски искрошил.

Последний, пятнадцатый, как раб, пал перед ним на колени и подставил храбрецу голову. Этого он взял за руку, поднял и говорит ему:

- Дарую тебе жизнь. Ступай в свою страну и расскажи про все своему храброму народу - пускай знают, что не они одни умеют рубить шашкой, что в Лори, в селении Дсех - тысячи таких, как я, и что если они захотят, так вашу страну растопчут и с лица земли сотрут. Но только армяне исповедуют христову веру и считают это за грех, закон наш того не велит.

Когда, бывало, Оваким - этот бог дорийских ущелий, этот горный орел, этот лев лесной - гаркнет из-за скалы или нагрянет невзначай в поле, так у целой сотни врагов сразу душа в пятки уйдет и в глазах потемнеет.

Когда взгляд его из-под почерневших от солнца и дождя, закоптелых бровей падал вдруг на человека, тому казалось, что его поразила молния, что горы и ущелья на него обрушились, земля пошла кругом,- и стоял он перед Овакимом неподвижно, будто в камень превратился.

Сколько раз, бывало, этот великан, забрав с собою таких же, как он, храбрых молодцов, драконом день и ночь кружил по лорийским ущельям и горным вершинам, сбивал птиц в небесах, по конным следам носясь по ущельям, нагонял дичь: с десятью всадниками врежется в сотню верховых, и всех искрошит,- зато, когда проезжал он потом по тюркским кочевьям, никто не осмеливался даже глазом повести.

Таким вырос он сам, такими - и его товарищи. В каждом доме было по пяти, по шести мужчин, не считая стариков и детей. Нагорные зеленые луга, цветы, струящиеся по ущельям ручьи, пещеры - это все было их телом, их душой, их жизнью.

Не в теплой постели и не у бухарика, не в школе и не в церкви выросли они - сердце их не знало страха и слабости. Нередко засыпали они в горах пли на поле, а тут начинался дождь или град, так они даже головы не приподымали, чтобы сон не спугнуть.

Их бухарик, их печь - посреди дома; с утра полыхают в ней два-три огромных наваленных друг на друга дерева, а хозяева, при открытой двери, частенько в одной рубашке и без шапки сидят кружком у огня, скатывают и пекут круглые хлебцы либо жарят мясо, едят и рассказывают всякие истории о своих ущельях, меж тем как сынок, обхватив руками

111

шею отца, брат, обняв сестренку, уже улеглись кругом, как невинные ягнята, и сладко спят.

Когда наступало тревожное время, они укрывали свое имущество и семьи в такие скалы, куда и птица не осмелится подлететь. На высоте в добрых тысячу гязов они так свободно расхаживали по обрывам острых скал, при одном виде которых у человека в глазах темнеет, так прыгали с края одной скалы на другую, что всякий глядевший на них издали приходил в оцепенение, не мог на ногах стоять от страха и садился на землю.

Они загоняли табуны, крупный скот и овец в лес, а сами с ружьем на плече рыскали по горам и ущельям.

Ах, в каких местах они жили!- как было им поступать иначе, как не отличаться такой отвагой!

В самом деле, не в школе же они были, чтобы слушать мертвый, сухой, передаваемый слабым языком рассказ,- о том, мол, что у армян было когда-то свое царство,- ученик либо не верит, либо засыпает под такой бездушный рассказучителя.

Здесь каждый камень для них книга, каждая скала - история, каждая древняя крепость, разрушенная часовня или церковь - живой учитель,- коими полны здесь горы и ущелья! Каждая могила, каждый памятник - живой для них свидетель и летописец. Лорийская неприступная твердыня, стены, храмы, палаты Санаинского и Ахпатского монастыре - для них училище.

Правда, они грамоте не обучены, но в сердцах у них железом вырезано, что это те самые священные земли, те святые поля, где великий Шахиншах, Ашот Багратуни, Смбат[5]... Захарий-спасалар, предки Аргутинских-Долгоруких, Иоанн Одзнийский-философ, Иоанн Ерзынкаци - взлетали, как орлы, и, как львы, рыкали, как огненные серафимы и херувимы, с мечом в руке одолевали здесь, на этой земле, Омара, гуннов, Чингисхана, Тамерлана и тем на небе стяжали себе туберозу бессмертия, неувядаемый вовеки венец. Колени ныне живущих склоняются над их могилою, лица касаются святого их праха, ноги становятся на лица их, со слезами их смешиваем мы свои слезы, крепость нам дарующее семя из земли их вырастает, в могиле их лежат наши покойники.

Могилы их зрит, кто в сон погружен.
Проснется от сна - и все тот же сон.
Кто клятву дает,- так именем их.

---

[5] В оригинале имеется пропуск, по всей вероятности, должно было быть - Мирозавоеватель (Ред.).

В пути их молитвы уста твердят,
Их имя, их память - ссоры мирят.
Святые места,- Санаин, Ахпат!
Усеяв долины и горный скат,
Там тысячи памятников стоят,
Живым языком они говорят,-
Прохожему скажут - и замолчат:
«Оплачь злосчастные жизни дни.
Оплачь - и руки свои протяни!
Умри, беспомощный армянин!
Куда ж ты идешь, без слез и один?
Вот здесь умри! Пусть кости твои
Спят в лоне этой святой земли,
Пусть хоть останки плоти твоей
Покоятся рядом с прахом царей
Тебе не затем были очи даны,
Чтоб славу узрел ты родной страны.
Да ляжет на лик твой их прах святой,
Их любимый куст зацветет над тобой».
О предки, чья сила гремит в веках,
На лик ваш святой да ляжет мой прах.
Когда я дышу,- огонь изо рта.
Закрою ль глаза, открою ль уста,-
Ах, злоба во мне, как туча, черна,
Слезами мой день затмила она.
Что проку, что в сердце звучит ответ?
Коль не видел взор, утешенья нет.
Под вашим крылом, увы, не рожден,
Дыханья вашего был я лишен.
Когда б Шахиншах иль великий Смбат
Сказали б и мне: «О мой сын и брат,
На этой земле я тебя вскормил,
На этой земле я тебя взрастил
Ты жизнь свою и душу отдай,
Врагам лишь родины не отдавай!
У себя в горах не будь чужаком,
Слугой чужеземца, его рабом!»
Армянин богомольный, лицо закрой.
Горемычна доля земли родной
Всё небо в тучах, грохочет гром,
В горах и ущельях - и плач и стон!
Чего же стоишь ты, руки скрестив.

Совсем смешался, ни мертв, ни жив?
Избавься, скройся, беги со всех ног,-
Не остановишь такой поток!
Как доброе солнце сегодня ты
Взошло и на нас глядишь с высоты?
Как ты не закрыло прекрасных глаз,
Как можешь спокойно взирать на нас,
Свидетелем быть злодейства и бед,
Жестоким сердцам отдавать свой свет,
Несчастных армян лицезреть тела,
Дома их, выжженные дотла,
Так много слышать и видеть зла,
И делать спокойно свои дела?
О небо, ты глухо к людской беде!
Где нынче гром твой и молнии где?
Замолкли, увидя злодейский меч,
Не рушилось ты, чтобы зло пресечь!
Земля, ненасытное чрево насыть,-
Хотела ты кровь невинную пить,
Хотела детей поглощать тела,-
Стенаньем родителей пренебрегла.
Глаза ты закрыла, а пасть - что дверь.
Увы, ненасытный, несчастный зверь!
Не хотела услышать стоны людей,
Огнем покарать худых сыновей,
Любовью согреть благих сыновей,
Тех разорить, кто тебя разорил,
Тех укрепить, кто тебя укрепил,
Тысячу душ мечу не предать,
Ягнят невинных хранить, как мать.
Куда ж, прохожий, уходишь вновь?
Перед тобою - что море - кровь!
Свой шаг, прохожий, останови:
Народ твой несчастный лежит в крови!
Вон мальчик и девочка - погляди -
Рука - у матери на груди.
Земля с волосами, кровь со слезой -
Смешалось всё, как цветы под косой.
Вдоль улиц, дорог - запрудой лежат,
И камень и землю кровью поят.
К тебе взывают, остановись!
Пройдешь, зайдешь ли в Хлкараклис,

Взгляни на землю, где был палач,
Возьми платок, утрись и заплачь.
На колени стань, о них зарыдай,
На небо взгляни - плачь, причитай,-
И поминай: который народ
Себя защитить не умеет, тот
В рабы к врагу своему пойдет,
И бог от него свой лик отвернет.

8

- Ребята, будьте начеку, приготовьте ружья, приведите к нам в дом женщин и детей! - сказал первый из старейшин в Хлкараклисе, господин ага Саркис.- Слава богу, дом мой полон хлеба, и буйволицы мои доятся. Что есть у меня, все ваше. Скотину вашу тоже как можно ближе сюда подгоните, к селу. Мужайтесь,- пока не иссякла моя сила и могу дышать, жизнь моя принадлежит вам. Мы и с курдами, и с османцами сшибались лбами, а эти малодушные персы - что в них? Могут ли они устоять перед нами? Если и на небо взлетят и оттуда сплошным огнем ниспадут, и то ни волоска нашего тронуть не смогут. Наши кости окрепли в карсских горах,- что такое персы, чтобы нам противостоять?

Пусть не дают нам пороха и ружей: мужество наше - и порох нам, и защита. Посматривайте хорошенько, чтоб арбы крепко держались. Теперь одна часть людей пускай идет на ту сторону села, а другая - на эту. Если возможно, и стар, и млад - все стойте вперемешку, пусть враг думает, что нас много, он тогда не решится близко подойти. А я со своими людьми загорожу дорогу, и первому, кто только сунется, угожу в лоб вот этой пулей,- недаром ружье заряжаю.

Правда, мы уже столько дней их ждем, а их все нет да нет. Но сегодня ночью мне явился святой Саркис - преклоняюсь перед святой силой его!- и сказал, чтобы мы были наготове. Поминайте святого Саркиса, молитесь,- скоро уж восток займется.

Много они крови народа нашего пролили, теперь наш черед их кровь пролить. Разве ж мы не армяне? Слава сотворившему армянский народ,- каждый из сынов его целой горе равен.

Ну, не теряйте времени! Еще поживем на нашей земле, опять будем вместе с семьями нашими веселиться; опять на земле, где усопшие наши погребены, кровь проливать. Разве мы не внуки Вардана? Не Трдата ли кровь у нас в жилах, не Тиграна ль дыханье в устах?

Гора и та бы на нашем месте растаяла, а вот мы, армяне, все стоим-нас уважают, и вера наша повсюду прославлена. Родимые мои, голуби мои, давайте такой совершим нынче подвиг, чтоб весь мир о нем узнал.

Ну, вставайте, Смбат, Ашот, Тигран, вставайте, родимые! Погляжу, какую вы сегодня удаль выкажете, как не посрамите достойное свое имя! Да с таким именем человек должен гору перескакнуть, коли она перед ним встанет, через море перешагнуть,- а эти никуда не годные персы и народ-то слабый, и ни души-то, ни веры, ни закона у них нет,- что в них? Когда у человека лоб миром не мазан - какая в нем может быть сила? Если наша рука изнеможет, так ангел божий и заступничество святого Просветителя нам помогут. Такова сила нашей веры.

Батюшка дорогой, встань и всех причасти - великая сила в причастии: коли помрем, в нем для души спасение, а живы останемся, так оно телу во здравие. А уж исповедывать некогда,- господь сам знает, что сердце у нас праведное.

Если мне суждено помереть, схороните и поминки справьте, а сына моего - молодца - соблюдите. Пять у меня сыновей, три брата, племянников шесть, а либо семь, и внуки есть и невестки,- только он мне всех дороже. Больше всех я его любил, больше других лелеял.

Ах! Если бы вы только знали, какой он породы! Да что я говорю!- вы и так знаете. Ведь он по крови от нашего храброго Вардана Мамиконяна происходит. Он был ребенком, когда отец с матерью у него померли,- я его взял, усыновил, и он мне родных сыновей дороже. Скажу - бросься вОду - бросится; скажу - кинься в огонь - и от этого не отступится. Вы поглядите только на его широкий лоб, на рост богатырский, на орлиные очи его, на красоту всего лица его - а сладкую речь его вы слыхали? Когда входит он в храм божий, точно ангел входит. Среди нас ли появится-всякий раз будто солнпе встает. Ах, каждый раз, как его вижу, или голос его слышу, так и кажется мне, что стоит передо мною сам святой Вардан.

Батюшка дорогой, благослови его, положи руку на его голову. Кто знает, что будет: заря кровавая зажигается, черные мысли обуревают меня - но вера наша все одолеет...

Вардик дорогой, родной ты мой, пока еще есть у меня душа в теле, подойди, я тебя поцелую, подойди, солнышко мое ненаглядное! Как придется мне в землю лечь, ты закрой мне глаза рукой своей праведной, сам засыпь меня землею. И оставайся в доме за старшего сына, заступи мое место, всем управляй. Пока твоя нога будет на моем пороге, дом мои будет цвести, и камни будут плоды приносить. Подойди, голубок ты мой, Вардан мой второй, мой родной Вардан! Когда буду в могиле, и ты придешь и ногой своей ступишь на холм, мне будет казаться, что ангел распростер надо мною крылья. Подойди, подойди, дорогой,- сейчас рука моя тебя обнимет, глаза любуются светлым твоим ликом, язык с тобою говорит,- а нынче же, быть может, все это замрет, и тело мое без дыхания,

116

без речи будет неподвижно лежать перед тобою. Ты будешь плакать, но я буду глух, будешь причитать - не услышу, не увижу.

О бог Вардана, бог Вагана! О святой Просветитель! Если этой седой голове не видать уже светлых дней,- так пусть умру я у ног его! Если этим престарелым глазам не видеть уж больше света солнца,- о боже! - я прах и пепел перед тобою - пусть рука его посыплет меня горстью земли!

Дорогой Вардан, родной мой, не плачь: слезы твои жгут мне сердце и испепеляют. Не плачь, жаль мне ангельских твоих глаз, - благословение твоего святого прадеда на нас, Утри же глаза. Но ежели я благословляю тебя, разве это значит, что подходит мне час умереть? Да бывал ли день, когда я не благословлял тебя, не хвалил и, прильнув лицом к лицу твоему, обратив взор к небу, не молил для тебя долгой и счастливой жизни? Подойди, сынок, подойди, душа моя, столб дома моего, опора моей жизни. Благословение мое - отцовское благословение. Голос отца господь скорее услышит. Подойди. Дай благословлю, настал час,- береги себя. Теперь ступай к матери. У других моих ребят прощенья попроси, бог не отымет силу у этой руки, до сего дня и волоска чужого не тронувшей. А вы за меня молитесь праведными своими устами. Пошли бог здоровья этим храбрецам: да с такими молодцами мы и орла с неба спустим!

Батюшка дорогой, скажи спасительную молитву, прочти из евангелия,- мы помолимся под этим святым небом,- может быть, голос наш скорее бога дойдет. Дети, станьте на колени, кладите земные поклоны. Каждое ваше дыхание, как дым жертвы Авелевой, ныне к небу вознесется. Обнажите шашки,- батюшка вас благословит.

Всюду на крышах домов, во дворах, на поле, везде, на каждой поляне под звездами небесными, люди опустились на колени. Детский крик, плач ребячий, причитания отцов и матерей, их молитвы смешались, вознеслись к небу. Отец благословлял сына, мать отдавала в чужие руки дитя свое. Мрак и темь понемногу рассеивались, свет-заря медленно занималась. Земля утерла их слезы, небеса услышали их молитвы. С радостными лицами встали они, приложились лбом к руке священника, к кресту и евангелию и поцеловали. Взявшись за руки, стали ободрять друг друга, любовно обратив взоры к небу. Смерть ли, жизнь ли ожидала ихнее одно - вместе жить, вместе умирать, вместе биться и проливать кровь, вместе сходить в могилу, вместе и венца небесного удостоиться!

Ни страха, ни скорби уже не было видно. Лица сияли, как ясное солнышко, кровь огнем разгоралась в сердце, душа рвалась из тела, словно говорила:-не теряй же времени, уже начерталась на небе святая ваша память. Горы и ущелья ополчились на вас, желая вас попрать. Но ваша храбрость и силы небесные помогут оставить имя ваше в мире. Любовь и вера, преданность родине столь могучи и на такие чудеса способны, что один может сокрушить тысячу, двое - разбить и победить десять тысяч.

117

Перекликнулись, ободрили друг друга - и выступили.

Невинный Вардан, между тем, нагнув шею, опуская глаза или же взглядывая на отца, утирал слезы, вздыхал, хватался за сердце; то смотрел на окружающий народ и подавлял в груди своей стон, то, молясь небесам, обливал землю слезами. Он, положив одну руку на шашку, другую на плечо отца и обняв его за шею, плакал и горевал, говорил со слезами на глазах:

- Сладостный отец мой! бесценный благодетель! подаривший мне жизнь! упование души моей! Разве дом может удержать меня? Разве не ты дал мне эту кровь, не ты подарил мне это тело - могу я разве оставаться равнодушным и быть в покое? Если б я был в темнице, с оковами на ногах, и смерть стояла бы предо мною, и меч был бы в груди моей, - я все стремился бы к тебе, чтобы отдать тебе душу, у ног твоих умереть, в прах обратиться. Ах, как же не стоять мне рядом с тобою? Пусть я первый жизнью ради тебя пожертвую, душу свою тебе отдам, пусть твоя нога ступит на мою могилу, и твои уста благословят мою душу. Ах, отец мой, отец мой! - умру ради жизни твоей. Никогда да не увижу я света дневного без тебя. Умру - схорони меня, буду жить - береги. Возьми меня с собою, не убивай меня! Видишь шашку в моей руке, - я без врага вонжу ее себе в сердце, если на глазах у тебя, перед домом твоим не будет уложена сотня врагов, если эта рука не зарежет, как курицу, у ног твоих любого, кто дерзнет стрелять в тебя; если эта шашка не отсечет напрямик или у коня под брюхом шею ста врагам с такими же шашками, - так зачем же я на свет родился, пойдет ли тогда мне и пища впрок?

Нет, отец, отец родимый мой, возьми и меня с собою, я тоже буду сражаться! Пускай весь мир узнает, что племя храброго Вардана и весь бессмертный, славный народ наш готов, из любви к родине и веры ради, всяк час пожертвовать жизнью.

- Потоп идет! берегись, дорогой Вард! Началось... Прощай, родной...

- Ни потоп, ни шашка и ружье, ни молния небесная, ни морская волна не в силах устрашить меня, оторвать от тебя! Гляди, первый же, кто выйдет вперед, станет мне жертвой! Если ты не хочешь, чтобы сражался я из-за арб, я выйду в открытое поле, стану один, ринусь на них, как молния, разгромлю, собой пожертвую! О быстрый поспешник, Саркис-воитель! К тебе взываю, укрепи руку мою!

Так молвил юный гайканец Вардик, взвел курок у ружья - и в ту же минуту, во мгновение ока, упала пробитая вражья голова на конскую шею,- свет засиял!

Захотело было небо собрать тучи, чтобы не видеть горькой участи осажденных, но свет солнца и ветер крылатый погнали их за горы, чтоб воочию узреть торжество храбрых армян, поражение врага и позор его.

Как взбесившийся зверь, ринулся из-за холма Гасан-хан верхом на коне. Равнина Шурагяльская покрылась мраком, стала черным-черна. Хлкараклис исчез в дыму. Как будто небо вдруг низверглось, громом и молнией разрушило горы и ущелья, - вот сколь бедственно было в тот день положение защищавшихся. Скотину, бывшую на одном конце села, увели, забрали. На другом конце враги уже подожгли дома и врывались в село.

Как капля весеннего дождя, попавшая в поток бурного вихря или как невинный ягненок, повстречавший сотню диких зверей и вдруг оказавшийся посреди них, так и они оказались с четырех сторон окруженными: сверху небо, снизу - голая земля. Но храбрые армяне слили сердца свои, сгрудились вокруг Вардана и крикнули друг другу:

- Умрем сегодня мы все вместе, - ах! - достигнем славы святого Вардана! Други, не бойтесь! Мужайтесь! Держитесь друг друга, тесней сплотитесь: пусть один меч нас сразит, одна земля засыплет - все умрем, до последнего,- позор беглецу!

Пылающее солнце поднялось над Алагязом. Устремив глаза на землю, оно как бы хотело проникнуть в нее, разворотить камни, чтоб увидеть ясно доблесть и мужество нашего народа. Оно извергало пламя на облака, чтобы не смели они загораживать его лица и стояли бы молча на своем месте. Горы и ущелья раскрыли грудь свою, обнажили голову, изъявляя покорность и готовность служить.

Но самый Хлкараклис объят был таким мраком, такой окутан мглой, что глаз даже прямо перед собою ничего не различал. Треск ружейной пальбы, крик врагов, ржанье коней, рев скота, взвившаяся с земли пыль и мгла, - все окутало, заволокло Шурагяльскую равнину.

Приверженцы святого креста и пятиперстия Али отроду еще так не сшибались, как в тот день. Сто раз персидские черные полки устремлялись вперед, бросались в атаку, и каждый раз на поле боя оставалось до ста убитых. Они бежали назад через трупы своих, переводили дух, вновь устремлялись вперед, но, отведав пуль из рук этой горсточки храбрецов, вновь со срамом возвращались обратно.

Наги-хан, Окюз-ага, Свангули-хан - никто не мог показать своего уменья. Казахцы, курды, сарбазы проявили всю свою отвагу и все же не могли ни сомкнутым строем, ни атакой врассыпную одолеть горсть земледельцев. Откуда бы враг ни приближался, тотчас из дверей домов или из-за наваленных друг на друга арб так начинали трещать ружья, что персы разбегались, топча своих же.

Крупный скот и овцы ушли. Пламя и дым от загоревшихся полей доходили до самого неба.

Доведенный до отчаяния Гасан-хан стал посылать Саа-ка-агу, чтоб тот полюбовно уговорил сельчан прийти и поклониться ему, отказаться от русских, изъявить ему свою покорность и обещал тогда волоска их не тронуть.

Саак-ага, этот спаситель ереванского населения, ежедневно избавлявший от смерти сотни людей, защищавший их, из рук зверя вырывавший свой родной народ, ежедневно облегчавший горе сотен неимущих армян и спасавший их от нехристей,- с каким чувством должен он был пойти и подать совет, чтобы они -армяне - отступились от бога и покорились сатане! Но приказ был суровый. Если б Саак-ага его не исполнил, тысяча сарбазов и всадников-армян, служивших у него в войске, в тот же миг были бы вырезаны. Почтенный муж наконец подъехал,- он прижимал к глазам платок. Но не затем лил он слезы, чтобы люди явились к хану и покорились: он плакал, думая о том, какой найти им выход, чтобы не попасться в руки зверя.

Как только показалось армянское войско, Саак-ага стал во главе его. Но едва успел он открыть рот и произнести первые слова,- и не затем, чтобы их уговорить, а желая только подать им совет и утешение,- как сто ружейных дул направились на него:

- Уйди, персидский армянин,- одно нашу руку удерживает,- что ты миром мазан, а не то кровь твоя давно бы окрасила нашу землю, давно бы мы душу таких, как ты, загубили! Пойди, кури ладан, возжигай свечи перед Просветителем, что мы в целости тебя отпускаем. Мы не ели у персов хлеба, не росли под их рукой, чтобы идти к ним в слуги. Ты знаешь силу нашей шашки,- так и стой в стороне,- какое твое дело? Пусть наш враг станет перед нами, лицом к лицу; ежели достанет у него смелости, пускай к нам подступится,- а то привык по-воровски разорять села да угонять скот! Пускай себя покажет, ежели храбр! Нас и тысячи человек не наберется, а у вас в войске - за двадцать тысяч! Нет, пока мы дышим, земли своей, жен и детей своих вам не отдадим. Воротись!..

Услыхав такой ответ, Гасан-хан стал, как разъяренный тигр. Туг же приказал он войскам, чтоб вражьи шашки и ружья были им нипочем, чтоб они в тот день либо полегли все, либо смыли позор, либо разрушили Хлкараклис до самого основания, либо остались под его развалинами. Сам он хотел, обнажив шашку, поскакать впереди своих, нанести первый удар, пробить укрепление из арб и самолично снести голову первому пленнику, но Окюз-ага, с одной стороны, Наги-хан, с другой, тысячью просьб и доводов уговорили его пощадить свою неправоверную жизнь и не ронять чести своей особы, присоветовали ему сидеть в своем шатре и смотреть с горы, какие чудеса будут творить его верные слуги. Ну, а если они сложат свои головы, тогда пусть уж и он выступит сам и отомстит за их кровь.

Гасан-хан согласился. Железное лицо его немного смягчилось. Он разгладил жидкую бороденку и, вращая по сторонам своими глазами гиены, лязгая беззубыми челюстями, насупил брови и потянул кальян,-

нос и рот наполнились дымом,- потом зашевелил своим адским ртом: велел, сколько есть в войске всадников и сарбазов из армян, всех пустить вперед, а самим держаться сзади,- чтобы их всех перебили. Пороху у врага убавится, а сами чтоб сзади их приканчивали, если будут они жалеть своих единоверцев и не станут наступать,- а еще ради того, чтоб хлкараклисцы, завидя своих единоверцев, ослабели духом и перестали стрелять, и можно было бы тогда напасть внезапно, раскидать арбы, а укрывающихся за ними либо сразить шашкой, либо спалить живьем.

Гасан-хан с несколькими всадниками поднялся на гору, взял в руки подзорную трубу, присел на камень и подал знак рукой.

Окюз-ага со своими курдами, Наги-хан с казахцами, один справа, другой слева, Свангули-хан со своими сарбазами, Джафар-хан, сардаров приспешник, выросший у него в доме, со своим отрядом погнали армян, словно баранов, лупя их и избивая.

Наступление началось.

Цветущий юноша Вардан, за пять часов боя убивший и ранивший более сорока противников, бросавшийся, как орел, с крыши на крышу и одному подававший порох, другого подбадривавший словами утешения,- объятый ужасом, подбежал к отцу. Он объяснил ему, что сделал противник, он рвал на себе волосы. Он показал отцу на ряды наступающих, бросился ему на шею, поцеловал в щеку, припал к его ногам: раз все равно когда-нибудь умирать, так лучше умереть сегодня, надо поджечь арбы и дома, предать огню свои семьи, а самим броситься на врага и, когда шашка переломится и порох иссякнет, умереть мученической смертью,- но лишь бы на свой народ шашки не поднимать и из ружья не стрелять в него.

- Каждый сам себе хозяин!- крикнул в ответ неумолимый старик и метнул огонь из глаз.- Почему они столь ничтожны, что вонзают меч в собственное сердце? Если человек не защищает своего дома, своей страны, если не знает цены своей земли,- ему лучше умереть днем раньше, чем остаться в живых,- по крайней мере земля успокоится. Они тогда лишь станут сынами нашего народа, крещеными армянами, если сейчас же подымутся, себя освободят и нам помогут. Отвяжись от меня, ты еще молод давать мне советы. Мир «те не открыт для тебя.

- Отец, отец! Чем они виноваты? Не будь жесток, родимый! Пожалей наш народ. Лучше уж мы умрем, а они пусть живут. Наши семьи с нами, а они - в разлуке. Воздержись, отец!

- Отвяжись, говорю! Вон они, подходят. Ребята, ни на что не глядите!

- Ага, мы - сородичи твои! Ага, помилосердствуй! У нас у каждого по десять-двадцать человек осталось дома. Нас шашками погнали, мы не своей охотой пошли. Ага, свет наш, ты видишь, нас силой гонят в огонь.

Впустите нас в свое укрепление, и мы будем вместе с вами сражаться, поручив семьи попечению божьему, - только не дайте нам погибнуть от армянского оружия! Режь нас, родимый, бросай в воду, топи, что хочешь с нами делай,- только не убивай,- ведь мы твои кровные, в одной купели крестились, одному кресту поклоняемся, у нас и так уж горя поверх головы. Будь ты ныне нам спасителем! У нас и шашки есть, и ружья, но тысячи шашек, тысячи зверей диких окружают нас со всех сторон. Что нам делать? В какую воду броситься?

Дрогнули тучи, с грохотом поднялись от гор, небо отвернулось, солнце закрыло глаза свои. Кровь хотели пролить богатыри армянские,- и что же? - должны были кровь своего народа пролить! Хотели защитить тысячу человек, - а должны были пять тысяч ребят молодых предать мечу, десять тысяч старых и малых оставить, кого без отца, кого без братьев. Хотели построить село, целый мир разрушив. Если бы все они полегли на поле брани, потомки сказали бы, что их перебили враги. Но подними они меч, и тысячу уст из рода в род стали бы проклинать их, говорить, что армяне погубили своих же армян, что своих же армян предали смерти. Хотели стяжать славу своим мужеством,- а навлекли бы лишь стыд и позор на себя вековечный.

Как ни желал ага Саркис скрепить сердце и не колебаться духом, кровь все же заговорила в нем, слезы навернулись на глаза, пыл его погас, дрожь и ужас объяли его Душу. Глядел вперед - там плакали сыны его народа; глядел назад - здесь село изнывало от горя, дети кричали, женщины вовсе умирали.

- Идут, идут, горе нам!..

Но ни вопль детей, ни плач женщин, ни вопрос смерти и жизни никого уже не трогали.

Небесный ангел с венцом бессмертия предстал перед храбрецами и сказал им:

- Тысячи и миллионы народа вашего ту же участь испытали. Если хотите сохранить свой народ, вот вам: умрите за него, и, покуда мир стоит, будет имя ваше поминаться, затем что вы кровь своего народа поставили выше, чем самую жизнь свою и своих детей. Чего же вы медлите? Предайте пламени дома свои, сожгите семьи - и вперед!

- Палите дома, сжигайте семьи, вперед, ребята! Прощайте, дети мои! Разразись, гроза, возгреми, небо! Земля, поля, ущелья и горы,- плачьте! Будьте нам свидетелями. Тому, кто будет проходить по этому месту, скажите: они за свой народ пожертвовали жизнью, пошли в плен, обрекли себя смерти. И потоп не унес бы нас, и самый ад мы бы не подпустили, земля, разверзшись, не могла бы нас поглотить; вся Персия рванись- волоска нашего не смогла бы тронуть. О Гасан-хан! каждый кусок твой достанься тысяче чертей! Вонзись копье твое тебе же в сердце! Сыновья, дети наши, чада, родственники, братья,- перестаньте горевать. Да будут наши дома нам могилой, кровь наша да омоет нас перед погребением, наша земля да будет нам саваном, собственный голос наш - заупокойной обедней. Святой Вардан, храбрый мученик, уготовь нам венец на небеси!..

Пламя занявшихся стогов сена, вопли и крики несчастных женщин и детей, дым от полыхающей соломы, чад горящих гумен - все поднялось тучей,- день померк. Огонь со всех сторон охватил село, дома огласились плачем.

Отец не успел поцеловать сына, мать - повидать детей своих. Любовь замерла в сердце невесты, у жениха язык засох во рту. Сестра спешила приласкать брата, брат - обнять сестру. Матери и несчастные невестки прижали к груди детей малолетних, а старики и молодые люди - мечи свои и оружие.

Кто закрывал дверь, чтобы скорее сжег его огонь, кто - глаза, чтоб мук не видеть.

Парни из села метнулись в поле, домашние бежали прямо в огонь. Уже и слез не было в их скорбных глазах,- все упования свои возложили они единственно на небо.

Дома обрушили над семейством своим, арбы разобрали - и пошли на врага. Перекликнулись друг с другом храбрецы- юный, могучий Вардан, отважный Ашот, Мушег Арцруни - и бросились-один в погоню за Нагиханом, другой- преследовать Окюз-агу, третий за ханом Джафаром. Двое полетели-словно ангелы взмахнули крылами. А Вардан уже настиг Окюза,- тот был так силен, что и льва мог сбить с ног ударом по голове и на земле распластать,- но Вардан в тот же миг рассек его пополам,- одна половина повисла с одной стороны коня, другая - с другой, зацепилась да так и осталась

Вдруг с гор словно туча грянула, - небо разверзлось, земля расступилась.

Это скакал богатырь Агаси: с карсских гор летел он, припав к уху коня, подобного птице,- и еще двадцать всадников было с ним. Одетые по-курдски, быстро неслись они в гору.

Зверь Гасан-хан сначала принял их за курдов, но когда они приблизились, пустился по камням наутек. Головы приспешников, ханов, беков - словно были они бессильные птахи - так и валились с плеч под ноги лошадей.

Вода и огонь обрушились на головы разбойников,-лошади затоптали собственных хозяев.

Со стороны гюмринской равнины загремел русский барабан. Это был целый отряд с капитаном во главе. Как орлы, налетели храбрые солдаты и окружили врага. Пушки палили с одной стороны, с другой - сабли разили,- одни спереди, другие сзади,-и косили злополучное вражье войско. Враг был разгромлен и снова отброшен к пушкам. Крови было целое море.

Армяне воспряли духом,- шагая через трупы врагов, бросились они к своим домам. Отцы, матери, сыновья прижимались друг к другу грудью. Невесты и женихи, чьи глаза еще залиты были слезами, а души успели перейти на небо и вновь возвратиться, обрели друг друга, обнялись, забылись, подали друг другу руки, и сами еще не понимали, на небе ли они или на земле, во сне или наяву. Тысячу раз падали они ниц, приникали к земле, целовали ее, клали земные поклоны и воссылали к богу благодарные молитвы. Горы и ущелья радовались за них, пламя горящих стогов празднично их освещало.

Дети и родители бросились друг другу на шею, взяли с собой, что еще уцелело, и ушли под прикрытие пушек, собрались вокруг солдат, чтоб быть в безопасности, пока враг не уйдет вовсе с глаз долой.

Но в тот миг наш храбрый Агаси, которого хотели бы увидеть тысяча глаз, бесследно исчез, незаметно скрылся!

9

Солнце не дошло еще до половины неба, но нещадно пекло, раскаляя горы и ущелья. С северной стороны чернела мрачная туча,- она скользила по небу, бежала, словно стремясь заслонить его. С вершины Алагяза задул свирепый ветер. Взметая камни и землю, докатился он до Хлкараклиса и предстал, как некий палач.

Кровопийца Гасан-хан на сей раз унес свою голову, но не столько храбрости своей, сколько доброму коню был этим обязан. Как разъяренный зверь, мчался он, уже задыхаясь. Оглянулся назад - и что увидел! Не приведи бог! Войско разбрелось по горам и ущельям. У многих коней удила были повыбиты, седла сбились под брюхо. Иной конь так долго волок своего хозяина вниз головой, беспрестанно колотя его по камням, что и голова его и лицо были все размозжены, разбиты; ноги свисали ступнями вверх, застряв в стременах. У других полтела было растерзано, внутренности вываливались из истекавшего кровью живота, и испуганный конь, едва коснувшись их ногою, ржал и метался в стороны.

Челядь и нукеры погибли от шашки Агаси.

Он успел к тому времени собрать вокруг себя несколько десятков храбрых курдистанских армян и стал действовать в карсских горах. Как завидит дичь, так и нагрянет, словно орел, во мгновение ока - и рассечет, разорвет на куски. В «сотнях мест - на равнинах Мастары, Кошаванка -

встречались с ним персидские отряды, нападали на него-человек: в пятьсот - но, потеряв с полсотни убитыми, вынуждены бывали отступить.

В один прекрасный день в Судагяне он самого Наги-хана, этого исполина, который, бывало, и сто человек свалит, не моргнув глазом, в такое поставил затруднение, что тому пришлось вместе со своими людьми броситься с высокой скалы и искать спасения на персидской земле. А не то пришлось бы в руках у Агаси держать ему ответ за кровь всех им убитых армян. Но оставим деяния Агаси до другого раза и возвратимся к нашему делу.

Когда Гасан-хан поднял глаза и увидел, что Агаси, припав к уху коня, его настигает, сразу отнялись у него и руки и ноги. Он хотел было спрыгнуть с лошади и пуститься по скалам вниз в ущелье Арпачая, хотел уже вонзить себе шашку в сердце, чтобы никто не мог сказать, что Гасан-хана убили, хотел разбить голову свою о камень скорее, чем отдать ее в руки простому подданному, армянину, из тех, кого он в этих самых местах тысячами вырезал и уводил в плен, чьи дома и добро предавал пламени.

Однако сердце храброго человека никогда не бывает так стойко, как в последний час, в роковой схватке на жизнь и на смерть. Ему еще оставалось четверть версты до неминуемой гибели. Он хотел уже снять шашку и доспехи, слезть с лошади и засесть за камнем, в надежде испугать врага выстрелом или же уложить его на месте,- поздно! Время было упущено.

Богатырь Агаси приставил шашку к его груди: - Брось шашку и ружье - или я сейчас же изрублю тебя на куски. Не тут должен ты околеть, собака-армяноед! Не стану я убивать такого ничтожного, как ты червяка, шашку жалко марать. Нет, неуместно мне, мужчине, пришибить тебя под камнем или в степи, чтоб птицы склевали твое мертвое тело, камни и земля всосали твою поганую кровь. Пожалуй, еще люди услышат - подумают, что ты честно пал в бою, не найдут твоего гнусного трупа, не плюнут на то место, где ты издох,- нет, надо, чтоб каждый проходящий бросал в тебя камень, и поносил ту могилу, где безбожным твоим костям суждено в прах обратиться. Пока не взят Ереван, я буду таскать тебя с собою, как собаку, и водить по горам. Разве доблесть убить муху? И долго еще будешь ты есть армянский хлеб и свинину, увидишь своими глазами армянское великодушие и человеколюбие, поймешь, что такое тяжелая доля, что такое разоренье и человекоубийство, постигнешь, сколь свят закон христов,- выбирай: поклонись кресту, прими нашу веру и тем душу свою спаси. Или же, если слаще тебе с кровавыми твоими руками, с дьявольской твоей душой в свой ад сойти, я отдам тебя тем армянам, чьих сыновей ты зарезал, чьи дома разорил, глаза ослепил,- чтобы мясо твое, на куски разрезанное, и кровь твою дали они собакам, а голову носили из села в село, из края в край и при этом закалывали жертву богу. Твое поганое сердце столь жадно было до жертв и крови человеческой, что лишь тогда, быть может, успокоится сердце и моего бедного народа.

Тысячи голов ты отрубил, Карс и Баязет разорил-разрушил, можно ли, чтоб неистовая твоя голова осталась лежать под камнем? Нет, нет, собачий сын Гасан, у армян широкое сердце. Над тобою насыпать надо земли кучу, придавить тебя камнем и на нем начертать имя твое и твои дела, чтоб и дети наши знали о твоих доблестях, и таким, как вы, собакам, в руки не попадались, а вас бы самих забирали в плен, избивали и замучивали.

Вот они - те самые камни,- не их ли топтала твоя нога, не по ним ли уводил ты тысячи пленных, а потом убивал? Теперь они ухватили тебя за ноги, хотят тебя поглотить, отомстить тебе. Но я не позволю, я так дешево не продам твоей крови. Ужели ж я так скоро покончу со столь драгоценной добычей? Еще долго будешь ты видеть меня, будешь припоминать, какие дела творил, и стыдно будет тебе, что стал ты рабом армянина, а я буду радоваться, что смог оказать тебе благодеяние и на некоторый срок продлил твою жизнь.

Перекрестись, обрати взор на восток. Мало ты заставлял наших бедных армян глядеть в сторону вашей Каабы и шею им рубил! А вот теперь узнай наш восток,- от него восходит солнце и дает нашим полям жизнь, а от Каабы дует знойный ветер, сушит и сжигает поля.

Стань на колени, Гасан-хан. Я не поп, но река близко,- зачерпну воды, да и окрестим тебя, будешь не Гасан, а Оган. Ты еще не постился по-нашему, привык круглый год есть мясо. О, святое наше причастие, сколько раз попирал ты его ногами! Если бог даст тебе вкусить его, это черное лицо твое побелеет, будешь не волком смотреть, но агнцем, этот поганый рот твой станет храмом божьим. Пока ты не уверуешь в нашего Христа, не положишь тысячи поклонов земных перед нашими святыми, пока не будет нашим миром помазано лицо твое, пока не облобызаешь ты руку у нашего священника, не отпущу тебя, хотя бы сам бог крикнул с неба,- нет, я разрублю тебя на куски и душу твою гнусную предам аду.

Становись, сейчас же становись на колени - видишь эту шашку? - снесу тебе голову, как луковицу, становись!

Камень бы треснул от таких слов, не то что Гасан-хан, мира властитель, страны разрушитель! Но он все снес терпеливо, ни звука не проронив. Если б эти слова произносил курд или османец, не было бы ему так больно. Но как стерпеть такой стыд и позор от армянина? Не считал ли он до сих пор армян сеном сухим, навозом? И вдруг -армянин попирает его веру?! Глаза его налились кровью, мертвая душа как бы ожила. Он заскрежетал зубами, глаза его сверкнули, он вскочил с места и, словно бешеный, выхватил кинжал и набросился на Агаси:

- Собака армянская! Тебя еще недоставало, чтоб на Гасан-хана ногу подымать, помои вашей гнилой веры лить ему на голову. Тресни могила твоя, Гасан-хан! Горе тебе? Что ты слышишь? Унеси, ветер, папаху с твоей головы! Оглохнуть бы тебе и не слышать! Что это привелось тебе увидеть? Тысячи людей перепотрошил, а перед одним армянином хвост поджал. Что же это я?-хотел завоевывать целые страны, а выслушиваю подобную речь. Зачем я не истребил всех вас, армян, до последнего,- чтоб духа вашего безверного на земле не осталось!..

И он с таким неистовством бросил кинжал в Агаси, что, если бы конь не отшатнулся, а сам Агаси не нагнул голову, клинок неминуемо вонзился бы ему в сердце.

Скорее мог Агаси ждать того от камня, чем от Гасана:

- Хан, видно, в пасти у волка мясом пахнет долго! Ах ты, зверь кровожадный! Нельзя ж так кинжалы кидать, по-воровски набрасываться. Не хочу я об тебя руки марать. Пускай уж зверя зверь и накажет! Погляди-ка, хан, ловок ли конь у меня! Узнает твоя башка, какая над ней шашка!..

Так сказал богатырь и стегнул коня. Разъяренный конь, с пеной у рта, поднялся на дыбы, вскинул передние ноги и прянул. Гасан-хан обомлел от ужаса, но ему посчастливилось: он оказался под брюхом скакнувшего коня и остался невредим.

Пока Агаси затянул поводья и повернул коня, Гасан-хан успел собраться с духом. Он достал пистолет, и как только конь пошел обратно, выстрелил. Конь фыркнул, из обеих ноздрей его хлынула кровь. Он так внезапно упал на передние ноги и повалился наземь, что нога Агаси застряла в стремени, искры из глаз посыпались, в глазах потемнело, кровь свернулась в сердце.

Пока Агаси высвобождал ногу из стремени, пока успел он дотянуться до шашки и выбраться из-под коня, Гасан-хан, как лев, уже накинулся на пего. Сверкнула тяжеловесная шашка. Горы и ущелья готовы были зарыдать.

Но лев Агаси тряхнул головой, и опять кровь в нем закипела. Одной ногой в стремени, подставив левую руку под шашку и таким образом обороняясь от врага, он правой обхватил голову Гасан-хана.

Но не чуб и не борода, а челюсть противника попалась ему в руку. Агаси засунул пальцы ему в рот, придавил большим пальцем горло и так сжал ему челюсти, что редкие зубы, кое-где еще торчавшие у него в деснах, затрещали, стукнулись друг о дружку и раскрошились.

Закрутив ему голову, как курице, Агаси так крепко свернул ему шею, что жилы затрещали, - и голова ереванского бога очутилась под одной ногой Агаси, а живот - под другой. Так, стоя над ним, как святой Георгий над своим драконом, наш богатырь стал доставать вощеную повязку, всегда у него имевшуюся, и перевязывать себе правой рукой и зубами рану,- а сам возобновил проповедь насчет веры:

127

- Ты недостоин и руки армянской- целуй ногу, зверь-армяноед. Ты жаждал армянской крови - на же, насыщайся, бездушный! - И он, перевязывая рану, так держал ее, чтобы кровь лилась в глаза и рот хана.- Говорю тебе: пока не примешь армянской веры, не осенишь лицо свое крестным знамением, не избавишься от меня, и не думай, я сегодня буду твоим просветителем.

Но, увы! - лучше бы наш Агаси не увлекался так верой, а раз уж дракон попал к нему в руки, тут же и прикончил бы его. Сатана всегда тут как тут: не успеешь ты крест достать, а он уж и дело сделал.

Только наш удалец перевязал рану и двинул рукою, чтобы кровь снова потекла, куда надо, только было хотел связать врагу злодейские его руки и в таком виде привести его к истинной вере, как вдруг поднял глаза - и не приведи бог, что увидел: со всех сторон мчались к нему его товарищи.

- Агаси-джан, спасайся! Сколько мы тебя ищем! Из сил выбились. Где ж ты пропал? Гасан-хан собрал новое войско, идет на нас. Хлкараклис опять заняли Борчалинские тюрки, сбили с толку капитана, уверили, что персы сейчас возьмут гюмринскую крепость, он забрал пушки и все вооружение и ушел обратно, а бедный несчастный народ остался в степи, оцепенел, как стадо баранов, и некуда ему двинуться - ни вперед, ни назад. У кого была лошадь, тот в седло, да и бежать без оглядки до Гюмри - тут уж не до друзей, не до родственников! А кто остался-не приведи бог!- прижались друг к другу, как овцы с ягнятами, стоят и блеют. Что только с ними творится - не приведи бог! Горы и ущелья и те плачут-рыдают...

- Ну вас к шуту! Что вы несете? Гасан-хан, Гасан-хан: не десять же их, Гасан-ханов, на свете? Вот он - под ногами моими издыхает. Сон вам, что ли, приснился? Или пьяны? Гасан-хан, Гасан-хан, - да вот он, как есть цыпленок, в моих руках,- бабушкины сказки вы мне, что ли, рассказываете? Срам вашим папахам - глядите сюда!

Кто бы в самом деле мог поверить: такая громадина, и вдруг в ногах у ягненка! Как завидели его страшную образину, глаза у них налились кровью,- все так и схватились за шашки, хотели его искромсать, но наш богатырь-крестопоклонник опять заладил свое:

- Кто меня любит, вложите шашки в ножны. Не велика храбрость - в поле козленка зарезать. Давайте сначала приведем его к истинной вере, а там каждый делай, что хочешь.

- Да хлопни ты его, размозжи ему голову, - погуби бог его душу! Каждое дыхание его - яд. Чем скорей змею раздавишь, тем лучше. Ему ли еще жить? Нет, день era должен погаснуть, камень - ему на голову обрушиться. Да обрушь камень ему на голову, мы за кровь его в ответе. Он нашего народа губитель - можно ли жизнь его хоть на минуту продлить?

Неужто дать ему дышать? Убей его - говорим мы тебе-не то мы и тебя зараз убьем...

- Меня убейте, а его не трогайте. Пусть хоть несколько человек увидят воочию его смерть и вздохнут облегченно.

Они еще говорили, как вдруг показалась целая вереница всадников. Агаси, видя, что его товарищи в тот же миг набросились на проклятого нехристя и сейчас сотрут его в порошок, отогнал их: он был еще неопытен, да и ничьей крови ни разу понапрасну не проливал. Он втащил хана на верхушку скалы, положил его, как барана, связанного по рукам и ногам, перед собой и во весь рост встал над ним. Товарищам приказал загнать коней в ущелье и стать у выхода с ружьями наготове, а сам, отойдя на три гяза от своего пленника, прислонился грудью к скале и так застыл, пока всадники не приблизились на ружейный выстрел.

- Головы ваши у меня под ногой,- эй, нехристи! Ваш лоб ждет моей пули. Двадцать таких же молодцов, как я, стоят позади меня. Доколе каждый из нас не убьет из вас двадцати, пока есть у нас порох, будь вы хоть само пламя, не сможете к нам подойти. Пять часов уже, как ваша душа и голова в моих руках. Тот самый Гасан-хан, сотрясавший горы,- у ног моих, вот он лежит. Поглядите на него и заплачьте о своей горькой участи.

Хан, отдай приказ освободить Хлкараклис,- тогда и жизнь твоя свободна,- а не то зарежу тебя, как последнюю курицу,- сила руки моей тебе теперь хорошо известна. Пошли человека с приказом, чтобы войско твое шло обратно, а не то, берегись, сброшу тебя со скалы, на тысячу кусков разлетишься. Как-никак, а росли мы, хан, на одной земле. Коли хочешь воевать, воюй с врагами. А бедный народ армянский, что он тебе сделал? Покажи такую доблесть,- и я назову тебя ханом. Если есть в тебе величие души,- так выкажи его!

Жизнь всякому дорога. Гасан-хан только о том и молился, чтобы как-нибудь ускользнуть. А что там перебьют какую-нибудь тысячу тюрков да персов, важное ли дело? Он думал лишь о себе и тотчас приказал, чтобы несколько всадников поскакали и отвели войска, пока он не приедет сам.

Но когда те были еще на полпути, Агаси лишился чувств. Молодой храбрец не знал, что на рану необходимо еще наложить и пластырь. Раненое место было слабо перевязано, кровь под рукавом просочилась и запеклась на теле. Изнурило его и палящее солнце и голод; как раз и кровью истек он в то самое время, когда войско неприятельское отошло и он стал опять убеждать Гасан-хана в истинной вере.

Мало-помалу в глазах у него помутнело, голова закружилась. Он хотел было поднять голову, встать с места, сказать товарищам, что с ним приключилось, но вдруг совсем ослабел, упал навзничь, закрыл глаза и ничего уже вымолвить не мог - только тихонько ахнул.

Горы и ущелья заголосили, скалы содрогнулись, едва прозвучало имя Агаси: оторопелые товарищи, проклиная сами себя, устремились к нему и подняли крик. Этот крик донесся до вражеских всадников.

Едва услыхали они плач и вопль, для них будто вновь взошло солнце. Мгновенно окрылившись, они возвратились. Что можно было тут разобрать?

Когда враг подъехал на ружейный выстрел, с сотни мест выпалили ружья. Агаси слегка приоткрыл глаза, вздохнул и подал знак рукою, чтобы кидались в ущелье. Товарищи поняли, взвалили себе на плечи драгоценную ношу и бросились в теснину.

Между тем, едва Гасан-хану развязали руки и ноги, кровопийца первым выхватил шашку.

Не успело еще неприятельское войско дойти до входа в ущелье, как Агаси с товарищами уже засели в крепостную башню города Ани. Город, где сотни церквей, тысячи домов, дворцов и всяческих палат высились на страх и стыд окрестных гор, где, по народному преданию, столь много было богатства и роскоши, что один простой пастух, когда жене его в день святой пасхи не нашлось в церкви места, построил по этому случаю целый огромный храм!

И из-за одного бессердечного инока бог погасил последний светоч жизни армянского народа, разрушил престол царей, а самый народ обрек мечу и пожарам.

О простота суеверья! Мы отдали царей в жертву монахам,-вот и дошли до нынешней бедственной доли.

А эти, полные великолепия развалины, эти церкви стоят и теперь, чтоб вечно быть для нас местом вопля и плача. Но именно недра этих башен, молитвы святых и в небесах обретающиеся души царей наших, Гагика[6]...- сберегли Агаси.

Пока пять товарищей несли его подземной дорогой и вынесли наконец на берег реки, между тем пять других тайно зашли с одной стороны, а пять - с другой, чтобы из ущелья и с гор поднять крик и шум, еще пятеро успели из башенных отверстий прикончить более двадцати врагов.

Они отлично знали, что и теперь никто - ни тюрк, ни курд, ни армянин - не осмеливается пройти через Ани: все думают, ч го там полным полно злых духов, что это место раз навсегда богом проклято. Этим они и воспользовались. И раньше уже не раз приводилось им жарить там мясо курда или тюрка, они так изучили все тамошние дыры и щели, что их там и сам черт бы не сыскал.

---

[6] Далее в оригинале пропуск, очевидно, отсутствуют имена царей Ашота и Смбата Багратидов (Ред.).

Они знали суеверность персов, и когда из ущелий, из башни, с гор затрещали ружейные выстрелы и армяне подняли крик, и ущелья, недра пещерные, гулкие церкви и часовни повторили своим отгулом их голоса,- у Гасан-хана шея скривилась, он вообразил, что тысяча мертвецов, тысяча ангелов, тысяча чертей встали и идут на него. Он слова вымолвить не мог. Как обезумевший, дал лишь знак рукою,- сам ускакал, и отряд его за ним следом.

Проехав три-четыре версты, кое-кто из отряда приободрился: захотели узнать, что же это за дьяволы были, откуда выскочили, куда девались, следуют за ними или нет.

В это время, по милости божией, некий пастух, до того сидевший в одной из церквей, весь трясущийся, сам не свой от страха,- увидев, что все успокоилось, погнал из города своих коз с козлами, спеша поскорее пробраться в ущелье, чтобы не угодить врагам в лапы.

А те, как увидели чертово обличье - козлиные головы,- а у персов черти похожи на козлов,- подумали, что, видно, вся рать сатаны заявилась на землю,- и со всех ног бросились наутек, так, что пыль застлала им глаза. При каждом скачке коня им казалось, что вот-вот сейчас головы их отлетят.

Открыли глаза,- и разверзлась их адская утроба! Не Дай того бог и врагу нашему - оказалось, что сатанинское войско их въезжает в Хлкараклис,- он всего в трех часах пути от Ани.

Ни перед какой Каабой с такой верой не становились они на колени, как тут стали. Совершили намаз, вымыли руки, расчесали бороды - подошло как раз время обеда - и отерли шашки. Принесли благодарение Али, поклонились в сторону Каабы, и с руками чистыми, а сердцем поганым, встали - заклать жертву своему богу, устроить праздник, чтобы двери рая скорее перед ними открылись.

Вся вселенная, горизонты небесные, вершины горные, потоки водные - стали низвергаться с высоты. Густое, хмурое, чернокрылое облако, поднявшись, дошло до солнца и сначала побагровело ненадолго, подобное кровавому морю, потом, утучнившись, слившись воедино, изменило цвет - так почернело, что видевшие его в тот день из дальних мест подумали, что где-то рушится мир. День превратился в ночь. Куры и другая домашняя птица, все пернатые, все животные-давно сбежали, укрылись в расщелинах скал, в чащу лесов, в глубину пещер и там сидели, трясясь, еле дыша.

Подувший ветер погнал пламя от горевших нив и сенных стогов Хлкараклиса и перекинул его на леса. Равнина, поле, пустошь, мелколесье, полынь, кусты, терн, солома, сухой лист, дерево,- как степь, охваченная пожаром в летнюю ночь,- превратили горы в звезды, ущелья в небо, какими они в ясную погоду горят над нами каждую ночь.

Буйный ветер, гоняя перед собою пламя, так хлестал и бил, так лягал копытами, что людям казалось: Шурагяльская равнина превратилась в море огня, и волны пламени сыплют на нее серу и горящие уголья.

Глухие ущелья, глубокие пещеры, широко разверзнув пасть, глотали ветер и выдыхали его обратно с такой силой, так обдавали им поверхность скал, что деревья и камни готовы были заткнуть уши, сорваться с места, бежать прочь. Шум их трепета и содроганья одним концом достигал неба и там взбаламучивал облака, а другим - сокрушал голову, хребет и кости земли, проникал в пропасти и, в тысяче мест грохоча и разбиваясь, наконец, терялся, умолкал, немел.

Каждый разряд, каждый зигзаг молнии, словно огненным мечом, разрезал небо, раздирал облака и обрушивался на главы Алагяза, Масиса и Двала, словно желал, чтобы эти великие вершины земные перевернули свои очи-ущелья вверх дном, ослепили их, убили друг друга и заживо бесследно провалились в бездну.

Облака, подобно семиглавому дракону, свисали с неба и так открывали и закрывали пасти, будто хотели проглотить все небо - разжевать его, раскрошить, а потом, раздробив на тысячу кусков, осыпать ими головы потерявших совесть людей, ни неба не стыдящихся, ни бога не боящихся. И на самом деле: ни с воды не берут они примера, ни с земли образца, ни внутреннему голосу бедной души своей не внимают, а те плачут и рыдают, голосят-кричат день и ночь, и во сне и наяву:«Уподобься солнцу в выси, земле внизу, ты- подобие бога -будь благ, делай добро, соблюдай себя, твори благое, уподобляйся богу, береги ближнего твоего, созидай мир божий, не разоряй творения рук его, чтобы и тебе жить в благоустроении, чтоб и тебе не разориться, не сравняться с землей».

Небо, земля, горы и ущелья заткнули уши, закрыли глаза, плакали, горевали, били себя в грудь, по голове, раздирали, расцарапывали себе лицо. Облака хотели поднять Хлкараклис в небеса, бездны - стащить к себе вглубь и не выпускать оттуда. Камень и земля крошили, убивали друг друга. А что делал человек - подобие божие? Зачем широко открыты у него глаза, навострены уши и засучены рукава?

Молния своим мечом разила его, а он своим - шеи несчастных хлкараклисцев. Туча своим градом била его в грудь, а он град пуль своих сыпал на головы беспомощных детей армянских, невинных младенцев, юных жен. Земля хотела его завалить песком и камнем, а он несчастных юных сынов народа нашего топил в море крови, предавал гибели. Горы хотели обрушиться на головы персов, похоронить их под собою, а они народ наш беспомощный, дома его и добро жгли огнем, мечом своим резали на куски.

Ах, сердце мое разрывается! Как может язык словами передать эту страшную картину так, чтобы слушатель или читатель узнал, что терпели в тот час бедные его сестры и братья по купели, что испытывали, что видели их глаза, перед кем они стояли, в чьих руках были, в какой стране, на чьей земле?

Ах, Агаси-джан! - да не преломится твоя шея! - Ах, где был ты в тот час? Вы, цари армянские, сладко почивающие в Ани! Ваши сыны в руках разбойников, а вы и головы не подымете, чтоб поспеть им на помощь,- те сыны ваши, что лишь час назад изумили мир своей храбростью, потрясли землю мужеством и, подобно вам, геройски защитили свою страну, вашу землю, ваше отечество. И вы, безжалостные, оставили их в такой беде, перед лицом врага, перед воздетым мечом его!

10

Но горе мне! Куда я зашел? Куда завела меня печаль моя, сожженное мое сердце? Не язык мой говорит,- душа моя чувствует. Кровь моего родного народа льется на глазах моих. Родина моя рушится при мне. Горючие слезы, горе горькое любимых братьев моих сжигают, испепеляют мне сердце. Как же могу я сомкнуть уста? Кровь моя сочится из ноздрей, глаза сверкают молнией.

Жизнь бы в жертву отдать! - А могло случиться, что кровь и кости дорогого моего народа, засохшие на шурагяльской земле, никто никогда не увидел бы, никто не узнал бы о них, ибо и мне должно было там погибнуть,- не пришлось бы мне тогда ни знать ничего, ни видеть, ни плакать, ни молить с жаркими слезами![7]

Всякий боголюбивый армянин, прочитав историю Хлкараклиса и узнав о несчастье его обитателей,- да помянет их души, а сам пусть бережется, души своей и тела никогда пусть врагу не отдает,- о нет, не отдает! Пусть в воду кинется, в огне сгорит, лишь персу в руки не попадется,- о нет, не попадется! Пусть голову продаст, сочувствуя своему народу, но сам в плен не сдается,- о нет, не сдается!

---

[7] В то время я как раз вышел из училища и отправился из Тифлиса в Ахпат к католикосу Ефрему взять у него предписание, а потом должен был поехать догонять родителей, чтобы вместе с ними перекочевать и впоследствии отправиться в Венецию. Все у меня было готово. Кстати, один приехавший из Турции священник с сыном тоже собирался ехать обратно. Я хотел ехать с ними, но портной не успел дошить мне платье. Как я был огорчен, что они уехали, а я остался! Через два дня, только я въехал в Караклис, как прибыли туда хлкараклисские пленники. Бедняга священник был там убит вместе со своим сыном (Примеч. автора).

Ах, то что я говорю, дойдет ли до людей, или вместе со мною сойдет в могилу и в земле разъедать будет кости мои, и в земле будет меня мучить, рай мой превратит в ад, могилу мою - в пылающий огонь.

Дети,- жизнь бы за вас отдать! - вам я поведаю свое горе, я пишу для вас, родные мои. Когда буду лежать в могиле, придите и станьте надо мною. И если любовь к своему народу, если любовь к отечеству причинит вам вред, то прокляните меня, а если принесет пользу,- благословите.

Вслушайтесь в плач и вопль товарищей ваших, проникнитесь горем родителей их и, безмятежно отдыхая в объятиях родительских, вспомните, что я вам сказал.

Как дойдет до вашего слуха голос невинных детей хлкараклисских, благословляйте бога, что вы под иным небом родились, что глаза ваши подобных бед не видели, что вы около родителей выросли, их молоком питались и крови их не вкусили; на груди их спали - и не зарезаны; играли на руках у них,- и не привелось вам падать на мертвые, изрезанные, на куски изрубленные кровавые их тела, что с плачем и слезами не сосали вы их кровь, что на свет появились из чрева живых матерей и потом делили их нежность, а не были вдвинуты живыми в их животы, не вонзились головой в окровавленное их сердце, что на подушке, в постели обнимали вы их и радовались, а не валялись по земле, по каменьям, смешивая свою кровь с их неповинно пролитой кровью.

Ах, не плачьте и не браните меня, что раскрываю перед вами ад. Нет, если бы в аду горело сердце мое, я бы столько не терзался, не страдал, не мучился, сколько душой болею, вспоминая события в Хлкараклисе. Не сердитесь на меня и не подумайте, что я сны вам рассказываю. Я и тысячной доли вам не говорю,- рука слабеет, в глазах темно.

Что мой бедный язык? Спросите у тех, кто был там. Они в тысячу раз лучше вам расскажут, как кровожадные перси вспарывали живот матери, вынимали младенца, разрезали его на куски - сначала отсекали ножки, потом ручки, натыкали на острие копья или шашки и долго любовались, как он кричит, как извивается,- справляли свой сатанинский пир, рассказывали, слушали, веселились, хохотали и, наконец, отдавали обрубленное тельце родителям или же зараз сносили и их головы.

- Довольно, довольно! Оставим, перейдем на другое!..

Но что же мне делать? Все, как сегодня, встает передо мною.

Вот вижу: Саак-ага приложил платок к глазам, умоляет Гасан-хана, пытается смягчить его сердце. Вот сарбазам-армянам передают армянских же детей, чтобы они сами схватили их и изрубили.

Как сегодня вижу: десять персов живьем сдирают кожу с сестер и братьев, с отца и матери Вардана, камнем и молотком дробят им руки и ноги, бьют их ногами по лицу, а Вардан, этот чудесный юноша, этот ангел небесный, стоит над ними связанный; хочет двинуть ногой - не позволяет веревка, руку хочет протянуть - другая крепко держит, хочет сам броситься на острую шашку - неверный не велит. Сердце его разрывается, он и пикнуть не может.

А юношей и девушек, его однолеток, меж тем собрали в кучу, скрутили им руки и ноги, завязали рты и ведут принести в жертву своей вере.

Бедный юноша хочет оглянуться, хоть бы раз еще увидеть святую кровь, изрубленное тело своих родителей, исполнить заветное желание - хоть каплей их крови себя помазать, хоть горсть земли положить себе на память за пазуху или в карман, хоть раз поцеловать их, сказать им последнее прости, хоть на колени стать и принять от них посмертное благословение, но, увы, увы,- тысяча обнаженных мечей над его головой!

И вот везут его вместе с другими. Глаза их завязаны, уши закрыты, чтоб не могли они слышать друг друга, рты тоже завязаны, чтоб не могли сказать друг другу слово. Лишь по ходу лошади понимают они, что движутся, а куда, не знают: в ад или в рай. В ад, дорогой мой, в ад их везут,- обратить в ислам, в жертву принести своей вере.

Но возвратимся, довольно!

Тысяча стариков и старух, тысяча мальчиков и девочек, младенцев, детей грудных, искромсанных и наваленных друг на друга, давно уже умолкли, погрузились в небесный сон.

Уже помалу начинает подыматься смрад, дует сухой ветер с юга, тучи опять собрались над вершинами гор. Не услыхал господь их крика. Солнце бежит на запад, кизильбаши отходят на Апаран, а души хлкараклисцев - куда? Конечно - в рай! Когда же праведный идет в ад?

Хлкараклис выгорел, тучи рассеялись, горы отдохнули. Сто мальчиков и девочек десяти-пятнадцати лет приведены были в лагерь Гасан-хана. Войско возвратилось с барабанным боем и плясом.

Вот уже палачи точат шашки, муллы заостряют язык, собираясь детей христовых принести в жертву Али.

Увы, увы, дорогой мой народ армянский! Такой ли ты участи был достоин!

Наступает вечер - и увы!- волки, медведи, дикие звери придут с гор и там, где вы обитали, начнут справлять свой пир.

Кто теперь услышит голос матерей, молитву отцов, игры и смех детей, богослужение и звон колокольный,- здесь, где одни трупы?

Зверям останется все вокруг. Они будут ночью здесь пировать.

Уйдем, уйдем - я весь трепещу. Да и кто осмелится подойти близко?

А что же будет с детьми?

В лагере у Гасан-хана будут плакать они - и никто не промолвит им ласкового слова. Они будут сгорать от тоски, изнывать - и никто им не посочувствует. Будут они курицей кричать в руках какого-нибудь хана или просто перса либо умрут от страха, либо вонзят себе нож в сердце, с собой покончат, либо, не выдержав мук, примут ислам.

Кто, услыхав об этом, не ужаснется?

Посмотрим, куда же девались эти невинные ягнята...

К счастью нашему или несчастью - мрак окутал землю. Нас никто не увидит и не захватит в плен.

В ночной тьме виднеется смутное очертание, купол острием торчит, стены разрушены,- видно, немало испытали молний и землетрясений,- двери и окна выбиты, ризницы и алтарь в руинах, все печально. Это - апаранская церковь. Здесь тысячи воров и разбойников, собрав детей невинных армян, скрутив им руки, завязав рты и глаза, вместо молитв и литургий приносят их в жертву своей злой ярости.

Когда-то армянские цари, князья, дворяне, вдыхая благовонье разнообразных цветов апаранских, услаждались вкусом бесподобных здешних источников, проводили вдали от зноя летнее время. Их прохладившееся, освеженное сердце загоралось божественной любовью, и вместе с благоуханием цветов, хором птиц пернатых, вечером и утром, воссылали они сердечные молитвы и просьбы свои к небу.

Тут и сейчас, из-под обвалившегося холма, где стояли дворцы Вагаршака, Тиграна, Трдата, вытекает обильная вода - ее достало бы на добрых четыре мельницы. В недрах Алагяза, под землею прокладывает она себе путь и, прорвав земную поверхность, с пеной у рта и свирепым взором, бешено вырывается наружу, желая видеть лик увенчавших ее, освежить их сердца, перед отходом ко сну и в миг пробуждения, похитить с лица их росу небес и опрыскать их своей росою... Но, увы! - видя, что все там, вверху, разрушено, что построенный над нею дворец обвалился, церковь в руинах, что кругом лежат в обломках окровавленные, мохом покрывшиеся камни ее оснований и алтаря, вновь открывает она уста и глотает слезу,- обратно в нутро загоняет, - кружится, крутится вокруг холма, обрывает цветы и травы, потом тихо подавляет голос в недрах своих, закрывает очи, растекается по земле, по каменьям, снова уходит в землю и, одной половиной своей превратившись в ручей, бежит на равнину ереванскую прохладить хотя бы ее сожженное, испепеленное сердце, поведать горе и несчастье Апарана - Эчмиадзину, Вагаршапату, Армавиру, реке Араксе, Масису и смешаться с горькой слезою его черной воды; той, что тихо, спокойно исходит, подобно огромной реке, из сердца и очей Арарата и, видя развалины - следы разрушения - на равнине Араратской, оплакивает их, горькими обливаясь слезами, скрывает скорбный лик свой в бездушных камышах, изгибается перед врагом своим, ветром припадает, останавливается, принимает в себя стекающие с других гор, накопившиеся, запрудившиеся, затерявшиеся в камышах и ежевике воды, протекает по долине Хор-Вирапа и Арташата и забирает вместе с печальной рекой Араке еще Зангу и Гарни, из коих одна вытекает из ока Севана, другая - из самого сердца святого Гегарда. После этого все три, закрыв лицо, крича и стеная, прохлаждая сердца и утирая слезы Ноя, Нахичевана, Марандской могилы, Нарекской обители и сюнийских полей, мчатся дальше, забирают по дороге еще и Куру, смешивают слезы свои с ее слезами и несут их, а потом вливаются в сердце Каспия, сливаются с его соленой водой, чтобы там разбивать персидские корабли и нести на волнах своих корабли русские, чтобы русские люди не отчаялись в пути, не утомились, не прекратили благотворного общения с нашей страной, дабы отечество наше под крылом их орла могло возрасти, забыть свои горести и снова достичь былой своей славы.

Спрячемся же в этой церкви, в этих камнях и кустах, возле источника, чтоб никто нас не схватил. Ночь уже наступила. Враг - неподалеку, а народ тюркский даже днем сюда не заходит, ибо он враг Христа.

Прислушаемся к вою волков, к крикам персов, к плачу и стенаниям армян, к воплю этих невинных, мучимых, истязаемых детей. Сейчас им развяжут глаза и рот, и они увидят мерзостные персидские лица. Теперь должны они позабыть лица своих родителей, сладостный отчий дом.

Одни мучились в кровавых когтях, другие забавлялись? Эти изнывали, те радовались! Эти били себя по лицу и голове, душу свою надрывали, те гладили себе бороды и кудри и ублажались. Эти взывали к отцу, к матери, братьям и сестрам, терзали себе грудь, замирали, а те поминали своего имама Гусейна и уже готовились взять их в свои объятия либо точили ножи и шашки и приставляли им к сердцу, чтоб они замолчали!

Ах, нет, нет! заткни уши, милый мой. Тело содрогается, в голове - огонь.

Звезды взошли - и обомлели. Сострадательная луна, как взглянула на Апаран, загрустила, опечалилась и тихонько, ползком стала вновь отходить на запад, затыкая уши, чтобы не слышать этих жалостных криков.

Земля облеклась в черные одежды скорби и закрыла глаза, чтоб не видеть этого горестного зрелища.

Одни лишь бессердечные, безжалостные горы, раскрыв уста и сердце злому ангелу-ветру, передают друг другу вести, слышат смех - и сами смеются: на хохот отзываются хохотом, на стон - стоном, на крик - криком, на плач - плачем, и в одну минуту перемешивают тысячу разных звуков, ни одного сами не разумея.

- Мама-джан, мама-джан... Братец-джан... Боже наш... Душа моя... Папа-джан...- Ох, ох, горе, ой черный день,- горе нашему солнцу, горе нашей бедной голове! Ах, кабы вы бросили нас в воду своими руками! Кабы вовсе на свет не родили! Почему и нас на груди вашей не зарезали, почему на куски не разрубили? Где это мы? Куда нас привезли? И земля не расступится, нас не поглотит!

Небо ослепло, не видит нас!.. Ах, чьих мы объятий лишились, к кому в руки попали!.. Господи, за что так наказал ты нас? Что мы тебе сделали? За что выколол ты нам глаза? Кому в чем навредили? За что же ты нас камнем побил?.. Наших отцов, матерей, наших братьев, сестер жертвою принял- разве не мог и нас взять?..

Мрак опустился, окутал землю... Мама-джан, горы и ущелья покрылись тьмой, уже их не видно... Мы, как цыплята, потерявшие мать, разбрелись по степи и по пустыням...

Глаза наши не знают сна, сердца - покоя. Вздыхаем,- и огонь выходит у нас из нутра.

К кому обратиться? Кто наше горе увидит?.. К кому броситься на шею? Кто утрет наши слезы?.. К кому пойти? Кто .обнимет нас, утешит, примет скорбь нашу к сердцу?.. Нет у камнев ушей, - не услышат они наш голос... Нет у гор сердца,- не пожалеют они нас... Небо далеко - захочет взять, не дотянет... Земля - без меча, ей нас не искрошить-изрубить... Кому поведать горе, ах, кому?..

И зачем вы нас родили на свет, молоком кормили, растили?.. Вы скоро избавились, ушли на небо, а нас, сирот, оставили на этом гиблом свете, чтоб мы еще больше мучились, еще больше страдали и о вас тосковали, изводились и, горе свое затаив в сердце, сгорали, в пепел обращались!..

Руки у нас связаны, головы обнажены, под открытым небом в пустом поле апаранском зовем мы вас, жаждем вас вспоминаем, о вас плачем, дорогие наши родители! Если душа ваша на небе, пусть хоть на часок прилетит и над нами покружится. Если еще на земле, пусть покажется нам, мы утолим свою жажду, и потом... ах, потом и свою душу сольем с вашей душой, полетим вместе... соединимся с вами, либо ад, либо рай вместе увидим. Где бы вы ни были, и мы будем при вас... Ах, как было бы хорошо!..

Ах! Как у нас сердце не разорвется, как тело не сгорит, изо рта огонь не вырвется и нас не сожжет, как язык еще говорит и не измочаливается, глаза видят и не лопаются, дыхание выходит и не прерывается, кровь кипит и не засыхает, уши слышат k не глохнут, ноги движутся и не переломятся, на куски не распадутся! Что за день это переживаем!

Мама-джан, братец-джан, папа-джан... ох, ох... Для того ли вы нас в люльке качали, для этого ли дня от меча и воды упасли, хвори наши лечили, ласкали нас, слезы утирали, на коленях держа, к груди прижимали, пот проливали, недосыпали, шли в горы и ущелья, чтобы нас пропитать; свет жизни своей помрачали, чтобы мы расцвели, сами увядали, чтоб мы зеленели; жизнь свою иссушили; нас дома спать укладывали, а сами в поле, в степи, под солнцем, под дождем мучились, чтобы мы окрепли, бельма себе нажили, чтобы мы выросли и вам пришли бы на помощь. Вот она, помощь наша, таково ли было заветное ваше желание?

Ради того ли молили вы бога, и на рассвете и в вечерние сумерки, и ночью и днем, чтоб нога наша о камень не ушиблась, чтобы в палец заноза не вонзилась, чтоб град и солнце не пали на нашу голову, молили его, чтобы он под неусыпным оком своим, под крылом своим оберегал нас от болезней и напастей, чтоб выросли мы хорошими детьми, стали рабами креста Христова, слугами евангелия, основой церкви, гордостью народа, строителями мира?

Ах, где оно сейчас, ухо божие? - что же бог не услыхал вашего праведного голоса, ни одного из тысячи заветных желаний вашего не исполнил, а нас так на камни швырнул? - и души не хочет отнять, чтоб мы избавились... ах... исчезли бы вовсе с этого беззаконного мира...

Когда вы причащались, и нас принуждали в церкви причащаться, давали нам в руку свечу. На пасху, на рождество или в воскресные дни на руках носили нас к обедне или же вели за руку; перед плитою каменной, перед евангелием, перед алтарем, амвоном, крестом, иконой, у подножия святых, при чтении книг, при выносе даров, перед священником заставляли нас становиться на колени; подводили к кресту и приказывали приложиться и сами прикладывались; молились, чтобы благодать святой купели и мира пребывали для нас, охраняли бы, ежели попадем в огонь или в воду, и укрепляли бы нас. Для того ли все это, чтоб мы нынче в таком огне, в таком пламени горели и мучились, а вы бы и нашего голоса не слыхали? Чтоб мы изнывали и гибли, а вы бы нас и не оплакивали? Чтобы шашками нас рубили, а вы бы и не спасли нас?

О создатель, господь, даровавший нам жизнь, как создал ты нас, так и убей, как дал нам жизнь, так и возьми ее. Прахом были мы у тебя, - обрати же нас снова в прах. Дал ты нам дыхание жизни - потребуй его обратно.

На что нам теперь слава и жизнь? Что нам земля, что мир? Нет при нас матери, чтоб поплакала с нами, нет отца, чтоб пришел утешить нашу скорбь, нет сестры, чтоб погоревать вместе; не услышит брат нашего голоса, когда сердце в нас разрываться будет на клочки.

О наш создатель, господь наш и отец, отцов, матерей наших ты взял - что ж нас не возьмешь? Сестер, братьев отнял - что же нас не убьешь? Не хотим мы больше любви твоей и попечения, не просим больше, чтоб сохранил ты нам жизнь. Пусть твой серафим огненный убьет нас, херувим пламенный пусть сожжет нас, обратит в пепел. Не вводи нас в рай, а пошли в ад. Не отдавай ангелу, пускай уж лучше сатана придет. Повидать бы нам только своих родителей! Пусть лучше дьявол нас проглотит - только была б с нами их любовь, только б увидеться с ними, им душу

139

отдать, их душу взять - только б этого горького дня никогда не видеть... ах.... не видеть!..

Сколько тут знатных людей, ханов, беков, ага, феррашеи, мулл, ахундов - чего они здесь стоят, зачем собрались?

Не хочешь ли и ты взглянуть на них, посмотреть? Вон армяне-сарбазы закрыли глаза, сжали губы, но папахами делают нам знак, чтоб мы удалились, чтоб не подходили близко. Да если и подойдешь,- какая в том польза? Только измучаешься, исстрадаешься. Вернись, советую тебе...

Двадцать, тридцать детей изрезали на куски. Яд муллы не действует, не принимают ислама - так пусть падут жертвой! Палач рубит, режет одного за другим.

Вардан, этот царственный юноша, со светлым лицом, стоит, словно ангел. Не глядит он на дары Гасан-хана, на золото, жемчуг, на красивые одеянья, на коня и оружие, не слушает ни наставлений мулл, ни молений армян, ни вражьих угроз. Ничто ему шашка, ничто ему меч и разведенный огонь, ничто раскаленный вертел, готовый пронзить его тело, ничто кирпич, назначенный лечь между его ног, ничто клещи, то и дело подымающиеся, чтоб вырвать из него кусок-мяса; ничто раскаленный котел, грозящий покрыть его голову,- он стоит, как гора, ьыставил грудь вперед, ни кары не боится, ни почетом не соблазняется, он забыл свое горе, он взывает к товарищам и подбадривает их:

- Это она, та самая проклятая шашка,- она, дорогие мои, вырвала сегодня сердце родителей наших у нас на глазах! Это те самые безбожные руки,- они на куски разорвали сегодня тело наших маленьких, грудных сестер и братьев и растерзали их. Это он, тот самый безжалостный народ,- он до сих пор пил и пьет кровь нашего несчастного народа. Так что же мы стоим посреди них и смотрим на их гнусные лица? Родимые мои, ребята дорогие, чьи мы дети, чтоб шашек бояться? Кем рождены мы, чтобы робеть перед огнем? Не наши ли родители и братья так храбро вчера погибли, что весь мир удивился и впредь будет удивляться до самого второго пришествия?

Взгляните на это светлое небо, родимые мои, там, там наши любимые, наши дорогие друзья и родственники, они ожидают нас. Подумайте: заболит у вас голове - кто вам ласковое слово скажет? Захвораете вы - на чьих уснете руках? Заплачете - кто утрет вам слезы? Умрете - кто вас похоронит?

Наш святой язык должны мы променять на их поганый, нашу святую литургию и все служение церковное оставить и слушать азан; наше святое миро позабыть, крест и евангелие из мыслей выкинуть и идти вслед за Али, за кораном.

Посмотрите на их сатанинские злобные, грязные лица! Неужто ад хуже их? Разве не сыплется из глаз их огонь? Горе нам и нашей жизни! До того ли нам унизиться, чтоб слугами стать тех, кто убил наших родителей, кто разорил церкви наши и страну? Ах, если мы соблазнимся пустой этой славой, убоимся гнусных этих пыток и отступимся от святой нашей веры - когда умрем, с каким лицом предстанем мы перед родителями, какими глазами будем смотреть на них? Пусть лишились мы их на этом свете, разве не хотим хоть на небе с ними соединиться, лица их увидеть, любви их удостоиться?

- Нет, нет, умрем все вместе, вместе пойдем на смерть, достигнем славы и венца наших родителей! Небо раскрыло нам свое сердце, ангелы распростерли над нами крылья. Мученики, девы, святые и подвижники кличут нас, призывают кроткими голосами. Идем к ним, умрем за их любовь, отдадим тело - расцветем душой! Мы идея к вам, дорогие родители, вас хотим видеть и вечно почитать. Как можем мы забыть праведное молоко ваше, святые ваши наставления,- даже если окажемся в пекле?

Сойди, светочарный ангел небесный, вознеси моления наши к богу. Простите вы, горы, земля и мир, простите, деревья, простите ущелья и лес! Не были мы достойны святого лица вашего, коснулись мы вашей груди своей грешной ногой. Сколько раз, наслаждаясь вкусом вашим и запахом, отдыхая под вашей тенью, мы плоды ваши, цветы и травы сбывали своей нечистой рукой Мы попрали ваши святые лица и грудь. Вовсе не знали вам цены. Над родником, у ручья, среди близких, на лоне родительском, счастливые любовью, проводили мы дни свей.

Звезды сладко нам улыбались, луна и солнце светили нам. Птицы пели, цветы благоухали, усыпляя нас и пробуждая. Но, увы, мы сном отяготили руки свои и лицо, на красу вашу даже не взглянули. Святой твоей земле, сладостная родина наша, не клали мы земных поклонов, не чтили тебя; милому отечеству не отдали мы жизни, не посвятили ему любви, собой не пожертвовали. Вот и попали к врагам в неволю. Если они даже захотели б даровать нам жизнь,- на что нам жизнь? Возьми души наши, о ангел добрый, над нами витающий!..

Простите вы, поля и земли, ах, пусть другие вкушают вашу любовь. Глаза Вардана уж вас не увидят, ноги детей этих не будут гулять по раздольям вашим, не будут восхищаться вашим благоуханием, возлежать на вашем лоне. Отцовская нога не придет к нашей могиле, слеза материнская не прольется в нашем доме. И не будет ни пения, ни обедни, ни ладана, ни чаши на помин душ наших,- никогда. Ни брат, ни сестра 'не придут к нам, ни один прохожий не пройдет мимо нашей могилы... Тела отцов и матерей наших - у родного села, а наши бренные кости - на этом чужом поле, и никогда не увидят они друг друга, не будут в одной могиле погребены. Они станут добычей зверей, а мы Достанемся волкам и птицам. Не будет над нами кого-либо, чтоб сказал над нашими могилами: «Да успокоит бог души ваши, да сподобит лицезреть его!»

Быть может, когда вы вновь заблагоухаете, когда придет весна и луга зацветут, вы и над нами распуститесь, зазеленеете, из нашего праха произрастете, облечетесь красою и окропите росой, освежите нас, дуновением вашим навеете на нас отрадную прохладу, с чистой водой вашей смешаете нашу кровь и, уловив дыхание наше, вознесете его вместе со сладостным своим благоуханием к небу.

Ах, если какой-нибудь путник пройдет по здешним местам и остановится здесь и заснет, быть может, вдыхая благовоние, утоляя жажду светлой струей, может, постигнет он душою, вспомнит, скажет, что ведь это те самые поля, где вот сегодня слуга злобного врага хочет принести нас в жертву, чтоб погибли мы во имя креста, лишить жизни, на куски разрезать!

Ах, как было бы хорошо отдать душу в какой-нибудь благословенной стране, среди своего народа, среди близких, слившись с ними воедино!

Ах, крест могущественный, чудеса творящий! Доколе же наш парод, страна армянская должны так страдать, так изнывать, подвергаться разорению и сокрушаться о своем горе?

Крест, почему ж ты не охраняешь поклоняющихся тебе? Крест, почему убиваешь тех, кто держит тебя в руке, и силы даруешь тем, кто поносил тебя? Что ж не вонзаешься в сердце хулителей своих?

О господи боже, если мы виноваты перед тобой, если не держались мы заповедей твоих, но творили беззакония- лучше бы ты убил нас! Почему ты оставил нас, а бедных родителей наших предал мечу? Когда наши дома подожгли,- почему и нас не сжег? Нет, ты сохранил нас для стольких страданий и мук, чтобы здесь, в этой степи, среди зверей, без отца и покровителя, без матери, без помощи, мы трупы свои отдали птицам, кровь - земле, легли бы здесь мертвыми.

Прости, о бедный наш народ армянский! Не плачьте, не вопите, не горюйте над нами. Утрите слезы и посмотрите лучше, что делают с нами,- что нам теперь ваш вопль и плач?

Меч у нас над головой, смерть перед нами, огонь жжет, вертел вонзается в тело, пламя опаляет, душа изнемогает, одна у нас половина изжарена, другая обуглена, ноги наши спалены, дыхание горячо, одна рука отсечена, другая ободрана. На голове нашей котел, в ногах кирпич, а в сердце кровь, в глазах слезы, и ни небо не обрушится, ни ангел не увидит, ни палач не пожалеет, ни земля не разверзнется!

Почему вы плачете, если мы не плачем? Зачем убиваетесь, ежели мы того не просим? Поберегите вопль для своего черного дня. Над собой плачьте, выхода ищите себе. Мы сегодня с родителями своими соединимся, удостоимся лицезрения их, отдохнем от этого горького света, пойдем в рай и будем вечно радоваться.

Но горе вам, женам и детям вашим, если будете вы стоять вот так, как есть, и смотреть своими глазами на страдания близких. Беда, если вы будете убиваться сложа руки, бить себя в грудь, посыпать землею голову, хоронить родного сына - ив невольники идти к тем, кто исторгает сердце из вашей груди и жизнь вашу губит. Так не будет вам избавления, вечно будете вы страдать и на своей же родной земле в жертву себя приносить, в своей стране великой мукой мучиться.

И все не наберетесь вы смелости, не сговоритесь, чтоб этот меч и шашка, этот огонь и пламя, этот котел, вертел и горящий костер каждый миг наготове держать для врага, все не решитесь сами жечь и резать его. Так не освободите вы свой народ, свою стран у, останетесь и впредь в таком невежестве и злополучии.

Простите! Отнесите нашу горячую любовь, наш родственный привет вашим детям, расскажите им о наших печальных днях,- пусть они поберегут свои головы, - да не доживут они до подобных дней, не увидят такого горя. Пусть жизнь свою отдадут и страну защитят. Простите, простите!

- Ох... ох... ох... мама-джан... папа-джан... беке милосердный... пощадите... пощадите... пощадите... умираем... горим... жаримся... пощадите... ох. Вот, кончено... идем... О, подвижник Вардан! Святые родители, ваши дети идут, приблизьтесь. Дети ваши жизнь отдали и смерть приняли, вас не оставили, от вашей веры не отвернулись, от вашего святого креста не отступились, перед мечом, перед пламенем, перед муками устояли.

-«Режь руки-ноги, круши, ломай!
Голову жги, живот терзай,
Ногти им рви, руки пали,
Голой спиной к огню подставляй,
В масло обрубки рук окунай!
Коль быстро убьешь,- сам пропадешь.
Медленно головы им обдирай,
Кожу снимай, глаза выжигай!
Пускай глядят, как им ноги палят!
Как пальцы вырвут им,- задрожат!
Ослабнут, авось, от мук, от ран,
Оставят крест и примут коран!»-
Давал Гасан-хан палачам урок,-
Святых младенцев мукам обрек.

Но праведник каждый уж отдал сам
Кровь свою богу, и к небесам
Вознесся жертвенный фимиам.
Тут свет пробился сквозь темень туч,
Облек тела им небесный луч,
И грянул голос, грозен, могуч:
- Гасан, безбожник, дьявол и зверь,
Покайся и дай мне ответ теперь
Тебя и бездны не поглотят,
Земля изгонит, не впустит ад
Сгинешь ты в муках еще живой,
Пока не искупишь крови святой
Коль молнией-громом будешь сожжен,
Помни,- мукам ты мной обречен.
Пошатнешься ты, вконец упадешь,-
На тернии ляжешь, как в гроб сойдешь.
А вам, дорогие, мир и покой
До крайнего дня, до зари благой,
Невинные дети с чистой душой!
Когда Апараном иду, всяк час
Я буду, милые, помнить о вас.
Ах, дети, память родной земли,
Рано, святые, вы отцвели!
Я, к земле припав, на колени став,
С морем слез в глазах, сердце болью сжав,
С непокрытою головой склонюсь,
Поцелую прах,- и не подымусь.
Я вспомню вас и сорву цветы,
Святые души, к престолу небес,
К благому судье, к алтарю святых
Взнесите слезы мои с мольбой
О бедных людях страны святой,
Что богу пожертвовали собой,
Чтоб им разора и плена не знать,-
Довольно им кровь под мечом проливать,
Помоги не знать, без дома блуждать.

Конец второй части.

ЧАСТЬ ТРЕТЬЯ

1

Армянская страна много раз подвергалась притеснениям и опустошениям, но на сей раз превзойдено было все. Горы и ущелья стали обиталищем воров и разбойников. Со всех сторон внезапно поднялись персы, и сила их была такова, что не было уже возможности противостоять им. Но эти же притеснения придали армянам духа. Их народ всячески попирали, но и они не отставали и высасывали кровь врага.

Вся Персия сорвалась с места, восстал весь Кавказ. Сын царя Ираклия, Александр, после занятия Грузии бежал. Он искал помощи у персидского двора и не переставал о камень головой биться, чтоб только вернуть в свои руки страну свою,- не было горы, через которую он не прошел бы, чтобы как-нибудь добиться исполнения заветного желания.

Лезгины, чеченцы, черкесы, мусульмане Казаха, Борчалу, Шамшадина, всех областей прикаспийских потирали себе руки, хной красили, крылья у них выросли,- все стремились налететь на русских, захватить русские владения.

Армянскому народу сулили огонь, меч, резню. Сколько; было у них яду, изливали на голову нашего народа. Либо обещали почести, величие, стараясь привлечь обманом, либо всячески наказывали, подвергали жестоким карам, чтобы армяне испугались и отступились от русских.

От шаха и от сардара шли фирман за фирманом, но душевная справедливость армян, искренняя любовь к русским и тогда не покидала их, когда над головой их играла шашка, когда сыновей их и детей на глазах у них, на собственной груди, предавали мечу или живыми сжигали.

Дела армян в персидскую войну богу известны, всемилостивейший император тоже много раз награждал их действия изъявлением благодарности и грамотами, крестами и орденами.

Пусть какой-нибудь глупый, безбожный человек попробует опорочить армянский народ, подставить ему ногу,- ежели люди не знают, камни могут засвидетельствовать.

Вероятно, когда-нибудь некий справедливый и беспристрастный человек напишет историю Грузии, и тогда будет видно, что сделали в ту пору армяне, какую выказали преданность государству и сколько пролили своей крови.

Всякому известно, что когда Гасан-хан с запада, а Абас-Мирза с востока, внезапно, по-разбойничьи, бросились в наши пределы,- у нас никто ничего не знал.

Пока русские собрали войска, персы могли бы всю Грузию попрать ногами, если б армяне повсюду не преградили им дорогу.

Достаточно одного того, что сделали епископы Нерсес и Григор или Мадатов и Бебутов, чтобы мир узнал, каков был в то время дух нашего народа.

Первый, с крестом в руке, произносил проповеди, собирал войско, убеждал, чтоб армяне пошли и пролили кровь за свой народ.

Второй, по просьбе Ермолова, снял свои епископские одеяния и оделся по-черкесски, весь увешался оружием, взял в руку щит. Когда проходил он по Тифлису, по Казаху или Борчалу, народ встречал его как спасителя.

В то время, как Шамшадинский уездный начальник с целой сотней людей доехал только до Матушкиного моста и, ужаснувшись, повернул обратно, не смог проехать дальше, этот богатырь епископ всего с двумя людьми разгромил тысячи кровопийц и разбойников, пробился через Казах и Борчалу и явился в Шамшадин, на родину, к своей семье, а графа Симонича, отступившего из-под Гянджи, со своим войском через Шамшадин, принял в своем доме и долго у себя удерживал. Тут же, по предписанию Ермолова, получил он в руки и управление уездом, до времени, пока из Тифлиса не подойдет помощь.

Когда персы однажды напали на село[8]... в семьдесят с лишним дворов, разрушили его и увели жителей, он с тридцатью людьми ринулся, как лев, на пять тысяч человек, освободил сынов своего народа, отбил и возвратил пленных.

Как раз подоспел и Ермолов. В один из постных дней он как-то обратился к епископу с просьбой в военное время «е обращать внимания на пост, а тот и ответь по-богатырски: зачем нам есть говядину, когда под рукой персы?

Как раз в это время Александр-Вали и Зохраб-хан вторглись в Шамшадин и чуть было все вверх дном не перевернули. Доблестный епископ с отборными армянами отрезал им тыл, перебил их войско и пятерых персов собственноручно доставил к Ермолову и подарил ему. Ермолов поцеловал его в лоб и много раз просил сказать, какую награду испросить для него у государя. Бессмертный епископ попросил об одном: освободить армян Шамшадина, Казаха и Борчалу из рук неверных, ибо много натерпелись они всяческих притеснений.

Просьба его была уважена, и сам он был удостоен царской награды и пенсии.

---

[8] В оригинале пропуск. Не указано название села. (Ред.).

И удивительное дело: когда брат его Галуст попал в плен к Гасан-хану и уже хотели отсечь ему голову, Наги-хан заступился за него и заставил освободить. Сардар с тем условием и отпустил его, снабдив фирманом, что даст ему власть над Шамшадином, Казахом и Борчалу, из рода в род, ежели только сумеет он так расположить сердца армян и обратить их, чтобы они служили персам. Приказ был составлен в том смысле, что если он в четырехдневный срок не принесет нужного ответа, то голова его на тысячу кусков разлетится. Но Галуст, хоть и знал, что может поплатиться головой, явился к Мадатову и передал ему сардаровы бумаги. Гасан-хан обещал тысячу золотых тому, кто принесет его голову, две тысячи тому, кто его живьем доставит. Горы и ущелья Шамшадина днем и ночью кишели ворами и разбойниками, стремившимися поймать его и получить за то положенную награду, да только многие сами послужили шашке его наградой!

Так именит, так доблестен был этот род, и все же, кто видел епископа Григора, ему предпочтительно перед всеми отдавал душу,- до того изумительным сердцем, сладостной печью, приятным нравом он обладал. Как ребенок, мог он подолгу сидеть и рассказывать всякие события из своей жизни.

Да что долго говорить? - Пока стоят на своих местах Кавказские горы, век будут помнить и говорить о деяниях Мадатова и об их деяниях.

Разве не епископ Персее, - когда он вместе с графом Паскевичем вступил в Армению, - своими проповедями и увещаниями большею часть армян склонил к русскому подданству? Сколько городов и сел опустело тогда в персидской и османской земле и сколько в Армении и Грузии наполнилось армянами!

А как не сказать о тех наших великолепных знатных баязетцах - о господах Барсеге, Мануке, Мкртиче? Об известном на весь мир доме Тиграняна из Карса.

Все они, как отцы родные, тратили, расточали богатства свои, поддерживая свой бедный народ, и привели его на русскую сторону. И теперь еще стоит помянуть их имя, как баязетцы и карсцы крестятся,- так бесчисленны был отеческие благие их деяния на пользу народа.

2

Через несколько дней после взятия Баязета нашей армией, когда ванский паша внезапно нагрянул с большим войском и окружил город со всех сторон, разве не храбрые армяне-баязетцы, скрепив сердца, стиснув зубы, столько выказали мужества, что многие из них еще до прибытия в

Ереван награждены были чинами и крестами? И теперь эти бедняки, работающие в Тифлисе мушами или при банях, как только зайдет разговор о том времени,- достают из разодранных своих одежд полученные когда-то кресты и с гордостью показывают эту цену собственной крови.

История всегда была слепа к армянам, она служила лишь великим народам. Может быть, она вновь пройдет мимо армян,- но армянин, любящий свою родину, как может он не преклоняться перед беспримерной храбростью и мужеством, скажем, Манука-аги из Арцапа? Еще до взятия Баязета он с сорока храбрыми, как львы, армянами, обратив взор на гору Масис, припоминая былое величие своего народа, окрылился, попирал горы и ущелья, защищал пашу и весь Баязетский уезд, разгонял и преследовал курдов.

Так более десяти лет распоряжался он в своей стране. Сколько раз с шестью десятками молодцов бросался он на две, на три сотни курдов, громил их и возвращался назад.А когда началась персидская война, он, как орел, перенесся по эту сторону Масиса и, где только мог, бил и уничтожал войска Гасан-хана, так что хан вынужден был отписать паше, чтобы тот как-нибудь уничтожил Манука либо же готовился к войне, так как ему, хану, ничего другого не остается, как с ним воевать.

Храбрый, но злополучный Манук-ага был как раз в городе, когда дошла туда эта весть, пришел купить пороху. И вот паша, любивший его пуще глаз, призывает его к себе и умоляет с горькими слезами, чтобы он непременно уехал и скрылся. Храбрый Манук, полагаясь на свое мужество, пропускает, однако, слова его мимо ушей. Подходит к одной лавке, вступает в разговор, но вдруг ватага персов - человек с десять - нападает на него. Он убивает шестерых, но вскоре и сам, как мученик, испускает дух. И ныне еще, вспоминая о его гибели, баязетцы приходят в ярость.

Да святятся могила твоя и прах, непобедимый богатырь! Ах, когда же, когда душа твоя низойдет на народ наш, чтобы и мы свой народ защищали, как ты, как ты за него умирали!

Как умолчать нам о деяниях карабахцев, ереванцев, лорийцев? Они омыли камни и землю персидской кровью и сами пролили кровь. Пусть не было уже в то время тех замечательных прежних меликов, но дух их во многих местах еще был жив. Много поистребили персидского войска.

Ах, как можно забыть шулаверцев Соси-агу и мелика Оганджана?- богатырскую их наружность, прекрасный образ, сладостную речь, беспримерное мужество их и смелость?

Как огненные драконы, бросились они в кашветские и болнисские горы - преградить путь врагу, не допустить его. Тут застает их весть, что немецкую колонию отдали. И вот они, во главе сорока удальцов и вместе с уездным начальником, поспевают лишь тогда, когда курд Окюз-ага давно уже успел разрушить колонию и во главе трех тысяч воинов перебил половину пленных, а половину гонит впереди себя. С налитыми кровью глазами бросается горсточка храбрецов а погоню за этим несметным множеством. И что же,- курды и карапапахи отдают пленных в руки нескольких человек а сами возвращаются. В это время уездный начальник, забрав армянское войско, бежал, спасая свою голову. Только храбрый Соси со своим удалым товарищем мелик-Оганджаном засели за камень и сказали друг другу:

- Неблагородство и слабость - позор для мужчин. Умрем храбро! Пусть знают сыновья наши, что и у нас было сердце, что и мы защищали честь нашей страны, ради любви к ней умирали. На что нужна эта дрянная кровь, если не пролить ее в такой день? Умереть на поле - вот что достойно мужчины!

А знакомые тюрки меж тем кричали:

- Соси-ага, мы ли не часто ели твой хлеб-соль? Разве мы позволим себе поднять на тебя шашку? Мы тебя уведем и отпустим целым и невредимым. Перестань, не обрекай себя на смерть. Мы тебя жалеем, - пожалей же и ты сам себя?

Но богатырь Соси, подозревая, что его заманивают, а на деле схватят и уведут в плен, не поверил их словам,- и вот от первого же его выстрела сын Окюз-аги первым падает на шею коня. Пока взбешенные разбойники успели добраться до них, эти храбрые богатыри пристрелили еще пятнадцать противников, а когда порох кончился, обнажили шашки!, как львы, устремились на зверей. Перед смертью они еще человек десять зарубили шашкой и сами отдали богу душу.

Мир светлому праху вашему, доблестные мученики! Ваша молодая кровь, о храбрецы, разжигает мне сердце. Какой армянин, услыхав ваше имя, не помянет добром светлую вашу могилу, не запечатлеет память о вас в сердце своем?

Не думайте, что драгоценная кровь ваша пролилась даром. Она, эта благородная кровь, умилосердила сердце божие, освободила нашу страну и сейчас еще из-под мученического надгробия вашего гласит:

- Армяне, умрите, как мы, и тем имя вечное обретете! Подобных примеров тысячи. Но мы - продолжим наше повествование.

Попечительное правительство, видя, что страна попираема ногами врагов, отдало приказ, чтобы жители Памбака и Шурагела перекочевали, ради своего спасения, в Лори. Не дай бог, что творилось с народом! Кто брата, кто отца потерял, кто сыновей, кто мать.

Караклис, где имел пребывание князь Саварзамирза,. превратился в дом скорби, в притон воровской. Безбожные персы и тюрки среди бела дня, на глазах наших, являлись из ущелий и с гор, приближались на ружейный выстрел, набрасывались, как дикие звери, угоняли скот, а людей брали в плен и уводили либо отсекали им головы.

Ни днем, ни ночью мы не знали сна. Едва доносился из лесу топот конских копыт или ружейный выстрел - все приходило в смятение и ужас. Тут уже и отец о сыне не думал: только и ждал, потупя взор и согнув шею, что вот-вот появится разбойник и зарежет.

Партия солдат и несколько казаков, отправившихся преградить дорогу, вернулись до того разбитые и израненные, что при виде их волосы дыбом становились.

Однажды таким образом нагрянул Наги-хан, сжег селение Кишлак и двинулся на Караклис. Все войско, - сколько было его в Караклисе,-забрав с собою пушки, вышло в поле и преградило доступ в город. Народ же, побросав дома и имущество, забрав детей, укрылся под защиту пушек.

Храбрый дух русских спас нас.

Мы давно уже причастились и ожидали черного своего дня. Народ не хотел переселяться: избавившись от меча, боялись попасть в когти голода. А еще не хотелось и со своей сладостной землей расставаться.

Не забыть мне тот скорбный день, когда пришел приказ перекочевывать в обязательном порядке. Кто без боли сердечной зажжет своей рукой дом, где жили отец и мать, где кормили его молоком, воспитывали, растили, где они скончались? Кто сам разорит сад, горьким его потом орошенный, трудом его взращенный?

Сожгли все: орудия, украшения, домашнее имущество. Когда увидели дым, подымающийся от русской церкви, собственноручно подожженной начальником, стали, плача и причитая, целовать могилы своих родных и любимых, прощаться со своей землей и водой. Потом, под защитой солдат и пушек, стали переходить на другую сторону горы Двал.

Мы были еще на полпути, когда Наги-хан со своим войском вступил в Караклис, и каждый, видя с горного склона свой полыхающий дом, тяжело вздыхал и закрывал глаза, чтобы не лицезреть этого горя. Один конец шествия достиг уже Джалал-Оглы, другой был еще по сю сторону горы. Неверные, словно хищные волки, кружили вокруг нас и стреляли в нас с гор и из ущелий. Да сгинет тот день и не возвратится! Что с нами творилось!

Плач и стенания достигали неба, сжигали, в пепел обращали сердца всех, кто слышал и видел. Люди набились в горы и ущелья кучей, один на другого. Не было ни дома, ни пристанища, ни хлеба, никакого жилья. У кого нашлись друзья или знакомые в Лори, те остановились у них. Кто был побогаче, те кое-как перебивались. Иные, повстречав боголюбивого человека, находили на селе хоть теплый хлев какой-нибудь для своей семьи и помещали ее там, а кто не находил, тот в горах, в ущельях, в пещерах, между скал устраивал себе логово, забирался туда и приваливался головой и спиной к голому камню.

Лорийское ущелье из конца в конец полно было народу. Лежали вповалку. Кто вырыл в земле яму и в ней устроился, другие сколотили бревна и, согнувшись, сидели под ними. Но где было несчастным взять хлеба, во что одеться, на что жить? Кот хлеба стоил семь-восемь рублей, да и то трудно было его достать. В горах не осталось даже съедобной зелени, никаких годных в пищу трав: все собрали, все съели. А ловлей рыбы или охотой разве можно было прокормить целый дом, когда в семье по меньшей мере десять душ? Дохлую скотину - и ту всю перерезали и съели.

Многие отцы, многие братья не в силах были выдержать жалоб своих домашних, особливо малых детей: они собирались человек по десять, по двадцать и, подвергая жизнь свою прямой опасности, тайком пробирались в Памбак, лишь бы достать хлеба и принести своим, но, увы! - одни попадали в плен, другие отдавали жизнь врагу и тем разоряли свой дом. А тут как раз и зима нагрянула. И люди, и скот болели от голода и холода. Не дай бог, в каком состоянии были эти несчастные. Что ни камень - то тебе и могила, что ни земля - под ней лежат цветущие, лучшего возраста ребята, не евшие по три, по четыре дня и погибшие от слабости. Где только запахнет хлебом - там стоит уже у дверей, согнув шеи, тысяча нищих. Не дать - жалость берет, дать - собственные дети голодными останутся. Стосковались мы о хлебе - хоть им одним досыта бы наесться! Если у кого были украшения, драгоценности, серебро, жемчуг, те все частью продали, частью заложили. Многие отвели сыновей в Шулавер или в Борчалу и там отдали в рабство.

Хозяин дома, где мы жили, был портной. Когда он уходил на заработок и через несколько недель возвращался и приносил нам хлеба, нам казалось, что это ангел сошел с небес.

Так тысячами умирали люди - погибали от голода,- однако большая часть добралась все же до грузинской земли и тем спасла себе жизнь.

Так армянин тысячу лет прожил достойной жалости жизнью и до того себя довел, что стоило подняться врагу, как голова размозжалась, дом и имущество оказывались разоренными.

Каким же безбожным, безжалостным должен быть человек, чтобы заедать армянина и не жалеть его!

Но довольно, пойдем к нашему любезному Агаси, посмотрим, где он остался и что с ним станется дальше.

В это смутное, тяжкое, неспокойное время наш смельчак Агаси целых пять лет скитался по горам и утесам. Из пяти товарищей потерял он за эти годы троих. С двумя оставшимися- одного звали Каро, другого Муса, - да взяв себе в соратники еще десятка два курдистанских армян, рыскал он, гулял по горам и ущельям. День в Ани, другой в Кошаванке,- то тут, то там совершит набег.

Так жил он, страстно желая одного: отомстить или на худой конец хоть прикончить тысячу-другую человек и потом уж сойти в могилу, чтоб в сердце горечи не осталось.

Чаще живал он в Ани - и больше ста персидских голов снес там своей шашкой. Вот отсюда-то и напал он в свое время на злейшего врага своего Гасан-хана и захватил его. Но молодость и чувства христианские сбили его тогда, он жестоко обманулся и пойманную уже добычу выпустил из рук.

Наши читатели, вероятно, хорошо помнят, что, когда Агаси порубил в Канакере сардарских феррашей, сам он остолбенел перед совершенным им и не знал, как быть с милой Такуи.

Товарищи же его не стали терять времени. Они знали, что теперь один конец - смерть, тут уж было не до отца, не до матери. Они привязали Агаси к коню и умчались в Апаранские горы, чтобы оттуда бежать в Памбак либо в Каре, либо в Ахалцых и таким образом спасти свои головы.

А что стало твориться в Канакере через два часа - не приведи бог! Плач и стоны, не переставая, раздавались по селу. Персы разрушали дома, нещадно избивали людей палками, разыскивали бежавших. Их отцов, матерей, жен, детей сгоняли шашками в кучу и запирали куда придется,- и все это за какой-нибудь час. Потом, одному накинув на шею веревку, другому скрутив руки за спиною, гнали перед собой, как стадо баранов, прямо во двор сардарского дворца.

Подбегал ли сын броситься на шею отцу, сказать ему свое последнее прости, дочь ли бросалась к матери на грудь, готовая отдать ей душу, врывалась ли вдруг невестка, зять ли обнимал колени - они кого шашкой рубили, кого избивали прикладами. Камень попадался под руку - камнем в них швыряли, попадалась палка - били палкой по головам.

Многих дома привязывали к столбу и так лупили по ногам, по голове, что крик их доходил до неба, проникал в глубь земли.

Все село сорвалось с места: бежали простоволосые, босые, израненные, кто с переломанной рукой, кто весь в крови, раздирали себе щеки, ударяли по голове, колотили себя в грудь, кто в воду хотел броситься, кто скрыться наверх, в скалы.

А старейшин, связанных друг с другом за руки, столько били ногами и прикладами, что на теле их живого места не осталось.

Так пошли они в Ереван, так дошли до крепости. Женщин отогнали камнями и палками, а мужчин ввели внутрь-ненасытная Ереванская крепость вновь наточила зубы, готовясь и этих вновь прибывших гостей уместить поплотней в свое брюхо и там переварить.

Долго еще голоса их переплетались, мужские - из крепости, женские -

152

снаружи, долго еще оплакивали они друг друга, пока, наконец, ветер не заглушил все голоса. Мир успокоился - палачи разъярились. В это время весть о происшедшем дошла до Саака-аги - этого спасителя армян, деды и прадеды которого стольких людей, столько семейств спасли от тюрьмы, смерти, меча и шашки. Оседланный конь стоял как раз наготове. Саак-ага вскочил на коня и со слугами и челядью впереди помчался к крепости. Он поспел в тот миг, когда женщины и домочадцы пленных собирались уже вырывать камни и скрести землю, чтоб разбить себе голову, но и камни не были так бессовестны, как безбожные ферраши!

Он погнал коня на одного из них и так хлестнул его нагайкой по голове, что тот раз десять перекувыркнулся и повалился навзничь.

- Сию же минуту я выпотрошу тебя, паршивая собака,- сказал он.- Как смеешь ты подымать руку на женщин! Связать сейчас же этих собак! Сейчас же пущу прах их по ветру,- да будет род их проклят!

При этих словах слуги не стали терять времени, набросились на феррашей и многих уже схватили было за горло и собирались связать по рукам и ногам, как вдруг из крепости показался Сванкули-хан. Среди местных тюрков никто, может быть, так не благоволил к армянам, как этот благословенный хан.

Как тюрки, так и армяне, едва увидели, что он выходит из крепости, остолбенели на месте.

- Кто же мог в эту минуту связать по рукам и ногам жен бедных, несчастных пленников?

Толпа вскрикнула, все бросились в ноги его коню:

- Хан, молим тебя! Мы прах ног твоих, за край одежды твоей ухватились. Бог наверху, ты внизу. Поведи, брось нас в воду, убей на месте, предай мечу, растопчи копытами коня своего,- что хочешь с нами делай, но окажи нам помощь!

Добросердный хан потянул за повод коня, прогнал нагайкой феррашей, одних приказал тут же повалить и набить им рот землей, другим голову потоптать кованым сапогом, зубы выбить, а остальных погнал в крепость, сам же, приложив платок к глазам, запустил руку мелик-Сааку за пояс и заговорил:

- Ах, заросла бы колючкой и тернием дорога этих проклятых каджар,- чтоб не вступили они в нашу землю. Всю страну разорили. И бог не бросит камня им в голову, чтоб сдохли они, околели! До чего довели этот бедный народ! Ну можно ли из-за одной девицы разорить столько домов! Как только бог это терпит! Бог когда-нибудь вонзит наш же меч нам в сердце. Такого бедствия и камень не перенесет, не то что человек. Пойдем, мелик, пойдем. Если мы запоздаем на полчаса, они успеют погубить этих несчастных заключенных,- либо глаза им выколют, либо голову отрубят. Молодец Агаси! Будь он сейчас здесь, я бы в глаза его поцеловал. Смелый юноша должен быть таким. Но как тут быть, когда мы в руках у этих безбожников? Пойдем, времени терять нельзя...

Так говорил этот достопамятный тюрк, всякий час готовый заступиться за армян.

Он приказал слугам отвести женщин и Такуи к нему в дом, пока он не придет, а сам вместе с Сааком-агой вошел в крепость. Караульные, увидев их, застыли на месте.

Местные ереванские тюрки, вместе с армянами выросшие и обращавшиеся с ними по-братски, понемногу стали расходиться, проклиная сардара и Гасан-хана, плюясь и скрежеща на персов зубами. Уходя, они говорили друг другу:

- Господи боже! Когда смилуешься ты над нами? Когда избавимся мы от этих проклятых персов?

Будучи местными уроженцами, они и дня не желали служить персам и много раз, соединившись с армянами, прогоняли их вон. Но те вновь возвращались и силою оружия захватывали страну.

- Сардар, свет нашей жизни,- сказали Сванкули-хан и Саак-ага, рука об руку вступая в диван-хану как раз в ту минуту, когда бедных армян со скрученными руками и завязанными глазами поставили на колени, намереваясь отрубить им головы.

Палачи, наточив шашки, уже стояли над ними.

- Сардар, отруби зараз и наши головы,- сказали они и хотели уже собственноручно завязать себе глаза.- Дом наш, имущество, достояние, семьи, родственники, братья наши- в твоем распоряжении. Возьми нас за руки и брось в воду, отыми души наши, но этих неповинных людей не вели казнить. Гора перед тобою не смеет поднять головы, море при виде тебя немеет. Тряхнешь ногой - и земля на крыльях полетит. Весь мир покорился мечу твоему, имя твое громыхает до неба. Куда ни ступишь, там цветы распускаются, куда ни кинешь взор, там солнце всходит! Как это ты, сардар, из-за одной какой-то бесстыжей девки, по слову двух-трех слуг, столько разоряешь домов? Где же твое милосердие и великодушие - не весь ли мир их видел и дивился? Подобает ли честным устам твоим отдать приказ о пролитии их крови? Твой дворец - врата милосердия, зачем обращаешь его в место казни? Пожалей их, они старики, пожалей их, бедных сирот. Что они сделали, что ты из-за одного парня, щенка, разбойника - губишь их?

Само небо принадлежит тебе, не то что земля. Весь мир преклоняется перед тобою. Что такое одна девица, что ты из-за нее взялся разорить свой народ? Девицу хочешь - так тысячи их. Какая тебе ни приглянется - все твои. Души наши потребуй, и мы отдадим.

А что такое девка?- стоит ли о ней говорить? Не ты ли честными

154

своими устами твердишь ежедневно, что армяне для тебя - что правая рука, что от них богатеет твоя страна, что они умножают казну твою, что через них меч твой остр и лицо твое ясно? Обрушь гнев свой на нас, а их пощади. Велика ли слава для льва - размозжить голову ягненку? Ведь они питомцы твои, они молятся за твою жизнь, зачем понапрасну губить их? Виновника, вот кого нужно поймать, а они чем виноваты? У кого руки в крови, тому и нужно выколоть глаза,- а эти, что они сделали? Сардар, властитель неба и земли, сардар, если ты не перерубишь нам шею, мы сами вонзим шашки себе в сердце. Если наша кровь дорога тебе, подари нам их жизнь. Мы дворовые псы твои, не губи нас...

Так умоляли они на коленях, взяв свои шашки и положив перед сардаром, облобызали пол под ногами его и край одежды его, потерли им лица и коснулись головами земли, ожидая, чем разрешится дело. Уста сардара открылись:

- Вы, хан и мелик, связываете меня по рукам,- начал он.- Что мне теперь делать? Что не пришли вы чуть-чуть позже? Как бы я ни был разгневан, при виде вас шашка моя опускается. Однако до каких же пор этот огонь будет сжигать нашу страну? Армянский народ не боится ни шашки, ни ружья, ни пушки. В огонь их бросаешь,- а они все по-своему веруют, на дерево их вешаешь, вырываешь у них мясо и в их рот суешь,- а они все своему кресту поклоняются, своего Христа поминают! И что в нем, в этом кусочке дерева, что они так на него уповают? Сына в огонь тащишь,- и отец с ним бросается, отца хватаешь,- и сын лезет на смерть. Им полагается одна жена, а по нашему закону - сколько душе угодно. Они землю обрабатывают, трудятся, одеваются в шерсть, нуждаются даже в хлебе сухом, а мы предлагаем им и ханство, и бекство, и целые области, почет, богатство, величие - что ж они никак не образумятся, почему не одобрят учения нашего, не примут нашей веры, богу нашему не поклонятся?

Если их всех истребить, так страна разорится,- страна от них богатеет, они дают ей хлеб. Под солнцем и дождем, с барщиной да оброком они все иссохли, стали как щепки, а попробуй тронь у них хоть волос,- превращаются в львов, живьем кого хочешь раздерут.

Сколько наш народ их перебил, сколько увел в плен и страну-то их разорил, а они все не образумятся. Если и шахство им сулишь, они все равно голову подставляют,- ну что тут поделаешь? Конечно, если человек вместо плова да мяса жрет траву и овощи, постится целыми месяцами, сидит на одном сухом хлебе, откуда же в голове его быть разуму? И какой дьявол залез им в сердце и совратил их с пути?

Наш пророк Магомет говорит: «Выколи глаза врагу своему», а их Христос велит любить врага, свой глаз вынуть и ему отдать, благословлять его, когда он тебя преследует. Да разве ж это сообразно с разумом? Курица

155

и та цыпленка своего коршуну не отдаст, так как же они собственных детей своими руками в жертву приносят?

Решись они принять нашу веру, увидели б, какой славы удостоил бы их наш шах. Поглядели бы на Джафар-хана. Кем он был?-сыном карабахского батрака, когда я взял его в плен, а теперь - из первых людей на свете. Чьим был сыном тот же Хосров-хан или Манучар-хан? А теперь - всем Ираном завладели -они тебе и шах и шахов наследник. Шах весь в их руках: скажут «сядь»- сядет, скажут «встань»- встанет. Сотни таких, как я, сардаров и ханов и сыновей шахских в глаза им смотрят.

Уедет в Стамбул простой армянский парень, а там, глядишь, стал визирем либо пашой. В Тегеран попадет - он тебе и визирь и хан. Чего еще желать человеку?- а они, как каменные, ничего не признают.

Рука наша устала их избивать, шашка наша об них иступилась, а они - как плеть огуречная; с одной стороны срежешь, а она с другой росток даст и разовьется и займет место срезанных.

Все люди хотят жить, наслаждаться, а они сами жизнь свою предают смерти, сами жизнь свою губят. А умрут в своей вере - попадет в ад, в руки сатане.

Кусок сыра съесть, выругаться, не сознаться в своем грехе - да что в том? Почему они думают, что достанутся дьяволу, если не будут всего этого соблюдать?

По нашей вере-ешь, круши, отымай, убивай, кути, наслаждайся миром! Жена у тебя нехороша - прогони, возьми другую. Никакого поста, никакого воздержания - ешь, что тебе любо, наряжайся - носи да изнашивай! Обругал кто тебя - выпусти ему кишки; поглядел косо - выколи ему глаза.

Опять-таки, когда умрешь, когда отправишься на тот свет, какой там ад, какое возмездие? И там перед тобой тысячи мальчиков и девушек будут плясать и услаждать тебя. Вода из роз будет литься тебе на лицо, золотые потоки будут течь под тобой. Какой тебе еще славы? Но всем этим пренебрегая, душу и веру они, глупцы, потеряли, на этом свете мучения терпят, а о том нечего и говорить. Ключ от рая - в руках у нашего пророка.

Ни меча они не боятся, ни славой не прельщаются. У них каждый грудной ребенок, только услышит имя мусульманина - уж хочет его на куски изрезать.

Ну как же тут терпеть? Терпеть можно день, два... Весь Иран сотни раз на них обрушивался, а они опять выползут, наберутся духа и при удобном случае сами готовы человека живьем заесть. Кто ж стерпит все, что они делают?

Вот и теперь. Какой-то холуй убил моих слуг - что же велишь мне делать? Сердце из груди наружу рвется,- ну как не изрубить их на куски? А он - детеныш этих змей. Пока матери не убьешь, детеныш разве попадет тебе в руки?

Хан и мелик, повторяю вам: того, что они сделали, терпеть нельзя. Но вот вы пришли ко мне - что же мне делать? Разве могу я вернуть вас обратно? Вы знаете: пожелайте сердца моего - и выну, отдам. Я дарю вам их жизнь. Пусть наденут на них колодки и закуют им ноги в кандалы, и пусть остаются в крепости, пока преступник не заявится сам. Кровь отца и матери сладостна, сладка земля и вода родины. Пусть напишут они сами своим сыновьям, образумят их, чтоб те вернулись,- не то худо будет. О как хотел бы я того... того самого беспутного Агаси еще разок повидать, еще раз полюбоваться на стройный стан его, а потом - замучить... Авось, тогда отлегло бы у меня от сердца. Пусть он и другие все знают, что приказ сардара нельзя на землю швырять. Надо чтить его, как святыню, чтоб никто не осмеливался творить такие дела. А не то армяне вовсе в волков превратятся и нас загрызут. Тогда в этой стране и жить нельзя будет.

Вам говорю, эй, вы, седобородые! Клянусь кораном, если сыновья ваши достанут себе крылья и на самое небо взлетят, я заставлю их спуститься. Под землю уйдут, на дно морское - вытащу и на куски разорву. Если они не вернутся, я весь народ армянский велю привязать к дулу пушечному да и выпалить. Если есть у них в голове разум, пусть пожалеют вас и вернутся. Тысяча всадников гонится за ними по горам и ущельям. Казахи и карапапахи готовы кровь их пить. Попадутся они мне в руки - останутся одни уши. Прикажу привязать к хвосту конскому и погнать по полю. Пусть уж лучше над вами сжалятся, сами вернутся. А если я их силой верну, так ни вам, ни им не будет спасенья. Каабой и кораном, головой шаха клянусь: что я сказал, то сказал - сами знаете.

Уходите. Придет они сегодня - сегодня будете свободны, завтра - так завтра. Жизнь ваша и жизнь всего народа вашего теперь от них зависит. Если вернутся, сердце мое, быть может, еще умилостивится, гнев пройдет, и я их не убью. Горы и ущелья дрожат передо мною, а они, что же, будут противиться мне? Пойдите, подумайте, позаботьтесь о своих головах.

При этих словах Сванкули-хан и Саак-ага встали, поцеловали ножку кресла н край одежды сардаровой и, с тысячью поклонов пятясь назад, вышли.

Тюрьму открыли, и наши бедные старейшины вошли в нее. Дверь за ними замкнулась, повязку с глаз их сняли.

Между тем Такуи столько билась оземь ногами и головой, так расцарапала себе лицо, что ее уже не могли привести к сардару. Сванкули-хан отвел ее к себе домой, чтобы там о ней позаботиться и оказать ей помощь.

3

Но что делалось с бедным нашим Агаси - не приведи бог! Руки-ноги связаны, в груди ад, над головою кружатся злые ангелы сатаны - так переправили его через Зангу. Храбрые товарищи так мчали его, что, казалось, горы и ущелья, раскрыв свои пасти, хотят проглотить их. Не раз терял он сознание, чуть не сваливался с коня, но товарищи подоспевали, опрыскивали ему лицо водой, терли уши, приводили в чувство. И вновь сердце его замирало, и вновь чуть не валился он через голову своего коня.

Подчас он вдруг восклицал: - Такуи! Мать моя! Отец мой! Назлу! - камни и землю кидало в жар.

Как только смерклось, въехали они в разрушенную апаранскую церковь. День был короткий, они выехали из села, когда солнце уже близилось к закату. Лошади тяжко дышали и глаза их наливались кровью, из ноздрей и губ вырывался жар. При каждом вздохе брюхо и кишки у них прилипали друг к другу - так они их загнали.

Вато стал прогуливать коней, Каро караулил, наблюдая за горами и ущельями. Муса взвалил Агаси на плечи, внес его в развалины церкви, положил голову его себе на колени, руку свою - ему на лицо и вскинул глаза к небу- узнать, что говорят звезды. Остальные разбрелись в разные стороны поискать корму для коней. Но что найдешь в такое время в голой степи? Одни сухие стебли трав торчали тут и там. Небо, нахмурясь, знай, вертело свое колесо. Спокойная луна то открывала лицо свое, показывая его из-под облаков, то вновь закрывала и пряталась.

И кладбище не так страшно, как страшна была эта дикая пустыня. Из каждой горной щели, из-под каждого камня неслись адские звуки. Тут волки, шакалы, медведи, там свирепый борей, среди бела дня слепящий глаза человеку, забивающий ему рот и заставляющий задыхаться, словно разверзли преисподнюю, сотрясли горы и ущелья. Каждый камень, каждый куст казался им дьяволом. Стукнет ли громко копыто, фыркнет ли конь - им уже чудилось, что рассекаются камни и трещат ущелья. Агаси лежал, затаив дыхание, но когда он время от времени ахал, дергаясь ногами и мотая головой, его товарищам чудилось, что земля разверзается под ними и готова их поглотить. Его верная собака, положив ему голову на ноги, вся точно застыла на месте. Привели и коня, привязали у изголовья, чтобы хоть дыхание его как-нибудь помогло Агаси.

- Агаси, родной ты чаш, что это с тобою случилось? Ослепнуть бы нам, чтоб не видеть тебя таким, что с тобою?

Так говорил юный Муса и бил себя по голове. Он прижимался щекой к щеке его, клал руку ему на грудь, когда же нащупывал пульс и видел, в каком он жару, совсем терял голову.

Остальные юноши напоили коней, погладили их по спине и вновь оседлали и взнуздали. Потом взвели курки ружей и пистолетов, подсыпали в запал свежего пороху и, ведя под уздцы коней своих, вошли в развалину и окружили Агаси. Слезы из глаз лились у них рекой. Скорбь по отцу и матери, собственная горькая доля, а тут еще любимый друг их лежит ни жив ни мертв...- они готовы были вырывать камни и кусты и бить себя по голове. То один припадал к Агаси, то другой. Кто руку прикладывал к его губам, кто головой приникал к его груди.

- Господи! - да славится имя твое! - еще утром сегодня все завидовали нам. Что мы такое сделали, что наслал ты на нас подобную кару? Горе нам, несчастным! Милые наши родители, живы ли вы или пали под ударами шашки? Может быть, пушка повалила вас на землю или заключили вас в темницу. О нас ли вы сокрушаетесь или свою горькую долю оплакиваете? Боже мой! Боже мой! Кому сказали мы хоть одно обидное слово, что так поплатились? На кого косо взглянули, что так ты на нас прогневался? Со всех сторон - кровавое море. Куда ни протянем руку - она в огонь попадает.

Тут когда-то наши цари пировали, проводили жаркое время года, а мы здесь ныне горим, пламенеем. В этой церкви стояли они и молились, а мы здесь одного лишь хотим - с жизнью расстаться. Ах, где они, те времена, где та слава? Да святится земля над прахом вашим, о цари нашего народа и князья, думали ли вы, что сыны ваши будут когда-нибудь так кровью истекать над вашей могилой?

Чей злой язык так проклял нас, что день наш померк и звезда закатилась? О святой Саркис, быстропоспешествующий! О святой воитель Георгий, когда же подоспеете вы нам на помощь? Мы в аду горим-жаримся, что же вы не выручаете нас?

Агасн-джан, Агаси! Что не пали мы жертвой за счастье твое, братец ты наш, душа, свет очей! Кровью залил ты сердце народа, огонь запалил над страной, Агаси, око мира! Ты и мухи понапрасну не обидел, уста твои слова худого не произносили - ах, агнец ты божий! братец ты наш - зачем же бог и тебя и нас до того довел? Куда нам деваться? Над каким камнем оплакать горькую свою голову, в какой поток броситься,- утонуть, избавиться? Ну, скажи ты хоть что-нибудь, ненаглядный ты наш. Зачем ты нас так жаришь-печешь? Приоткрой глаза свои прекрасные, не убивай ты нас так. На что нам белый свет, если тебя с нами не будет. Голову отдадим за тебя, раньше тебя кровь прольем. Для того ли мы с тобою вместе грудь сосали, чтоб от тебя отказаться? Для того ли счастьем своим и хорошими днями наслаждались, чтобы в минуту тяжелую покинуть тебя? Встань, кого хочешь из нас рукой своей заколи. Кто отвратится - отруби тому шею, родной ты наш!.. Ну, заговори же!.. Что ж ты молчишь?..

При этих словах вдруг послышался конский топот. Небо и земля в глазах у них померкли, они уже думали - не гром ли грянул, не гора ли с грохотом обвалилась? Схватили оружие, надели наскоро доспехи, каждый щепотку земли положил в рот вместо причастия, преклонили колени перед камнем, исповедались в грехах, положили несколько земных поклонов, перекрестились и, приложившись к каменьям церковным, встали. Затем потерли глаза и потрепали коней по спине. А кони, навострив уши, насторожившись, косились в ту сторону, откуда доносился топот.

Собаку отвели в сторонку: пальцем, рукой дали ей понять, чтоб молчала, а сами, держа наготове шашки и ружья, взнуздав коней, стали через щель прислушиваться,- кто едет. Жилы их готовы были лопнуть, земля горела под ногами. Проклятая вьюга с ветром неслась с севера н заглушала звук. Она мешала расслышать то, что там происходит,- юноши чуть не треснули от досады.

Так с полчаса стояли они, застыв, без единого звука. Глядели долго. Была опять тишина. Они хотели уже вернуться на своп места и сложить ружья, как один из них сказал:

- Ребята, чему быть, того не миновать. Мужество в том, чтобы головы своей не отдавать врагу. Вы сами знаете: один наш армянин стоит десяти неверных. Видно, в погоню за нами пустили немало людей - ищут нас. Пускай сюда идут, будь они прокляты! Либо мы их всех перебьем - либо уж нас. Станем спина к спине, не поддадимся негодяям!

И не успел Каро вымолвить эти слова, как сам вскочил с места, прыгнул на целых два гяза, обнажил шашку и хотел уже кинуться наружу, но товарищи схватили его за полу и приложили руки к губам, показывая ему, чтоб он сидел смирно и молчал: в самом деле, топот и фырканье коней так приблизились, что как будто раздавались над самым ухом. Но им было хорошо известно, что ночью звук долетает скоро, а им не хотелось, чтоб враги обнаружили их и явились подготовленные.

Понемногу стали они разбирать и разговор едущих: ночь была морозная, и камни тоже весть подавали.

- Здорово они поработали! - сказал один голос, - молодцы! Проклятая вьюга, конечно, замела их следы, а тут еще ночь, ни зги не видать... Однако куда ж они могут деться? Если и на небо заберутся, мы их и оттуда спустим. Ну, поехали дальше, в этой пустыне им оставаться нечего...

- Чьим-то глазам завтра либо смеяться, либо плакать. Чем еще я могу доказать сардару свою ловкость? Нет, надо взять их живьем. Отведу к нему и подарю...- говорил другой голос.

- Нет, брат, что возьмем, то все пополам. А сумеем взять Агаси живьем, так свяжем по рукам и ногам и погоним впереди коня или сбоку привяжем, да так его и приведем,- он достоин этой чести, он храбрый мужчина. А остальных, коль даже и убьем, беда не велика...

- Мужчина!.. А эта шашка на что? - Узнает он мужество, с помощью божией. Попадись он мне только в руки, объявись только, покажу я ему его храбрость!

- Да замолчи ты, Махмед, - знаем мы, что ты за птица. Его и лев не одолеет. Да таких, как мы с тобой, он по двадцать, по тридцать человек, случалось, гнал впереди себя и приканчивал. Сделай дело, а потом хвастай. На охоту идешь, а попусту брешешь.

При этих словах сердце у наших ребят на десять пядей вверх подскочило.

- Шашки, ружья - наготове держи! - сказал еще один неверный. - Проклятие сатане, они, может быть, как раз за этими камнями и притаились. Услышат - нагрянут, пальцем не успеешь пошевельнуть. Это ведь Апаран... Такой лез, как Агаси, один с двадцатью всадниками в таком месте справится- и поминай как звали!

- Да будет тебе: поменьше этого поганца хвали, армянина неверного,- живьем он нас проглотит, что ли? Важное дело - армянин, откуда ему и силу-то такую взять? Не умереть бы - его повидать. Увидите, в какого он цыпленка передо мной превратится...

Едва он это сказал, кто-то закричал с другой стороны:

- Эй, вы, эй! Станем-ка от церкви подальше, оно лучше будет. Говорят, когда-то один хан хотел разрушить ее, но как только приблизился, из церкви выступили всадники - красные, зеленые, да так их было много, что заняли они и горы и ущелья, войско ханово перебили, в бегство обратили, а сами вернулись на свое место - и исчезли.

В этой церкви, сказывают, погребены мощи Могнинского святого, а вы сами знаете: с этим полоумным святым не потягаешься,- шея сворачивается и лицо задом наперед обертывается. Тысячу раз я сам видал. Что армяне, что мусульмане, что назареи - все его рабы.

- От слов твоих попахивает армянским духом. Машади, постыдился бы хоть своей длинной бороды, и зачем ты ее носишь, хной красишь? Разве не мужская папаха у тебя на голове? Послушай, ну много ли значит армянин, равно и святой его - что он значит? Уйми язык, папахи-то своей постыдись! А то я сегодня же ночью тебе назло в ней шашлык приготовлю и съем, вот лошадь привяжу да и нагажу в твою папаху - не будь я человек! Я уж лучше этой бороды носить не стану. Сколько я своими руками церквей таких поразрушил. Сколько вот этим самым пальцем глаз у святых повыковыривал, а ты мне будешь сказки рассказывать! Накажи тебя Кааба, и зачем ты еще намаз совершаешь при таком сердце! Гони, гони коня-то, уж поделюсь шашлыком, половину отдам - ешь!

Не успел он этого сказать, как раздался возглас: «Святой Саркис, помоги!»- и затрещали ружья.

- Ребята, голубчики,- не мешай! У них головы, у нас шашки,- для какого же еще случая они у нас на боку звенят?- крикнул великан Каро,- вот уж у троих голова скатилась, святому их проклятье!

- А я двоих шашкой прикончил, не робей! - крикнул с другой стороны Вато.

- И я двоих убил, да вон еще голова у меня под ногами,- сказал Вани.

- Ребята,- бегут! Садись на коней,- пропади они пропадом! Привыкли на селе куриные головы срезать, разгуливать, пить армянскую кровь - да разорится их дом! Ребята, вперед! Благодаренье святому Саркису,- за нами поле!

Сказали и, словно драконы, ринулись нагонять разбойников. Где кого настигли, там и зарубили.

Утесы и горы очам их светили, силу их рукам придавали. Словно воскресли великие полководцы армянские и ободряли их. Так преследовали они врагов и крошили.

Но, увы, видно, кровью глаза у них были застланы: они \мчались и не подумали, что же станется теперь с Агаси. Вот он зовет товарищей - их нет, стонет,- никто не слышит, не отзывается!

Когда вдруг затрещали ружья, душа его будто на свое место вернулась. Он вскочил, вспрыгнул на коня и погнал его, как безумный, сам не зная куда. Одного хватил он шашкой по черепу, но шашка переломилась, раскроив и голову надвое. Пока он старался высвободить шашку или хоть достать кинжал, вокруг шеи его обвилась веревка. Он гнал коня вперед - напрасно! Наконец конь выскочил из-под него. Агаси упал на землю,- и четверо огромных мужчин набросились на него.

Собаку его давно хотели убить, чтоб она не залаяла. Но собака - о преданное, верное животное! - собака, увидев, что она уже не может быть на пользу хозяину, погналась за ускакавшими.

Агаси связали руки, в рот набили хлопку, туго-натуго затянули платком - и конец. На другой же день телу его не миновать бы дула пушечного!

Как далеко заехали молодцы, преследуя убегавших, богу одному ведомо. Но когда всей гурьбой возвращались они и вдруг приметили на дороге собаку Агаси,- волосы у них встали дыбом.

- Ой, беда, ребята! - вскричали они.- Что же мы наделали? Сами себе глаза выкололи. Едем, едем скорей! На что нам голова, если его уведут!

Но где Агаси? За каким он камнем, в какой пустыне, в какой теснине?

Кто бросился в гору, кто в ущелье, но не было у камня языка, чтоб сказать, не был конь так умен, чтобы сыскать хозяина, а собака - та давно с глаз скрылась. Куда ехать, куда устремляться? О, если б земля разверзлась под ними, они и туда отправились бы, лишь бы найти его! Долго плутали они там и тут при лунном свете, но ничего не нашли. Съехались опять все в одно место и стали думать. Не время было плакать и стенать.

Они не сомневались, что Агаси, вероятно, проснулся от внезапного шума и попал в беду. Недаром собака оставила его и, верная чутью своему, побежала за ними, чтобы они вернулись и освободили его.

Не сомневались они также, что разбойники, поймавшие Агаси, не поедут дальше, они, верно, укрылись где-нибудь и пережидают, когда тревога успокоится, чтобы вместе с добычей своей снова пуститься в путь. Они недоумевали, - что же предпринимать?

- Ребята, надо тут оставаться. Собака его - видите - пропала, а она мудрая тварь. Что бы там ни было, а она по запаху может найти. Уж если кто может помочь этой ночью, так единственно она, а мы ничего тут не поделаем.

Так некоторое время сидели они в недоумении и раздумывали, как вдруг умная собака очутилась перед ними,- она тяжело дышала, высунув язык. Побежала - они поскакали за ней. Проехали довольно много - и вдруг собака остановилась и подняла ногу. Сколько ни заставляли ее двинуться с места, ничего не выходило. Поняли мысль осторожного животного, сошли с коней, поручили их одному из своих и во главе с Каро потихоньку зашагали вперед.

Подошли к одному холму - собака опять остановилась, стала нюхать. Взяли в руки ружья. По милости божией двигались они по той стороне, где на них падала тень от холма. Ползком на животе добрались они по камням до какого-то оврага, спустились в него. Воды в нем не было, он был пуст, - его, видимо, вырыл когда-то дождь. Тень от холма падала гязов на пять вперед поверх их голов.

Они шли некоторое время по этому оврагу, осторожно пригнувшись, вдруг - вышли прямо на разбойников. Как раз луна осветила неверных, - юноши увидели, что Агаси среди них. Сердце их успокоилось.

Передохнув, каждый взял на прицел одного из врагов. Миг,- затрещали ружья, и разбойники сковырнулись. Пока барахтались они, как зарезанные куры, подоспели и другие ребята.

Ах, кто передаст их радость и слезы в ту минуту? Точно душу свою вернули они с неба. Какие слова могли прийти им на уста?

Не теряя времени, забрали они свое утраченное было сокровище, сняли с врага оружие, доспехи, одежду, навьючили на тюркских же лошадей и двинулись.

Надо ли удивляться, что Агаси при каждом взгляде на собаку свою готов был ей жизнь отдать?

Вероятно, человек пятнадцать прикончили они в ту ночь.

Подъехав к церкви, достали несколько пятаков, положили на алтарь, преклонили колена, восславили бога и отправились в путь.

4

Занималась заря, рассвет был близок, когда наши путники вступили на русскую землю и направились прямо в селение Парни.

Агаси не хотел показываться на люди, он стремился уйти на волю, в горы и, где суждено, там и умереть. Он и сам теперь не гонялся за хорошей жизнью. Но погода была зимняя, холодная, в полях было ветрено и сухо, несчастные лошади голодали - все это трудно было преодолеть.

- В такую пору да в таком виде, ты ли это, Агаси-джан? - вскричал ага Н., годами деливший с ним бывало хлеб-соль.

Радостно распахнул дверь, велел ввести коней и, взяв гостей за руки, повел их в саку. Жилой хлев был у него гязов в сто, не меньше. Буйволам, лошадям, волам, коровам, овцам - конца-краю не было. Тотчас же приказал он разостлать ковры, затопить бухарик. Вошли невестки, чинно, скромно, с повязанным до половины лицом, разули их, принесли воды, вымыли им ноги и голову,- и гости уселись в два ряда. Ага Н. сам сел ниже всех.

Пришло человек восемь-девять бойких ребяток, маленьких и побольше, еще неумытых. Кто с кинжалом у пояса, кто с недогрызенным куском хлеба, кто с голой головой, кто с голым пузом, в одной рубашке или без порток, - навострив уши, стали они в круг на саку и уставились глазами на гостей. Не уходили, хоть отец и давал тумака то одному, то другому.

У наших молодцов еще были в карманах масленичные гостинцы - чучхела, алани, груши, яблоки, пшат, сушеные фрукты,- они достали их и роздали детям. Те вытаращили глаза: в их стороне таких дивных вещей не бывало.

- На что наши орехи да кизил вкусны, а это еще вкусней! - говорили они друг другу и с удовольствием уплетали гостинцы.

- У нас только мацун да масло, сливки да мед - мы их так налопались, что у нас уже рты и животы ими пропахли. Будь такой, родная наша сторона, чтоб в тебе тоже такие вещи водились. А от наших кур да коров - какое удовольствие? - сказали они и весело выбежали показать и соседским ребятишкам невиданное угощение.

В мгновение ока вся ода набилась ребятами. Каждый подталкивал другого, чтоб шел вперед и просил фруктов. Как только кто-нибудь из гостей двигал рукой,- не было конца разным шуткам. Долго еще развлекали они гостей.

Хозяин несколько раз пытался кое о чем расспросить, но молодые люди всякий раз прикладывали палец к губам и отмалчивались. Было понятно - тут что-то есть.

Прошло несколько часов. Сошлось все село, все собрались вокруг них. Входили - шапка на голове, бурка на плечах, чубук во рту либо в руке, кисет с тютюном или кинжал за поясом, в тонкой шерстяной чухе, в шалварах с засунутыми в голенища концами, с плотно сидящими на ноге трехами, - что ни мужчина, то гора. Кто стар, кто мал, о том не спрашивали. А кланяться и вовсе не было в обычае. Вошедший просто говорил: «Доброе утре» или «Господи, помилуй»- и садился.

А люди молодые - лет двадцати-тридцати - выстроились, одни возле столба, другие у стены и, шушукаясь между собою, глядели то на самих гостей, то на их оружие и доспехи; если ж кто-нибудь из гостей желал чего, все сразу бросались, головами стукались, чтоб только исполнить желание тех, кто в этот день их господину был господином.

Домашние ребята тоже пришли,- кто подметал в хлеву, кто чистил лошадей, кто приносил сена и соломы, кто вел скотину на водопой, кто подносил огонь для чубука,- каждый рад был что-нибудь сделать, чем-нибудь угодить старшим и гостям.

А гости тем временем, сняв оружие и доспехи и повесив их на стену, сидели, поджав ноги, и занимались беседой. О конях стыдно было даже спрашивать,- они отлично знали, что за их конями будут лучше ухаживать, чем за ними самими.

Едва занялся день, многие вернулись с поля, яркий снег слепил им глаза, и долго они не могли различить приезжих - кто они такие. Да и в саку не было света - один небольшой ердык. Но кто бы они ни были, лишь бы приехали к добру,- тогда все равно будут их на руках, на голове носить, целый год в доме кормить-поить и оказывать всяческий почет.

Как только стало на дворе светлее и глаза их начали видеть, они разобрали, кто такие были приезжие, и опомнились:

- Здравствуй, здравствуй, наш Агаси! Здравствуй!..- закричали со всех сторон.

Сельчане и гости бросились друг к другу и стали целоваться.

- Так вот вы какие, только вьюга зимняя да летний зной вас в нашу сторону и загоняют! Ах вы такие-сякие! А мы - знай, глядим. Столько на дорогу глядели, что все глаза проглядели. Птица пролетит, так мы и ей папахой машем - не знает ли чего про вас? Наши горы, авось, не волки, вас не съедят. Чего ж иной раз не свернете с дороги, к нам не заедете? Правда, садов, виноградников у нас нет, вином да сладостями не можем попотчевать, так зато масло всякое и мед, хоть на них бы польстились.

165

Слава богу, в доме у нас полно, в хлеву полно. Не беда, коли и хлебом одним накормим в дорогу - тут дело в сердце человека. Если и сладкий плов нынче съешь, завтра все равно желудок своего запросит. Хлеб да соль - сердце открой. Хозяину и спасибо можно не говорить.

В город вы ездите, и горы и ущелья объезжаете,- только наша одна сторона вам, что бельмо на глазу. Надо бы вам по-настоящему ноги связать, хорошенько поколотить, отнять, что у вас есть, да и отправить в дорогу с пустыми руками. А эдак и мы к вам ездить не станем, хлеба вашего есть не будем. Ах, вы, дурные, не знаете разве,- коли мы схватим вас тут в горах, так хоть тысячу лет старайтесь, изворачивайтесь, все равно захотим, так не выпустим.

Ну, чего вы сидите у своего тондыра, под курси ноги протягиваете, с женой бок о бок? Нет того, чтобы поехать друзей-приятелей навестить, узнать, как они поживают, пока еще не померли, хоть словечко им приветливое сказать, чтоб не сошли они в могилу, вас не повидав. Каменное у вас сердце, каменное,- не мать, видно, вас родила. Бир гёранда - иолдаш, икки геранда гардаш. (Раз свидишься - товарищем станешь, два раза свидишься - братом станешь). Да не разрушится ваш дом,- эла мусульман олубсуз, ки атаныз хачи танымирсыз? (Неужто до того вы омусульманились, что и крест отцов своих не признаете?).

Христианская страна - здесь, мы - ваше племя, ваша кровь. И охота вам жить в той собачьей земле, только дни свои, жизнь свою омрачать? Да и какое удовольствие сиднем сидеть? - хоть раз бы в год лицо свое в нашу сторону оборачивали. Дела у нас зимой нету, не бойтесь, мы вас не съедим. Коня у вас нет - коня дадим, коровы нет - корову дадим. И кто вас за руку удерживает? Вот хотите, возьмите детей наших за ухо, уведите и продайте - если кто вам слово скажет, накажи того бог.

А коли так, давай, старшина, накажем их хорошенько. Кстати,и масленая как раз. Уж эту-то неделю мы их не выпустим, вот как отомстим, - так накормим-напоим, что они и дороги своей не найдут. И поделом: кто к нам один раз в год является, тот должен сразу за весь год долг уплатить,- спать-просыпаться, есть-пить, пировать.

Разве мы затем только хлеб добывали, чтоб самим жрать, чтоб только четыре стены и видели? Такой хлеб - поганый. Да ежели не разделишь свой кусок на тысячу частей, не накормишь тысячу птиц да червей, так и сам не проглотишь, не переваришь. Для того ли мы под солнцем, под дождем, в горах да в степи из сил выбиваемся, чтоб никто нам «доброе утро» не сказал, не открыл бы нашу дверь, не выпил бы за помин души наших сродников? Что это за дом, что за очаг, коли не зайдут туда в день десять путников неимущих и не наедятся досыта? Может ли быть в таком доме благодать? Разве такое поле плод принесет?

Нет, старшина, сегодня все мы у тебя в гостях; завтра- у меня, послезавтра - у него. Попируем эдак хорошенько, а великим постом и отправим их в путь. А ежели добром не остается, так скрутим им ноги, да и продержим, как заключенных, до пасхи, а то и до вознесения. Что скажете, а?

- Поистине благословенны уста твои,- прямо по евангелию говоришь,- раздалось со всех сторон,- кто ж на это что возразит? Наше сердце как раз того и хотело.

- А ну-ка, ребята, айда - приведите ашуга,- сказал обрадованный старшина и надвинул шапку на правое ухо.- Зарежьте быка, какой побольше, приготовьте каурму, да еще барана. Мягкие части, грудинку, вырезку - сюда несите, сами на вертеле зажарим. Да зурначи чтоб пришел, и священника пригласите. Вино в духане, деньги в кармане,- да здравствует наш народ! У меня в дому горшки стоят с маслом и топленым и сливочным, с медом да с сыром полным-полнешеньки, и амбары и погреба. И шах так время не проведет! Будем пить, есть, пировать, бога славить, поминать усопших наших, гостям угождать - пускай знают, что и у горцев в груди сердце, а не камень.

Бог да укрепит престол русского царя, от его державы все, что угодно, у нас есть; яйца змеиного захочу - и то найдется.

Агаси ни разговоров, ни бесед - ничего не слышал. Он устал с дороги. Холод его пронял, а потом и жар в помещении подействовал. Вес это его одолело и, приклонив голову к стене, он сидя спал.

Все же сидевшие кругом разглядывали его: что бы ни говорилось, даже улыбка не появлялась на его лице. Правая рука его лежала на коленях, левая, ослабев, отвисла в сторону. Многие думали, что это он с дороги да от холода. Покрывать его ничем не нужно было - в саку было жарко, как в бане.

Гости не приметили, что несколько тюрков из того же села, смешавшись с толпой, тоже вошли в дом. Многие из них понимали по-армянски. Усевшись по разным местам, воровато, они жадными глазами глядели на шашки и ружья приезжих и скрежетали зубами - видно, жалели, что не повстречали их где-нибудь в степи и не ограбили всего этого добра.

Агаси был весь в поту. Испарина, как облако, застлала ему глаза и брови. Цвет лица его менялся ежечасно. Он то разговаривал сам с собою, то поднимал руку, расправлял мышцы и опять впадал в сон.

Более всего удивляло всех то, что гостей было всего шесть человек, а оружия и доспехов привезли они на добрых двадцать.

В недоумении стояли они кругом и разговаривали, как вдруг Агаси закричал:

- Оттяни шашку, страж ада,- вытяни шею! Отец-джан, куда это ведут тебя?..

Сказал, вскочил с места и побежал к шашке.

Сельчане, расталкивая друг друга, высыпали на улицу. Кто крестился, кто шептал: господи, помилуй!..

Успокоившись немного, стали прислушиваться из-за дверей. Убедившись, что он умолк, осторожно вошли опять и робко сели.

Но кто теперь мог бы заткнуть им рот? Все хотели непременно знать, что случилось.

Товарищам Агаси волей-неволей пришлось рассказывать. Пока речь шла о начале дела, все было ничего, подобных вещей немало приходилось слышать, но едва дошли до того места, как они порубили врагов, как те бежали,- сто уст вскричали зараз:

- Молодец, Агаси! Молодец! Доброй крови,- удалой армянин таким и должен быть. Вот уж масленица, так масленица! Ну ребята, чего ждете? Готовьте еду, стелите скатерть, ангел праотца Авраама пожаловал к нам. Да я за такого удалого парня душу отдам. Молодцы, ребята! Врагу так и следует мстить. Видите, ребята,- обратился он к своим сыновьям,- вот каким должен быть храбрый молодец, а вы все дома сидите, хлеб жуете. Молодцы, ребята, что своего старшего так сберегли! А собака тоже тут?..

И взрослые мужчины и молодые парни со всех сторон бросились к Агаси - поцеловать его в руку, в лоб, но старшина не допустил, чтобы его разбудили. Остальных так прижимали к груди, что казалось, готовы живьем их съесть.

- Благословенно молоко матерей ваших, благословенна земля, вас породившая! Вот таким и должен быть настоящий молодец. А не то, коль укоротишь язык да нагнешь голову, как раз на шею тебе сядут, мозги выцедят, глаза .выколют, все потроха из тебя выпустят...- говорили со всех сторон.

Раздались саз и зурна, - тогда только Агаси открыл глаза и в таком изумлении смотрел по сторонам, точно вот-вот на свет родился. Хотел было он опять глаза закрыть, но люди так на него набросились, что чуть ногами не затоптали. Не то что лицо,- полы одежды его целовали. Таким образом и он оказался в их кругу, и они до вечера, пока не началась всенощная, кутили, да так, что надо бы лучше, да нельзя!

Скорехонько и на селе об этом узнали, и уж кто угодно вваливался в дом,- увидеть Агаси, исполнить заветное свое желание. Словно на богомолье шли.

Старшина послал в Караклис к князю сообщить о происшедшем. В ответ пришел приказ явиться к князю через несколько дней Агаси самому.

168

5

Памбакские тюрки опечалились, а армяне окрылились,- подняться с земли да и летать!

Масленая прошла, наступил великий пост. Когда Агаси с двадцатью-тридцатью всадниками въехал в Караклис, весь народ караклисский вышел навстречу - поглядеть на него. Тысячи уст его превозносили, кричали: - «Молодец!..»

Князь Саварзамирза очень его обнадежил, ласково обошелся с ним и даже обещал как-нибудь замолвить за него словечко сардару - они были между собой большими приягелями. Приказал дать им все необходимое и хорошенько смотреть, чтоб им никто не причинил вреда. Да разве ж памбакские-то армяне умерли? Кто же мог им вред причинить?

Так всю зиму напролет всех тридцать всадников и водили из села в село и по целым дням, а то и неделям угощали, так что они уж в конце-концов устали совсем.

Храбрые лорийцы тоже, как узнали, что они неподалеку, успокоиться не могли, хотели непременно зазвать их к себе и принять. Около месяца пробыл Агаси и тут.

Чистосердечие этих славных людей, их искренняя любовь, отменный воздух и вода тех мест, наконец, надежда, поданная князем, вернули Агаси к жизни, на сердце у него полегчало.

Он стал опять говорить, беседовать, слушать, однако печаль не переставала ложиться тенью на лицо его и омрачать взор, как черная туча. Нередко он вздыхал, - тогда камни и земля плакали. Когда он улыбался, уста его похожи были на увядшую розу, - только оживится она от росы, как опять уже вянет, поникает.

Частенько видели: сидит он на камне или прислонясь к скале, глаза устремлены на ущелье, на реку, рукою подпер он голову, а то лежит где-нибудь на боку возле потока, развлекает себя, играя с кустами, с травой, с цветами, с водою - и плачет.

Порою, когда вскрикивал он вдруг -«Назлу!» или называл имена родителей,- горы и ущелья вторили ему, горько рыдая. Поскольку сам был он печален и удручен, ему казалось, что у людей нет сердца, раз они могут радоваться, веселиться, потому-то горы и ущелья стали друзьями его печали. Как тосковал он по отцу с матерью, как стремился душой к сестрам и братьям, как всецело горе полонило его сердце!

Глядел он в сторону Еревана, но в той стороне и дымок даже не виднелся, ни одна гора знакомая не подымалась,- ничто не могло хоть немного облегчить его сердце.

В это время случилось ему как-то собрать товарищей и отправиться на охоту. Проехали Гамзачиман и Чибухлу, Доехали до Гарниярага, и тут представился глазам его Масис. Агаси махнул товарищам рукой, чтоб они отошли в сторону, сам сел под кустом, положил голову на камень и весь в слезах и тоске пропел такую песню:

По горам-долам, по сухой земле
Брожу, сижу, гляжу на реку,
Рука на груди, головой к скале,
Хочу слезами залить тоску.
А тучи кругом сошлись, собрались
Любуюсь тобой, мой сладкий Масис.
Слезою горючей насквозь прожжен,
Гляжу на тебя, в кремень обращен.
Родимые, дом,- далек я от вас.
Гляжу я на месяц - и вас люблю.
Увижу ли вас, настанет ли час?
Когда ж я лаской печаль утолю?
Когда ж, родные, вас обниму,
К лицу дорогому лицо прижму,
Колени в колени ваши уткну? -
За вас, родители, смерть приму!
Глаза на дорогу я проглядел,
Возьмется ли птица в выси кружить,-
- Не с вестью ли, вестник, ты прилетел?
Промолвлю - и снова начну тужить.
Живы ли вы? Тоской изошли?
Плачете ль вы, что пропал ваш сын?
Иль уж спите в лоне земли,-
А я страдаю, взываю один?
Достоин ли я ваших нежных чувств,
Благословенья святых ваших уст?
Старик-отец, несчастная мать,
Придет ли мир мне помощь подать.
Святое родительское молоко!
Пресветлые руки, сладкая речь!
Когда ж удостоюсь вкусить покой,
Рядышком с вами в могилу лечь?
Счастливые дни! На лоне родном,
Приоткрыв глаза, вам припав на груди
На ваших руках, в подушку лицом,
Как сладко бывало играть, уснуть!..
Счастливые дни! В саду деревцо,

И люлька моя, и вы надо мной:
Целую святое ваше лицо
И сладостно сплю под напев родной
Где тень? Зеленый где бережок?
Трава, цветы, долина, лужок?-
Чтоб мог я, резвясь, веселить сердца
Возлюбленной матери и отца.
Заплачу - слезы в глазах и у вас,
Засмеюсь - уж вы зовете тотчас:
- Агаси мой, джан, подойди скорей,
Ненаглядный мой, свет жизни моей!
Ах, эти слова - живые огни,
Сжигают они все нутро насквозь.
Зачем умереть в те светлые дни
Под кровом родимым мне не пришлось?
Тоскую теперь по горсти земли,-
В волне ль утону, с утеса ль паду?
Но, увы, без вас, пока вы вдали,
Ужели спокойно в землю сойду?
Назлу несравненная, друг - Назлу,
Лишь вспомню тебя - и не мил мне свет.
Назлу моя дивная, друг - Назлу,
От мужа прими последний привет.
В глубине теснин и в горах, в выси,
Сгорает от горя твой Агаси.
Лишенный тебя, с любовью к тебе
Голубкой сидит на сухом кусте.
Я землю лижу, тоскую, горю,
Себя до срока тоской уморю.
Пусть смерть с холодным крылом придет,
Потребует душу и унесет.
Из горького света уйду скорей!
Мои кости станут пиром зверей.
Когда в забытьи над рекой сижу,
Закатив глаза, немею, дрожу.
Скатиться хочу я в пену реки,
Умереть с глубоким вздохом тоски,
Пускай волна меня погребет,-
Оденет саван из хладных вод
Стану в выси над утесом нагим,
Увижу дома родимого дым,-
Но сладостный лик твой навеки незрим,

171

Назлу моя, сладостный друг Назлу,

Во власть отдаюсь я смертному сну,-

И чудится мне, что в пропасти я,

Что будто в бездну уносит меня,

Назлу, о Назлу, дышу я едва,

Померкли глаза, горит голова.

Вдохнуть лишь тебя, и тогда - хоть в ад

Я буду спокоен и смерти рад.

Тебя, ненаглядная, жду и жду,

К могиле везде и всегда бреду.

Но что мне могилы искать еще?

Могилой - хладное тело мое.

Как обещала, меня схорони,

Сама приди, детей приведи,-

Чтоб их я увидел в последний миг,

Сказал бы, пока не умолк язык:

- Прощайте, дети, пришел конец,

Любимых своих покидает отец.

Будете душу отца поминать

Прощайте, милые,- срок умирать.

Нет больше отца - берегите мать,

По мне приходите поминки справлять.

6

Всякому известно, что, когда сердце у человека обливается кровью, то ни меч, ни лекарство, ни сон так для него не благотворны, как слово и речь, но особенно песня, заунывное баяти. Потому-то его товарищи отошли в сторону и лишь издали за ним наблюдали, чтоб не случилось с ним какой беды, так как горы и ущелья искали его смерти.

Долго слушали они, наконец, он умолк и уснул. Потом они подошли, забрали его и привезли обратно в Караклис.

Как-то раз, когда сидел он в таком состоянии духа во дворе на камне, подошел к нему какой-то чужой человек и, остановившись перед ним, стал в него всматриваться. Ага-си хотел уже подняться и уйти, чтобы никто не оказался свидетелем его горя, как вдруг незнакомец, раскрыв объятия, бросился к нему, обнял и едва успел промолвить-«Агаси-джан!»- как голос его оборвался, язык онемел, и сам он замер без чувств на груди юноши.

172

Наконец и Агаси очнулся от первого потрясения, открыл глаза, и - о боже! - кто бы мог в эту минуту остановить его слезы, унять его сердце?

- Дядя родной! Дядя Аветик-джан! Это ты?-воскликнул он и потерял сознание.

Товарищи, при этом присутствовавшие, бросились к ним со всех сторон и обоих, в обмороке, отнесли домой, где и привели в чувство водою и нюхательным.

Едва открывали они глаза и видели друг друга, как снова кидались друг другу на шею, называли друг друга по имени, опять теряли сознание и опять возвращались к жизни. У всех, кто рядом стоял, слезы из глаз ручьем лились.

Иного средства не оставалось, как призвать священника. Он пришел, прочитал из евангелия, возложил им крест и частицу мощей на головы,- тогда лишь они окончательно пришли в себя.

Этот неожиданно появившийся незнакомец, любезный читатель, был действительно не кто иной, как дядя Агаси, брат его отца. Очертя голову бросился он на поиски пропавшего своего племянника, решив непременно найти его, увидать и, лишь выполнив это заветное свое желание, сойти в могилу. Кто бы мог поступить иначе?

Когда сердца их немного поуспокоились и они опять овладели собою, Аветик достал из шапки какие-то бумаги, передал их Агаси, а сам, найдя предлог, вышел из дому: он боялся, что, увидев слезы племянника, он и сам сгорит, испепелится. Он привез с собою два письма. Одно было от матери Агаси, другое - от его жены.

Блаженны те, чьи глаза писем таких не видели и никогда не увидят!

Разве только Агаси мог выдержать, - но чего это ему стоило! Сколько раз, читая, ослабевал он, замирал, прикладывал бумагу к лицу и закрывал глаза. Снова облили его водой, снова привели в чувство.

Вот что писала мать:

- «Агаси-джан, Агаси,- витаю над головой твоей! Агаси! Почему не стану я вся огнем и не сожгу себя? Почему язык мой не сохнет, не помрачаются глаза мои? Почему не превращаюсь я в прах, чтобы ветер унес меня и рассыпал у ног твоих, разостлал по горам, по камням, чтобы ты, проходя, попирал меня ногами, чтобы сел ты на меня и выколол мне глаза, положил на меня голову свою, засыпая? Твоя мать жизнь за тебя отдаст, за тебя, мой царь, мой господин, Агаси!

Деревья, тобой посаженные, в шипы превратились и убивают меня. Цветы, тобою взращенные, стали огнем - сжигают меня, испепеляют. Места, где ты гулял, вонзают в глаза мне копья, вырывают сердце мое из груди.

Куда мне запропасть, чтоб голоса моего никто не слышал? Куда деваться, чтоб глаза мои того не видели, на что ты смотрел, память не хранила бы слов, тобою сказанных, чтобы стала я каменной и тебя не помнила, чтобы сердце во мне застыло, чтоб не чувствовала я любви к тебе?

Сгинь, жизнь моя, помрачись, день мой, чтобы не говорить мне, что и я тоже мать, я тоже сына родила, что и меня поздравляли, что и я должна была сыном своим наслаждаться, а когда бы глаза сомкнула, сын бросил бы горсть земли на меня, обхватил бы мой гроб, предал бы земле мертвое мое тело, плакал бы надо мною, стал бы над моей головой и промолвил бы этими родными, святыми своими устами. «Царство небесное тебе, мать моя,- о мать моя, кабы еще раз глаза наши встретились, уста приникли бы друг к другу, а потом и отнял бы господь мою душу!..»

Душа моя глубоко,- не вынешь ее и не отдашь богу. Сердце мое - не в руках моих - в огонь не бросишь, не сожжешь. До неба рука моя не достигает, до слуха твоего голос мой не доходит.

Птица ли пролетит надо мною - я имя твое называю, идет ли дыханье из губ моих - тоска по тебе сжигает меня испепеляет мне все нутро. Глаза ли смыкаю - сердце мое разрывается, рот замкну - мысли путаются. В дом ли войду - стены для меня - ад. Наружу ли выйду - горы и ущелья оплакивают горькую мою долю. На небо погляжу - ни звука. На землю посмотрю - ни вести. Лягу ли головой на подшику -задыхаюсь. Во сне и наяву все ты мне мерещишься, все стоишь перед глазами. Слезы мои - что море, Агаси-джан. От охов да вздохов дыханье мое пресеклось, душа изнемогла. Нет на голове моей волоса, чтоб я его по ветру не развеяла. Нет на лице моем места, чтоб я его не изранила. Камня такого ни дома, ни во дворе не осталось, чтоб я им в грудь себя не била. Руки устали голову колотить, от плача глаза померкли, но увы... увы!.. Душа моя не мною дана, не скажешь ей - «выходи!». Если и заживо сойду в могил,- чей голос услышу, чье лицо увижу, кому душу отдам, к чьим ногам преклоню голову, кого обниму этими руками окоченевшими, что кому скажу этим языком иссохшим?

Если и умру, Агаси-джан, душа моя все равно будет над тобою реять; буду жить, дорогой сын,- жизнь моя и ныне и впредь счастью твоему отдана. Будет ли душа моя на небе, тело будет у ног твоих; пока буду здесь дышать, ты всегда будешь заветным желанием моего материнского сердца. В землю ли обращусь - произрастут из меня плоды для тебя; водою ли стану - оросит она поля и цветы твои; в раю буду - так соловьем слечу, сяду на ветку твоего дерева- сладкий сон на тебя навею; на земле буду жить - принесу всю себя в жертву,- только ты цвети, возрастай, укрепляйся, ненаглядный мой!

Голубь ты мой, свет мой, Агаси-джан, материнской заботой взлелеянный, свет очей отцовских, дитятко мое, всем светом хваленый, богом любимый, людям приятный, жизнь моя, Агаси-джан!

Ты шипы сажал, а вырастали розы; камня касался- камень одушевлялся. Одна была у тебя душа, но у тысячи бедняков была она в сердце; одно было у тебя дыхание, но у тысячи бедняков оно из уст выходило. Одно было у тебя имя,- но на весь свет оно славилось. Две было у тебя руки,- одна милостыню раздавала, другая людские слезы утирала. Кому сказал ты обидное слово,- что так проклял он меня? Перед кем захлопнул дверь, - что он такую беду на меня накликал? Кого ты видел простертым и мимо прошел, - что напророчил он плач твоей матери?

Чье молоко ты пил,- что оно желчью для тебя обратилось? У какой матери на руках возрос?- почему она день и ночь не благословляла тебя? У какой матери на коленях спал - почему же она, любуясь на потный лобик твой, тысячу раз не обращала взор к небу, не лила слез на лицо твое и не сказала грешными устами своими: - Велика слава твоя, господь создатель! Ты послал, ты и сохрани, жизнь мою возьми, к его жизни прибавь, упаси его от напасти, глаза мои выколи! Меч ли должен сразить его - пусть сперва мне в сердце вонзится. Огонь ли должен сжечь, пусть меня испепелит. Пусть глаза мои вытекут, чтоб его глазам не болеть. Боже, царь небесный, пошли только, чтоб он окреп, вырос, достиг своего желания!

Хлеба у меня не будет,- пойду по домам побираться, а его прокормлю. Голову продам, а не допущу, чтоб нуждался он в чужой помощи. Лишь бы, когда я умру, он посыпал землей на лицо мое, закрыл бы мне глаза, отслужил бы панихиду на могиле, стал бы светочем и столпом очага моего, чтобы память обо мне не стерлась, дым из дома моего не прекращался, не убывал!

Агаси-джан, - вот дым мой подыматься перестал, пресекся; дом мой развалился, память обо мне стерлась, основа моя вверх дном перевернулась, звезда моя померкла, солнца толика моя давно закатилась, моя неба толика - обрушилась. Нет для меня зари утренней, не озаряется для меня восток, день для меня - ночь, ночь для меня - ад кромешный.

Давно стою я у могилы своей, - вырыла яму, тысячу раз входила - выходила, но, увы! - как примет меня земля, если я тебя не увидела? Как сомкнутся очи мои, если я на тебя не посмотрела? Обрету ли я покой в могиле, если уста мои еще к твоим не приникли, язык к языку, очи к очам, грудь к груди, юный ты мой, ненаглядный Агаси?

Как решится мой ангел приблизиться ко мне? Как не отсохнет рука, омывшая мое тело? Не онемеет язык, надо мной причитавший? Как останется на месте алтарь перед гробом моим? Как в огонь не обратится чаша, из которой за помин души моей отпивать будут? Как не станет пламенем тот ладан, которым будут кадить надо мной?

Если сын не стоит в головах у матери, как возможно ту мать

похоронить? Если сын не оплакивает родительницу, как возможно ее земле предать? Если сын не освятит могилы материнской, как могут положить на нее плиту каменную?

Агаси-джан, Агаси, свет очей моих, Агаси! О как желала бы я хоть тень твою увидать и потом отдать душу, хоть только голос твой услышать - и закрыть глаза навеки; хоть к руке твоей губами прильнуть, - а потом и дух испустить.

Что за дни тогда были! - Ты льнул ко мне головкой, ручонки клал мне на грудь. Ходила я по -воду - тебя к спине своей привязывала. Ходила в поле - на плечо сажала,- одна рука во рту, другая тебя поддерживает. Сено косила - тебя в зыбку клала и пела, и качала. Собирала ли плоды, опять же тебя к спине привязывала. Хлеб изо рта вынимала и тебе давала. Плоды срывала с дерева - тебя ими баловала. Тысячу раз вставала за ночь, укрывала тебя, ласкала-нежила, возилась с тобою, слезы твои утирала, личико целовала, крестила, молилась на тебя или, взяв к себе и обняв, засыпала с тобою вместе.

Отец твой в темнице,- ноги в оковах. Назлу, полуживая, со смертью борется. Только я одна кое-как перебиваюсь, чтобы хоть раз еще подышать тобою, прильнуть головою к святой груди твоей и сказать тебе прости,- сказать прости и закрыть глаза, чтобы не видеть слез твоих, не слышать твоего плача.

Ах, Агаси, пропавший сын мой, светоч моей жизни! Неужто не вспоминаешь ты никогда бедную мать свою, не спрашиваешь, что с отцом твоим несчастным? А юная твоя Назлу! - она жаждет тебя, кличет. Едва откроет глаза- любовью к тебе сгорает; дышит - тебя вспоминает. Ангел стоит перед ней, одной ногой она уж в земле, крест под головой, саван сложен, ладан и свечи приготовлены. Глаза у нее ввалились, уста сомкнулись; язык не шевелится, не может имени твоего произнести. Нет у нее слез, чтоб сердце унять; нет больше сил, чтобы и меня не сжигать.

И как нога твоя по камням ступает, как смежает сон твои веки, когда думаешь ты о нашей медленной смерти? Ты голову там вымой, а здесь высуши. Хоть на часок один прилети, явись, предай свою мать земле, чтоб не было у тебя матери. Пусть в камень она обратится! А Назлу возьми с собою,- пусть хоть она живет тебе на утешение. Иди, ненаглядный мой, наслаждайся жизнью. Меня похорони, но Назлу не оставляй, не бросай ее. Кроме тебя никого у нее нет,- она тебе доверилась. Приезжай, спеши к ней, пока она еще дышит, увези ее, чтоб я мук ее не видела.

Как только увижу тебя, душу вам обоим отдам, а сама сойду в землю. Скажу вам, прости, скажу - «Идите! Похороните меня, а сами убегайте, уезжайте из этой страны нашей горестной, скройтесь отсюда и длшу несчастной матери поминайте».

И при чтении этого письма сто раз замирал он и вновь приходил в себя; снова начинал читать и сам себя приободрял. Наконец, сложил письмо, сунул за пазуху и погрузился в целое море дум.

Вечерняя прохлада уже сошла на землю, когда он открыл глаза. Снова занес он руку за пазуху, чтобы достать письмо матери и еще раз прочесть, но в руке его оказалось письмо от возлюбленной жены, от его Назлу. Мало он горевал! Вновь тысячи кинжалов вонзились ему в сердце. Растерянный, сам не свой, начал он читать.

Вот содержание ее письма.

«Ежели выну я сердце и вложу в это письмо, и ты его откроешь и увидишь, что тысяча шашек в сердце мое вонзилось,- поймешь ли ты, что твоя Назлу, бедная твоя Назлу, переживает, что с ней творится,- ты, хозяин моей головы, царь моей жизни, Агаси?

Какие горы загораживают тебе путь, какие реки пересекают дорогу, чья рука держит тебя и тянет назад, о моя слава и гордость, что ты так оставил меня в огне? Ад вокруг меня, а ты - в раю. Меня меч разит, а ты умываешь руки. Меня ты дьяволам отдал, а сам посреди ангелов блаженствуешь и даже лица не обратишь, не положишь меня в землю.

Агаси-джан, Агаси, неужто сердце твое стало камнем, неужто глаза твои перестали видеть цветы-кусты, неужто взора своего не обращаешь ты к небу, не видишь, какие черные тучи стоят перед тобой, какой огонь сверху на тебя сыплется? Не знаешь ты разве, бессердечный ты, бездушный, что это из уст моих - и огонь, и пламя, и дым, и туча, что это сердце мое их клубами выбрасывает, затмевает, застилает звезды небесные, засыпает, обугливает горы-ущелья земные?

Сто раз подходила я к краю могилы - и назад возвращалась. Сто раз с солнцем заходящим душу свою в путь отправляла,- но, увы! - понапрасну. Казалось мне на рассвете, что я уже в земле; я дышать не хотела, думала, лежу среди мертвых; не хотела головы поднять, но, услыхав голос матери твоей, горемычной твоей матери, опять открывала глаза и волосы под ноги ей расстилала, молила, чтоб убила она меня или хоть не вырывала бы из рук смерти, чтобы живьем меня не жгла, в уголь не обращала.

И опять, как увижу глаза ее потухшие, тело иссохшее, в щепку обратившееся, как увижу, что и она о тебе душою болеет, по тебе так горюет, по тебе, ненаглядный мой,- так и подумаю: ведь если и я умру, никто на свете ее не прокормит, если я погибну, тогда и ей одно останется - заживо в землю сойти или в воду броситься, утопиться.

Думала еще: на сожженное ее сердце от меня хоть немного прохладою веет; рядом со мною вдыхает она твой запах, вкус твой чует, и тоска ее по тебе хоть сколько-нибудь утоляется. А не будь меня - либо голод убьет ее, либо придется ей по камням скитаться, и будет она даже горсти земли, даже места священного лишена.

Что было мне делать? В какую воду броситься? Душа моя не мне принадлежит, не могла я вынуть ее и ей отдать - чтоб жила она и тебя увидела, взяла бы тебя за праведную твою руку, пришла бы ко мне на могилу, у меня в головах бы стала и промолвила:

«Агаси-джан, тут покоится твоя Назлу, этой земле принесла она себя в жертву». Молчала она при мне, не могла я узнать ее горя. А я и сама обратилась в щепку, мне белый свет опостылел, не могла я сидеть возле нее, не могла ее пот утереть, воды ей студеной подать. Я у себя на своей постели, вся в огне сгорала, она - на своей подушке. Я голову подымала, чтоб отдать богу душу, и видела,- ангел ее тоже кружит над ее головой. Я ахала, чтобы голос мой дошел до твоего слуха, а он до ее ушей доходил, ее сжигал, ее изводил.

Ах, пять месяцев так страдала, мучилась эта несчастная. Ни лекарства, ни иные средства врачебные не могли ее исцелить,- ни священник, ни бдение, ни молитвы, ни причастие.

В одно утро,- ах, да минет тот час и никогда не вернется!- открыла я глаза, хотела встать - то ли покрыть ей лицо, то ли на другое местечко ее переложить,- и словно дом на меня обрушился! Вижу: глаза ее обращены к небу, лицо к востоку, руки и грудь открыты - словно в последний свой час желала она упросить ангела своего повременить хоть не много, надеясь,- а вдруг вот сейчас ты откроешь дверь, и она еще раз увидит тебя, утолит свою тоску и тогда уж отдаст богу душу!

Припади к ее могиле, Агаси-джан! Эта могила - цена твоей крови. В ней свет очей твоих погребен. Коснись щекою земли, чтобы хоть через землю исполнилось заветное ее желание, чтоб через землю узнала она, что ты прибыл, и хоть е могиле бы успокоилась.

Ах, сколько мук она вынесла - и хоть бы когда-нибудь я голос ее слышала, хоть бы слово когда-нибудь она молвила, чтоб горе не так давило мне сердце, так не сушило, не испепеляло меня.

Когда она ахала, ее горячее дыхание касалось моего лица. Когда она плакала, эти слезы, ручьем струящиеся, только я одна и видела. Даже глаз она не открывала, головы не подымала, чтоб только нам в лицо друг другу не посмотреть, глазами не встретиться; не хотела, чтоб сердце мое унялось, чтобы плач ее успокоился, чтобы глаза свои я ей предоставила, чтобы сколько есть у нее слез, она мне бы их отдала, не проливала бы их на землю; чтобы сердце свое я вынула и ей отдала, а она бы мне - все свое горе, чтобы я целехоньким передала его сегодня тебе, как залог, что всегда, лишь взглянув на него, ты будешь думать о том, что твоя бедная, беспомощная Назлу от любви к тебе, от тоски по тебе сошла в могилу, что ты будешь помнить ее и если даже ангела встретишь, не прельстишься им, не положишь другой головы на подушку, где твоя родная Назлу дух испустила; не подставишь другой эту грудь, твою Назлу измучившую; не будешь говорить другой ласковых слов этим языком своим, в огонь превратившимся и спалившим твою Назлу.

Нет, Агаси-джан, если я мать тебе,- исполни, что говорю: каждый раз, как увидишь могилу Назлу, каждый раз, пробудившись и обратив взор к небу, или же зайдя в сад, поливая цветы, срывая плоды,- открывай грудь свою, поминай ее имя, плачь о ней! Нет деревца, не видавшего ее слез, нет камня, не коснувшегося ее груди, нет такого цветка и куста, что не гладил бы ей голову, не видел ее плача и вместе с ней не плакал, не обдавался чадом ее сердца, не завял бы, не засох, чтоб только горя ее не видеть и не слышать ее голоса.

Если сосал ты мою грудь и на руках моих вырос,- покуда есть дыхание в устах твоих, пока носят тебя твои ноги, приходи, о приходи сюда, Агаси-джан, стань на эту святую землю, меня тоже похорони,- а там бог с тобою!

Пока я жива, лучше шашку вонжу себе в сердце, лучше глаза себе выколю, но другую невестку я в дом не приму, для другой матерью не стану. Не хочу, не хочу, чтобы снова меня поздравляли. Она была светом очей моих, радостью моей жизни - и вот пропала, погибла.

Если нога другой ступит на землю, где она ступала, я не выдержу. Если и мир после нее в алмаз превратится - кто станет на него смотреть, кто на него польстится?

Когда умирала она, я так ее и напутствовала! - Иди, мучительница ты моя. Пока я дышу, Агаси твой красной повязкою не повяжется, руки хной не покрасит - давно его хну я по ветру пустила. На одну подушку клали вы головы - и почивать должны в одной земле.

И меня положите с собою, чтоб я и в могиле видела вашу любовь и на небе чувствовала ее, благословляла бы вас и своими детьми называла, чтобы взятый у бога залог таким же ему возвратила.

Я стою на краю могилы, я зову тебя, Агаси-джан. Я раскрыла объятия свои, по тебе тоскую, сердечный ты мой. Сама я землицы в горсть набрала - чтоб себе на лицо посыпать, родной ты мой, сама и саван сшила,- чтоб одели им меня,- Назлу и умереть за тебя рада! - и ладан, и свечи купила, и за требу деньги своими руками отдала, незабвенный ты мой. Служба, обедня, священник, чаша - мне уж не забота, голубь ты мой.

Тысячу раз кланялась я в ноги ангелу своему, просила его отойти - чтобы раз еще услышать твой голос этими оглохшими ушами, полюбоваться на красу твою этими глазами померкшими, еще хоть раз руку твою святую прижать к этой груди окаменелой. Раз лишь еще приникнуть к родному лицу твоему лицом своим посеревшим, душу эту сожженную, в пепел обратившуюся, всю истерзанную, и дыхание свое тебе отдать, Агаси-джан.

Неужто сердце твое так омертвело, одеревенело, что ты уже не любишь меня? Ах, что мне делать? Что сказать? Сердце мое через край переполнено, голоса моего не хватает,- ты далеко. Кто поможет нашему горю?..»

Несчастная женщина уже не в силах была сдержать себя. Свекровь подоспела, когда она лежала уже без движения, словно одеревеневшая. Взяла ее за руку, вся дрожащая, отвела домой и попросила деверя, чтобы тот перед отъездом дал записать какому-нибудь боголюбивому человеку и взял с собою вот это баяти, которое Назлу сама сочинила и каждый день пела, заливаясь слезами:

ПЛАЧ НАЗЛУ

Настала весна. На лугах - трава.
По горам, по долам цветут дерева.
Любовью к розе сыт соловей,-
Я одна томлюсь по любви твоей,-
Ах, томлюсь!
Увижу ли камень - ты предо мной,
На траву ль ступлю - я полна тобой.
Твой сладкий вкус - в воде ключевой.
Грустит обо мне цветок полевой,-
Ах, грустит!
Свет очей моих от плача погас,
От вздохов и охов я извелась,
Кому я скажу, как горю всяк час?
А скажешь кому,- огорчишь как раз,-
Ах, огорчишь!
Не хочу я к небу взор обращать,
Луну или солнце на помощь звать,
Где сердце у них, чтоб горе понять?
Ты, солнце мое, возвратись ко мне,-
Ах, возвратись!
Болит ли так же сердце твое?
Еще ли ты помнишь имя мое?
Иль только камни слышат меня,
Но, ах, не могут утешить меня?-
Ах, утешить!
На лицо твое хоть раз поглядеть!
За шею обнять, вдвоем посидеть!
Потом отдала б я душу свою,-
Мне сладко у ног твоих умереть,-
Ах, умереть!

180

Тебя я напрасно ищу, мой рай,
Назлу свою горем не убивай,
Поспеши ты к ней, раздружи с тоской,
Схорони, а душу возьми с собой!
Ах, с собой!

7

О мой боголюбивый читатель,- камень и тот треснул бы от этих слов, не то, что человек, да и Агаси, сердце которого истерлось в порошок. Но глубока душа человека, а жила тонка - чем сильнее натягиваешь, тем тоньше становится- да вдруг и оборвется. В хорошие дни человек забывается. Заботы только треплют душу, но не скоро ее отнимают.

Видя как Агаси мучается и страдает, удалые памбакские парни-армяне сговорились между собою отправиться тайком за его женою и матерью, забрать их и доставить к нему, но умные люди отсоветовали,- бедного отца его, старика, в тюрьме разрезали бы тогда на куски. Они не один раз замечали, что Агаси что-то задумал,- видимо, хочет поехать на помощь отцу и матери,- следили за ним и возвращали обратно.

Так в страданиях провел он и эту зиму. Наконец наступила весна, все - и тюрки и армяне - отправились на кочевья. Агаси тоже ушел с ними.

Разбили шатры у горных потоков, на поросших цветами лугах и пустили скотину пастись в этот рай бессмертный.

В утренний час, когда, бывало, встаешь ото сна, облака и туман с тысячи горных вершин, смешавшись друг с другом, поднимались к небу, и одежда, и лица покрывались росой и дождевыми каплями.

Женщины оставались при коровах и буйволицах, доили их, готовили масло и сыр, а мужчины пасли скот в горах либо возили шерсть и масло на базар, продавали там и покупали, что нужно для дома.

Были у женщин и другие дела. Днем они пряли, ткали ковры, паласы, шали,- весело и простодушно проводили время.

Тут, разумеется, нечего было молодицам и девушкам ежиться и прятаться, как дома, закрывать лицо. Все - как в одной семье, в какое кочевье ни зайдешь - всюду щеки пылают, как розы, всюду такие глаза, что с ума сведут человека! Но могли ли быть иными лица, иными души на таком воздухе, с такой водой, когда дышишь ароматом таких цветов и зелени?

Известное дело, молодые парни со всякими ворами да разбойниками частенько ходили охотиться, иной раз на неделю и того больше, и возвращались с убитой или пойманной дичью,- тогда в каждом шатре пир бывал не хуже свадьбы. Вот когда гость бывал кстати! По неделям, по месяцам не отпускали.

Журчанье ручьев, рокот воды, шелест деревьев, щебет птиц, свирель пастушеская, блеяние ягнят и овец, мычание стад как будто говорило каждому: если хочешь рая, оставайся тут, живи, как они живут, с простым сердцем, с чистыми помыслами.

Нельзя сказать, чтоб перемена места не оказала действия своего на нашего Агаси,- камень - и тот бы размяк, огонь - и тот бы погас, не то что его сердце. Но над головой Агаси еще кружил злой дух,- а он, бедный, и не знал того.

Часто, когда спускался он с гор на кочевья, на него засматривались тысячи глаз. Особенно, как узнали его историю, все хотели любоваться на него, не могли на него надышаться. Всякий, кому предлагал он цветок, со слезами на глазах готов был вместо руки протянуть ему сердце, в самую душу тот цветок заложить и вдыхать его благоухание.

Всякий, у кого был лакомый кусок, сберегал его для Агаси. Кто ставил перед ним сливки, кто яичницу, один - жареного барашка, другой - оленину. Многие, пригласив его в гости, резали барашка или даже целого барана, лишь бы ему угодить.

Слыша его печали полное баяти, видя жалобный плач его и слезы, и стар и млад готовы были жизнью пожертвовать ради него.

Когда девушки, по несколько вместе, гуляли по склону горы, рвали цветы, украшали себе грудь и голову, сердце у него разрывалось, что нет здесь с ними его Назлу.

А вот у Мусы, у юного Мусы не было ни горюющей о нем Назлу, ни отца, томящегося в темнице,- была у него только молодая мать, собиравшаяся не сегодня-завтра подарить ему еще одну сестренку или братца.

Ростом он был с чинару, над губами уже обозначились усики. Когда темные кудри его развевались вокруг нежного лица, казалось, что это ангел машет крыльями.

Ему уже исполнилось шестнадцать лет, но он еще ни на чье лицо не косился.

Правда, иной раз, увидав покрывало или белый лачак, он терял голову, сердце его воспламенялось, глаза застилались слезою, ему хотелось броситься куда-нибудь в горы и ущелья, скрыться, исчезнуть,- но все проходило через несколько дней: глаза не видели - так и сердце успокаивалось.

Порою ему казалось, что его тянет куда-то наверх.

Веял ветер, распускались деревья, журчала вода и словно некий невидимый голос говорил ему:

- Спи, Муса-джан, я смежу тебе веки, во сне буду разговаривать с тобою, а когда ты проснешься,- исчезну. Время еще не приспело тебе найти свою суженую. Что тебе на роду написано, то и будет.

Когда он пробуждался, ему казалось,- ангелы вот-вот отлетели от него. Он не знал, что это любовь, что готова она уже потихоньку поселиться в его сердце.

Однажды, когда он спал таким образом под деревом, увидел он во сне, будто принесли ему чашу вина, подали и какое-то ангелоподобное существо, осенив лицо крыльями, тихонько промолвило:

- Муса-джан! Или испей эту чашу, или убей меня. Жизнь моя в твоих руках. Отца и матери нет у меня, а попала в когти к неверному. Наше кочевье - на карсской горе. Если в груди у тебя есть сердце, если любишь ты бога, придн, освободи меня. Не освободишь - в жизни радости не увидишь. Муса-джан, я ухожу, ты знаешь. Приди! Двадцать дней меня мучают, чтобы я приняла магометову веру. Но я не принимаю, я жду тебя. Мне во сне сказано было, что ты - мой избавитель.

Когда он открыл глаза, ему показалось, что все вокруг- деревья, трава, цветы - изливают дарующие бессмертие благоуханья. Луч солнца скользнул по его лицу и тихонько скрылся за горою. Он хотел что-то сказать - дыханье не вылетало из губ его, хотел встать - ноги и руки были бессильны. Когда же до слуха его долетели звуки дудки и свирели, он опять закрыл глаза.

Ах, если бы в тот миг юность не столь неодолимо им овладела, тогда бы любовь не так могуче его одурманила!

Тьма спустилась па землю. Стало так черно, что ткни человеку пальцем в глаз,- не заметишь.

Тучи подняли головы и оторвались стопами от горных вершин. Мгла и туман застлали горы и ущелья. Казалось, тысячи драконов, разинув пасти, идут их поглотить.

Как начали здесь и там сверкать молнии, горцы сразу смекнули, чем это пахнет. Погнали скот и овец в загон, сами взяли ружья и выпустили собак - они знали, что такая ночь - самое горячее время у всяких воров да разбойников и у диких зверей.

Как начали тучи палить из пушек, все тут побежали- давай бог ноги, все глаза позакрыли. Женщин и детей загнали в шатры. Свечи и всякий иной огонь потушили,- чтоб глаз хоть что-нибудь мог различить. Все взяли по куску хлеба, но и то сунули за кушак, не стали есть,- ждали, чем все это кончится, когда снова светло станет.

Пошел дождь с градом, небо и земля запылали. Молния так хлестала по маковкам гор, что они, казалось, готовы были на тысячу гязов уйти в глубь земную. Когда разверзала туча пушечное свое жерло, земля готова была на тысячу кусков разбиться и дух испустить. Огня не было, ничего нельзя было разглядеть, за бурей ничего не было слышно.

Агаси надрывался крича,- звал Мусу, но - да унесет вода его мать!-где он был? Мог ли он услышать? И что с ним такое стряслось, чтобы так вырваться и убежать?

Товарищи Агаси бросились в горы, в разные стороны, с опасностью для жизни, в ста местах стреляли из ружья,- но каков был их страх и ужас, когда они узнали, что вдобавок он ушел еще и без ружья! Агаси так и обмер.

Гроза прошла, молнии перестали сверкать, но все же была темнота. Где ж разыскать его?

Пока рассвело, прошло столько времени, что, как говорится, змеи родить успели.

Но кто смог бы передать, что пришлось им пережить, когда они увидели, что юный Муса плавает в крови, а трава и кусты кругом все повывворочены.

Огромных размеров гиена сидела у него на груди, левая рука Мусы была у нее в пасти. Они едва не вонзили шашки себе в грудь.

Когда они закричали и ахнули, юный богатырь открыл глаза и, увидев товарищей, мотнул головой, улыбнулся и сказал:

- Молодцы! Во -время подоспели. Подойдите, вытащите-ка мою руку: нож больно глубоко взошел, и рука моя с ним, не могу сам вытащить, сил больше нет.

Чьи глаза увидят такую радость, какова была радость его товарищей? Они тотчас бросились, отшвырнули гиену, но когда Муса вызволил руку, оказалось, что она чуть ли не наполовину разжевана.

Целый час не отрывался Агаси от груди друга,- словно с того света к жизни вернулся.

И горцы, увидев храбрость молодого удальца, дивились и целую неделю потом об этом только и толковали...

Однако сон продолжал бежать от глаз Мусы, покой- из его сердца. Всходило солнце, а для него день угасал.

Угасал день, и возобновлялись его терзания.

Горы и ущелья превратились для него в ад. Днем и ночью,- ел ли он хлеб, пил ли он воду, видел ли свет или сны ночные, все сливалось в дивном образе, звавшем его.

Деревья ли шелестели, журчала ли вода, дул ли ветер, веяло ли прохладой,- он ничего не примечал, ничего не видел, кроме небесного лика своей возлюбленной.

Богатырь-Агаси, не допустивший бы и в смертный свой час, чтобы малейший волосок с места сдвинулся у кого-либо из товарищей, давно заметил, в каком беспокойстве душа Мусы; он давно приметил, что сердце, внимание, мысли покинули его любимца, что юноша не в себе,- но о причинах не догадывался. Знал он одно, что до той поры берег друга, как зеницу ока. А что теперь так сжигало, так испепеляло его,- понять не мог.

Он видел, что юный Муса, слыша девичий голос или видя образ девичий, терял голову, сходил с ума,- но думал, что разгорается в нем тот обычный первый огонь, что жжет и воспаляет сердце каждого молодого человека, едва он осмыслит свой возраст, когда кровь начинает кипеть, а горы и ущелья становятся для человека сазом и кяманчой, с ума его сводят, или же шашкой и ножом - и вонзаются ему в сердце.

Сколько раз бросался он на шею своему другу, плакал и умолял поведать ему свое горе, но, кроме слез, ничего не видел, ничего не слыхал, кроме плача.

Сколько раз сердце Мусы подступало к устам, и собирался он поведать другу свои горести, но язык его сох, немел, краска заливала лицо, и он не знал, что ответить: дрожа, указывал он лишь на горы и на деревья.

Товарищи тоже не знали, что делать. Едва улучал он минуту, как, забывая про хлеб и воду, уходил куда-то, пропадал, и нужно было обойти все горы и ущелья вокруг, чтобы где-нибудь найти его задремавшим.

Один раз вот так же искали Мусу, как вдруг из-под скалы донесся голос, от которого каждый бы содрогнулся. Ветер относил голос в ущелье, а камни вторили словам.

НА МОТИВ БАЯТИ

Ах, ангелом ты для меня была,-
На земле родилась иль с неба сошла?
Ты всю мою жизнь, увы, унесла,
Приди же, святая, и душу возьми!
Ах, душу возьми!
Умру - не узнаешь, где я лежу,
Не увидишь, как в сердце я меч вонжу.
Истерзал мне грудь безжалостный крюк,
Куда мне бежать от слез и от мук?
Ах, от мук?
Моя ночь - как смерть. Тоскую без сна.
Как темная ночь, моя жизнь черна.
Ах, ради чего же мне жизнь дана,
Коль жертвой не лягу у ног твоих?
У ног твоих!..

Попробую ль туче тоску сказать,-
Растает - не сможет тебе передать.
Доверю ли слезы горам-скалам,
А слезы - в сердце льются опять.
Ах, льются опять!

Я с ердца покой не могу сберечь,
Ты душу и тело мне хочешь сжечь,
О, если ты ангел, - то где ж твой меч?
Рази и огнем мне темя осыпь!
Ах, осыпь!..

К тебе я приду, к ногам припаду,
У тебя в груди свое сердце найду,
Но где обрету твою красоту?
Смогу ль исполнить слово свое?
Ах, слово свое!

Коль мне не помогут мои друзья,
У тебя отвернутся они от меня,
По горам пущусь, дорогая моя,
Поспею на помощь, полно тужить!
Ах, полно тужить!

Разок увидал бы твой лик святой,
Поднесла бы мне чашу своей рукой..
Я с горы спущусь, надышусь тобой,
Тебе пожертвую головой
Ах, головой!

Так сказал достойный жалости юноша и преклонил голову на камень. Солнце уже собиралось закатиться.

Агаси, тайком пошедший за другом и подслушивавший,его из-за куста, сердечно сочувствуя ему, не пожелал нарушить его сон, сел неподалеку на камень и, вперив взор в лицо своего дорогого товарища, стал припоминать горести своей жизни, думать о своей молодости. Он говорил сам с собою:

- Ах, юноша, юноша, знаю я хорошо и вижу, какая шашка сразила твое сердце, какой огонь сжигает твое нутро. Но что же мне делать? Почему не откроешь мне сердца, чтобы мог я, узнав твое горе, остаток жизни своей принести в жертву твоему счастью?

Ах, родной мои, знаю,- крыло любви коснулось щеки твоей, стрела любви в тебя попала,- но почему ты не изъяснишься, чтобы мог я приняться за дело и хоть из-под земли, а достать твою любимую, добиться того, чтоб исполнилось заветное ваше желание, и умереть у ног ваших?

Мать и жена сыплют огонь мне на темя, горы и ущелья готовы

поглотить меня, нет даже камня, куда преклонить бы мне голову,- снова ты, о любовь, ты, природа, пожелала явить свое могущество.

Ах, любовь,- куда человеку деваться, чтоб избавиться от тебя, не видеть страданий, тобой причиняемых?

Сперва зажигаешь, воспламеняешь нам сердце, а потом сжигаешь его, обращаешь в золу и пепел. Сперва благоуханною розою входишь к нам в сердце, чтобы после в шипы, в острый меч обратиться и нас изъязвить.

Так размышлял он, как вдруг до слуха его долетело:

- Да, Рипсимэ-джан, дорогая моя, во имя твоей святой завтра же явлюсь к тебе, завтра же меня увидишь в карсских горах...

Измученному сердцу Агаси только этого и было нужно. Долго ждал он, пока любимец его насытится сном, и только Муса пробудился, как он вскочил, бросился к нему на шею, прижал его к груди и, рыдая, сказал:

- Ах, свет моих очей! Если у тебя в сердце такая зазноба, зачем же ты скрываешь от меня? Иль думаешь, что я камень? Нет, ты, верно, думаешь, что в измученном сердце моем, где и живого места не осталось, беде твоей уже не найдется места, что оно не будет сочувствовать тебе, что я дыхания своего и жизни не отдам за тебя. А я ведь думал, что от самого бога что-нибудь утаишь, но не утаишь от меня. Вот они - любовь твоя н сердце! Ты думаешь,- Агаси настолько мертв душой, что уж и не пожалеет тебя, и каплю слез не уронит? Правда, отец мой и мать моя - на пороге смерти, про жену свою даже не знаю, под землею она или на земле, но пока я не в силах помочь им, разве допущу, чтоб у кого-нибудь из вас глаз заболел, волос один упал?

Пока я не умер, пока не изрезали меня на куски, да разве позволю я, чтоб даже птица пролетела над кем-нибудь из вас? Встань, утри лицо и скажи мне прямо, кто такая эта Рипсимэ, истомившая тебе душу, какой это ангел тебе явился, мучает, изнуряет тебя, а ты ни слова нам не говоришь? Пусть хоть тысяча гор и ущелий отделяют ее от нас, все равно я полечу, раздобуду ее, привезу,- лишь бы ты, мой милый, не горевал. Ты говоришь, - она в Карсе. Ведь Каре в двух шагах отсюда,- стоит ли из-за этого столько мучиться? Встань, ты еще дитя, ты мало испытал в жизни и мало знаешь людей. Встань, - теперь уж не время стыдиться и вешать голову.

Глаза у Мусы загорелись, щеки зарделись румянцем, от стыда не знал он, что делать,- кинуться ли в ноги великодушному своему другу или поцеловать ему руку. Слезы лились у него из глаз, сердце сильно билось,- без сомнения, Муса хотел все сказать, но язык ему не повиновался, уста смыкались, немели, не решались крикнуть: - Агаси-джан, или зарежь меня, убей на месте, или исполни, что говорю, доставь меня к предмету заветных моих желаний. Если не будет со мной Рипсимэ,- на что мне жизнь и свет? Если я не вдохну ее дыхания, свое дыхание вырву я из груди, остановлю его. Если ее глаза не встретятся с моими, я свои выколю и выброшу. Ты - мой господин, ты - мой бог. Я ухватился за край одежды твоей, отрежь мою руку, отрежь мою голову,- только не оставь заветного желания моего не исполненным, не сжигай меня заживо, не обращай в пепел.

Так возвращались они, рука об руку. Агаси прижал голову любимца к своей груди и скорее тащил его, нежели вел.

Остальные товарищи, с горя не спавшие всю ночь, радостно выбежали им навстречу,- им показалось, что солнце по второму разу всходит. Сбежались, окружили обоих, и все вошли в шатер. Горцы тоже от радости готовы были душу отдать.

Едва Агаси, погруженный в свои мысли и насупившийся, вошел в шатер, как незаметно дал знак ребятам, чтоб они собрали коней и приготовили оружие и доспехи, дабы ночью предстояло выехать. Он никому не хотел открывать причины выезда, боялся, что его могут задержать, не пустить.

В тот же вечер он собрал вокруг себя всех горцев и стал занимать их разговорами, чтобы они ничего не подозревали. Тысячу раз всячески благодарил их, но так, чтобы они и намерений его не узнали, а на случай, если он убежит, не сказали бы: вот какой дурной человек, даже пустой благодарности от него не видели,- столько, мол, хлеба-соли съел, всё ногами попрал и убежал!

Горцы много раз просили, со слезами молили его, чтобы он остался у них, говорили, что сами поедут и упросят князя, чтоб он назначил его их юзбаши, старшиной, что всей душой ему предадутся: пусть весь мир знает, что у армянского парода есть сердце, что храброго человека у армян почитают, как бога.

И в тот вечер все они, и стар и млад, собравшись вокруг него, только и повторяли, только и твердили, что уйди он от них,- и мир будет для них разрушен, глаза уж не смогут смотреть на солнце, сердце не узнает более радостного дня.

Слушая его рассказы, они так живо представляли себе все с ним случившееся, что готовы были в воду броситься, день и жизнь их омрачились. Как отзывались они на каждое слово, исходившее из уст Агаси! Каким языком об этом расскажешь?-только сердцем разве поймешь.

Он увидел, что простодушные горцы только одного и хотят - его слушать всю ночь, не отходя, сидеть возле него Иные даже положили голову ему на колени и глядели ему в глаза, поглощенные вниманием. Девушки и молодицы тоже стояли у входа и вздыхали.

Агаси незаметно дал знать ребятам, чтоб они снарядили коней,- утромде он должен выехать на охоту,- велел им сойтись в шатер, соснуть немного, отдохнуть и все иметь наготове.

Сам он тоже склонил голову, делая вид, что сон его клонит,- народ разошелся, все пожелали ему доброй ночи и каждый отправился в свой шатер.

Как только заалел восток и облака стали подымать головы выше гор, ребята оседлали коней, одели оружие и доспехи, явились и стали у входа.

Конь Агаси мотал головой и бил копытом землю. От цветов да от горной воды он так нагулял мяса, что его распирало.

Пока горцы еще не вставали доить коров и овец, гости попрощались с ними, повернули коней и полетели. Сколько очей восхищались, глядя им вслед! Сколько сердец говорили сами себе: блажен, у кого такие сыны, такие зятья!

Как только поднялись они в гору, едва Агаси окинул взглядом горы и ущелья, где так часто бродил, знакомые взору цветы и потоки, кочевья простодушных горцев, так свято его почитавших, сердце его умилилось, глаза наполнились слезами, и он запел тихим, нежным голосом такое баяти:

> Прощайте, горы-ущелья, и вы,
> Потоков струи меж цветов, травы!
> Красотки-армянки, честь молвы,
> Я вас оставить обязан, увы!
> Агаси, быть может, от вас уйдет,
> Под кровом у вас Агаси не уснет,
> Он запаха вашего - не вдохнет,
> Не слыша вас, от тоски умрет.
> Да будет же гость достоин, доколь
> В груди подавляет он сердца боль,
> Когда он у вас, вдали же - хлеб-соль
> Будет вспоминать и в последний час.
> Ах, ногу б сломать, не ходить бы сюда,
> Ваших милых лиц не видать никогда!
> Кабы всем, как вы, быть чистым всегда,
> Вкушать от плодов честного труда!
> Из рапы сердечной слово рвалось, -
> Его сохраните, заросли роз,
> Для дев, что за нежные руки держась,
> Гуляют, сидят под сенью у вас.
> Краса моих гор, ручьи, родники!
> И вы, в лугах голубые цветки!

Вас девы сорвут, украсят платки,
На грудь приколют, сплетут венки.
Друг дружке скажут: меня не забудь,
На память цветок положи на грудь!-
Передайте им печали мои,-
Не вас ли поят моих слез струи?
Благословенье мое, прошу,
Вы им передайте, пока дышу.
Скажите, что век не забуду их,
Любить всем сердцем я буду их
В душе храню их любовь, красу,
С собой в могилу их унесу.
Господь, молю, пошли им добра,
Прощайте, о горы! Идти пора!

8

Плоское, ровное место, - перед взором вдруг открывается обширное поле; окруженное горами, чернеет оно и справа и слева. Путник подходит ближе, туман и облака рассеиваются, очертания становятся яснее, и кажется ему, что открылся перед ним город, где живут многие тысячи людей. Истомленный холодом или зноем, уже мечтает он заехать, остановиться у какого-нибудь боголюбивого человека, отдохнуть и с новыми силами продолжить свой путь. Он видит, с одной стороны, громаду крепости, с другой - купола и величественные облики достойных изумления церквей, с третьей - высокий минарет, верхи дворцов и вельможных палат, и все это - один обман!

Ум говорит, что перед тобой столица великого, могущественного государя, что золото и серебро должны валяться здесь небрежно вместе со всяким мусором, что, вероятно, сюда, что ни день, заходит сто караванов и сто караванов выходит.

Думается невольно, что днем пыль и туман застилают глаза, а ночью темень и мрак вводят тебя в заблуждение - вот отчего не видно ни живой души,- ни людей, ни скота,- и только одни хищные вороны чернеют перед глазами.

Спросить некого,- возле тебя никого нет, а книг ты не читал, поэтому сам не знаешь. Стоишь и думаешь, что же это такое - чудо или искусство фокусника? И когда вдруг подымаешь голову, - ах, любезные сердцу моему армяне,- тут весь содрогаешься, и руки ослабевают. Тебе покажется, что некий дракон или разбойник только что, именно в этот час, вошел сюда и поглотил всех жителей, а, может быть, и вырезал либо угнал в плен и сам скрылся. Хочется закрыть глаза, уйти обратно.

Ах, нет, нет! Не уходи...

Уже более тысячи лет не подымается здесь дым очагов, - но оставайся, не страшись. Неодушевленные камни и храмы не людоеды. Открой глаза, скрепи сердце - и предайся печали.

Эти храмы, сложенные из гладко отесанных плит, эта огромных размеров крепость, эти камни скажут тебе, что перед тобою гордый Ани, могущественная столица твоих царей. Когда-то богатая и многославная, она столь пышно расцвела, так вознеслась и возгордилась, что в ней даже пастух строил церковь, чабан щеголял в шагреневых сапогах, серебром подкованных, и нищий вместо хлеба требовал плова, сластей и сахара, вместо меди - золота и серебра.

До того анийцы позабыли бога, что даже в церкви, когда случалось, что приходил архимандрит невеликого роста, ставили перед ним высокий аналой, а когда епископ бывал ростом велик, - ставили низенький, чтоб приходилось им либо вытягиваться, либо нагибаться, на колени становиться, либо вовсе книги не видеть,- а люди над этим смеялись,- и в храме-то божием устраивали себе потеху!

Но святой Иоанн Ерзынкацы шуток не любил,- однажды раскрыл он благословенные уста свои - и земля разверзлась, вверх дном перевернулась. Народ рассыпался, все разбежались - кто в Крым, кто в Польшу.

Одни камни неодушевленные остались торчать. Из тысячи церквей всего пять избегли разрушения. Храмы, дворцы, сокровища, богатства, проклятые им, провалились сквозь землю, а с ними и былая слава народа армянского. До сих пор и то еще слышится порою голос из-под земли.

Воры и разбойники ныне устраивают здесь свои логова. Бог посылает им удачу,- они не проваливаются!

До того убыло милосердие божие к армянскому народу, что он столько невинных душ, столько миллионов людей в час одни, по слову одного чернеца, уничтожил, армянское государство разрушил, отнял его минувшую славу, а народ допустил шататься и скитаться по всей земле.

Плачь, путник! Вот сколь справедлив суд божий! Как увидишь схимника, омой ему ноги и ту воду выпей: это схимники разрешили своим проклятием такой город! Еще и сейчас церковь чтит его разрушителя.

А ты и не знаешь, как его звали, не прибегаешь к святой молитве его и заступничеству, чтобы он и тебя не проклял и детей твоих сохранил и вырастил. Запечатлей же хорошенько в памяти день его праздника! На что тебе имя «Ани»? Город разрушился, исчез,- а святой всегда пребудет для тебя помощником и заступником.

Стоишь у обрыва, заложив руку за пазуху,- и ум твой мутится, и язык немеет. Кто еще видел, кто еще на потребу имел столько див дивных? «Нет, это сон, я сплю, это обман зрения...» - говоришь ты сам себе - и лишаешься сознания. Ведь они же новые - эти палаты и храмы? Почему же нет в них ни звука? Почему они молчат?

Ах, меч вражеский их уничтожил.

Теперь ты веришь, о мой верный народ, что в стране твоей тьма таких городов, либо огнем сожженных, либо мечом уничтоженных, а тебе остались лишь голые камни, чтобы ты видел их и лил слезы; чтобы, предавшись горю, собрался с мыслями и сделался храбрым армянином; чтобы под могучей, доблестной рукой русских отдохнул ты немного и стал бы оберегать свою страну, проливать свою кровь, защищать свой народ, и стяжал бы себе имя.

Было тихо, как на погосте, когда наши путники в полночь прибыли сюда.

Много нужно смелости, чтобы в такую пору, в таком пустынном, диком месте решиться сделать привал.

Быть может, наши усталые путники и не заехали бы сюда, но лунный свет, верхи храмов и крепостных башен - и невежество - ввели их в обман и закинули в этот ад кромешный. Они не слышали даже и названия города Ани - где ж им было знать, что еще существуют его развалины?

В тот миг, когда они издали увидели торчащие оконечности зданий, они уже были не на русской земле, а снова на земле разбойников.

Правда, петушиного пения не было слышно, но до них доносились с гор лай собак пастухов, и они, уже не глядя , помчались вскачь, но когда въехали в эти безмолвные, печальные стены,- не приведи бог врагу твоему! - подумали, что попали в какой-то склеп или на кладбище, им показалось, что от каждого стука конских копыт, даже от собственного их дыхания горы и ущелья приходят в ярость.

Каждый, наверное, по себе знает, что когда проходишь в темноте даже мимо простого кладбища или стоящей в развалинах церкви, сердце падает, тело пробирает дрожь, тысяча мыслей терзает душу; камни кажутся человеку дьяволами и разбойниками, будто хотят съесть его,- и нередко о» даже лишается чувств.

А происходит это оттого, что человек привык, видя дом< или иное строение, полагать, что там и люди живут, но потом, не слыша ни звука, он невольно начинает думать, что там непременно обитают злые духи. Иначе какая же сила в иссохшем мертвеце или в разрушенных стенах? Что могут они нам сделать?

Кто после этого осмелится подойти близко к подобной церкви или войти в какую-нибудь башню, да еще в такой стране, где под каждым камнем отсекались сотни голов, где в каждом ущелье тысячи людей насильственно лишались, жизни?

- Ребята! Меч злого сатаны играет над нашими головами!- крикнул твердым голосом храбрый Агаси. - В таком-то месте и нужно проявить мужество. Приготовьте оружие и доспехи, дайте коням отдохнуть, и если, бог даст, до утра наши головы уцелеют, тогда и посмотрим, в какой это гедаргялмаз[9] занесло. Робость тут некстати. Напоите коней, отведите к стене, а я возьму собаку да тихонько по» ищу, погляжу, безопасно ли нам тут или опять придется кровь проливать, либо свои головы шашкой защищать, либо чужие резать.

Очень просили его товарищи воздержаться, но он не послушался,- вскинул ружье на плечо, проверил пистолеты, призвал святого Саркиса и зашагал.

Безумен тот, кто голову свою обрекает смерти,- но Агаси давно уже от своей головы отказался.

Верная собака шла, ни на шаг не отходя от него. Едва только чуяла какой-нибудь запах или слышала шорох,- останавливалась, отставляла заднюю ногу, долго прислушивалась и шла дальше.

Не успели они немного отойти, как из дверей одной из церквей свет ударил в глаза Агаси,- в церкви горел огонь. Глаза Агаси налились кровью. Он и не подумал в ту минуту, что в подобном месте, кроме воров да разбойников, быть некому,- и прямо пошел на огонь.

Не приведи бог, что представилось его глазам! Человек десять курдов сидели посреди церкви вокруг костра и жарили шашлык. Ели прямо с вертела, смеялись и, словно чуткие охотничьи собаки, бросали взгляды то на дверь, то в углы.

Разбойник, какой бы зверь он ни был, частенько боится собственной тени.

Не успели они приложить руки к глазам и разглядеть тень в дверях, как Агаси тихим шагом вошел внутрь, с каменным лицом, не поздоровавшись, подошел к огню, протянул руку и взял себе вертел с шашлыком.

Лицо его было мертвенно бледно, движения бесстрашны, появление в столь неурочное время так необычайно, что курды не усомнились признать в нем выходца с того света. Язык у них прилип к гортани, руки опустились.

И в самом деле, как могли они подумать, что живой человек в такую пору отважится войти в это разбойничье гнездо, когда и сотня людей даже днем страшилась пройти мимо, когда уже тысячу лет люди не осмеливались сюда заходить, не решались обитать в этих готовых жилищах.

---

[9] Дословно: пойдет и не вернется, т, е. лабиринт (Ред.).

Агаси тоже казалось, что перед ним не люди. Нахмурив лицо, угрюмо повел он глазами. По-курдски он слова сказать не умел, но это как раз его и спасло. Заговори он, те сразу узнали бы, что это человек, а не дьявол, и растерзали бы его на куски.

Часть шашлыка он с вертела съел, а часть кинул в огонь. Потом полюбовался на отменное устройство и красу храма, покачал головой.

Курды, как одеревенелые, остались сидеть на своих местах. Когда он вперил в них свой угрюмый взгляд,- они чуть не растаяли от ужаса.

Так морочил он их, пока не услыхал, наконец, шагов своих товарищей. Тут и собака радостно вбежала и стала ласться к йогам хозяина.

Как только разбойники увидали собаку, пелена упала у них с глаз,- все вскочили, каждый бросился к своей шашке, чтоб изрубить его. Но у первого же, занесшего шашку, голова тотчас оказалась рассеченной надвое, да и оба пистолета нашли свою добычу.

Схватив кинжал, Агаси воскликнул:

- Ребята! Голубчики мои! С нами бог! Загородите выход, мы их заколем - нынче же ночью принесем в жертву!..

Как только прозвучала армянская речь,- вдруг стены словно сами заговорили:

- Пощады! Да будет благословенна земля, откуда вы пришли, помогите, освободите нас, - всем домом, всем семейством станем рабами вашими!..

Когда человек пятнадцать курдистанских армян тоже с той и другой стороны подняли головы и захватили оставшиеся шашки и копья курдов, - звезда разбойников закатилась. Восемь было убито, двое лежали раненые,- их тоже прикрутили к коновязи.

Лихое было дело! Никогда храбрость человеческая еще не совершала подобного благодеяния.

Курды согнали сюда из карсских сел девушек, мальчиков, молодых женщин, ребят, грудных младенцев, связанных тысячью веревок, намереваясь подарить их сардару либо отвести в Ахалцых и там продать.

Когда же люди не станут на колени, не поклонятся тому, кто дарует им жизнь?

Но богатырь Агаси сам кидался им на шею, сам их развязывал, осыпал ласками то ребенка, то мать, поощрял их славить бога, возжигать ладан и свечи святому Саркису,- их, дескать, милость, а не его заслуга.

Ни одна ночь еще не видела подобного света, столь великой радости жизни. Освобожденные и освободители, глядя друг на друга, думали, что они на небе, не на земле.

Немного отдохнули и стали разбирать имущество разбойников-одежду, доспехи, конскую упряжь, хурджины. Вот благодать!.. На каждом оказалось на добрых сто туманов всяких украшений, серебра, золота, не говоря уже о деньгах,- цена тысячи сгубленных жизней!

Агаси ни на что и смотреть не стал. Он послал за конями, ввел их внутрь и не без тревоги стал спрашивать курдистанских армян, можно ли здесь провести ночь в безопасности.

- Ага, за голову, за жизнь твою собою пожертвуем,- но, право, мы сами не знаем, остался ли тут еще кто из этих сукиных детей или пет. Настороже быть - дело хорошее. Из их когтей и собака не вывернется,- куда уж человеку. Но теперь, слава богу -если и тысяча встанет перед нами таких зверей, мы им покажем, проклятым. Дай только нам шашки в руки,- знаем что делать, как себя не осрамить перед тобою.

Каждый из нас - вот тебе Иоанн Креститель!-десяток их, как кур, скрутит и под себя подомнет. Не тревожь себя, ложись спокойно, лицо наше - земля под ногами твоими. Да оборвутся их корни! Их тут больше, чем собак, не то что волков. Коли ты нас спрашиваешь, наш совет такой: всего лучше, пускай половина людей спать ложится, а половина караулит. Здешние ущелья кишат разбойниками.

Так рассуждали они, как вдруг послышался конский топот. Мужественный Агаси сразу подумал, что это, вероятно, еще разбойники, тех товарищи. В один миг отвел он в сторону детей и женщин, тысячу раз приложил руку к их губам, чтобы они звука не издавали, обоим живым курдам еще туже завязал рот, руки, ноги и поставил караулить их одного удалого курдистанца с обнаженной шашкой, остальных рассадил вокруг огня, чтобы не вызвать подозрения, а сам со своими удальцами занял место у входа в церковь,- они обнажили шашки, стали справа и слева, вдоль стен и дали дорогу врагу.

Двадцать с лишним всадников с пением Ло-ло подъехали к входу в церковь, спешились и отдали запеленатых младенцев одному - двум из своих слуг поносить на руках, чтоб не кричали.

Плач и стоны армянских детей и женщин вновь громко огласили церковь,- казалось, что и стены стонут вместе с ними. Но несчастные не знали, какого доброго ангела бог послал им в ту ночь.

А те, гурьбой, с шумом и криком ворвались внутрь, даже сообразить не успели, что это люди крушат им головы, думали- дьяволы или угодники святые.

Тут уж было не до шашки, не до копья или щита.

Курдистанские армяне не отставали от персидских. Кому совали в рот раскаленный вертел либо головню, кого били камнем пли дубиной по голове, по груди,- чтобы те не скоро помирали, чтобы помучились.

И тут Агаси положил конец этой ярости,- он приказал выбросить убитых, а уцелевших или же раненых велел связать по рукам и по ногам и оттащить в сторону.

- Ага, это они разрушили наш дом,- да разрушится их дом! Они перебили наших детей и мальчиков,- дай же, дай нам отправить их сатане на съедение, - чтобы голова отца их чертям досталась!..

Пусть читатель сам вообразит, какая это была ночь для несчастных пленных, - при каждом шаге видели они перед собою смерть, смерти своей ждали. С каким чувством молились они, как глядели друг на друга, как прославляли бога!

Во время самой резни Агаси вихрем вылетел из церкви, из двух курдов, что стояли у дверей, одного убил, другого обратил в бегство и сам, своими руками, развязал глаза и руки несчастным армянским детям и на своих плечах втащил их внутрь.

Бедные армяне подошли к порогу смерти - и вернулись обратно. Каково должно было быть их изумление! Когда открыли они глаза и увидели своего освободителя, они готовы были омыть его ноги слезами, но скромный юноша лишь об одном просил, чтоб они прославляли бога и святого Саркиса. Приметив, однако, что курдистанцы больше знают святого Иоанна Крестителя, сказал:

- Будь по-вашему, поминайте святого Иоанна Крестителя! Святые угодники не станут друг с другом ссориться и зависти в них нет. У каждого довольно силы, каждый может заступиться.

Сердце Агаси чувствовало, что в эту ночь никаких больше злоключений не будет. Он предложил всем преклонить колени и помолиться. На счастье, среди пленных оказались и поп, и дьячок. Начали служить заутреню, и город Ани, более тысячи лет не видавший службы церковной и не слыхавший молитвы, подумал в ту ночь, что их знаменитые цари и сродники встали из могил своих, благословляют его землю, прославляют воду, чтобы не думал отныне армянский народ, будто город его настолько уж богом проклят, что человеку в нем и жить нельзя.

Земля не разверзлась, небо не обрушилось. Курдистанцы и сами удивлялись, что это за нелепая басня, и как ее столь упорно в их сердцах запечатлевали.

Наступило утро. Агаси открыл веки - и обмер, не знал, верить своим глазам или нет. Церкви, стены, крепость, минарет- были так новы, так великолепны!-и необитаемы...

Агаси был неграмотен, он не мог бы вспомнить, что это за город. Призвал попа. Когда же узнал историю города,- так и обезумел:

- Горе мне и жизни моей! У нашего народа были такие города, такое было величие, а теперь он все потерял, остался в плену у разбойников, - сказал со слезами юный богатырь.- Нет, батюшка, нас сам бог привел сюда, бог придал силы нашей шашке, нашей руке,- не то мы стольких дел не совершили бы в одну ночь. У бога довольно могущества, чтобы всякий час прийти на помощь. А мы разбоем не заняты, ему нечего на нас гневаться,- мы разбойников уничтожаем, божий творения освобождаем. Останемся на этой священной земле, освободим от воров и разбойников могилы наших святых царей, наши святые церкви. Нас теперь больше ста человек. Что мы добыли - пусть все будет ваше. Останемся здесь и либо прольем свою кровь на земле святых наших царей, либо понемногу восстановим город их в его великолепии. Дома - есть, воды много, угодья, поля обширные, не одна церковь, а целых пять, да каких чудесных! Из-под камня добуду пропитание и вас прокормлю.

Но что камню сказать, что нашему курдистанскому армянину. Правда, в бою каждый из них исполин но раз что в книге написано, только то и навязывай ему на шею, другого и не говори. Хоть умри,- по-своему сделает, до того упрям.

- Как это можно? Кто же на проклятой земле останется? Разве четьи-минеи врут? Хочешь, руби нам шеи, вынимай души, только в этой пустыне, ей-ей, жить никто не останется, не останется нипочем. Хоть ты тысячу лет толкуй, хоть бейся о камень лбом. Не останемся мы, никак не можем, что ты там ни говори. Мы своей земли не оставим.

- Не оставите,- так и бог с вами. Видно, так уж наша звезда накривь пошла. Коли человек сам голову под шашку подставляет,- кому ж охота придет ему помогать? Оттого-то наш дом и разрушился. Идите, пошли вам бог счастливого пути,- да просветит он и сердца ваши, чтобы вы знали, что вам на благо и что на зло. Я со своими ребятами отсюда не уйду. Ежели из вас пожелает кто ко мне присоединиться, он будет мне за брата, станет светом очей моих. Будет у меня один кусок,- половину отдам ему. Для меня вес равно,- есть мир или нет.

Так сказал Агаси и велел, чтобы всю добычу разделили поровну. Сам он ни до чего не дотронулся. Только шашки и доспехи приказал товарищам взять себе. Всех своих одел он в курдские одежды, чтобы их нелегко было узнать, каждому подарил вдобавок по коню.

Увидев это, человек двадцать молодых удальцов стали просить, чтоб он взял и их себе в товарищи. Этих он тоже принял к себе, причастился, остальных же проводил со слезами на немалое расстояние, напутствовал и возвратился с товарищами обратно.

Закусили, потом обошли все крепостные стены и церкви. Лгаси приказал очистить башню на южной скале. Двух-трех человек послал в Шурагял купить хлеба, а сам,- этот юноша с сожженным сердцем, с испепеленным нутром,- пустился по всем дорогам и оврагам города, заглянул во все углы и закоулки, приметил сильные и слабые стороны местности и усталый, разбитый, вновь поднялся наверх, вышел из ущелья и один-одинешенек сел на краю башни. Посмотрел на Арпачай, на заходящее солнце, взял в руки платок и запел такое баяти:

Пожертвую, родина, всем собой
За тебя,- за воду, за дым родной!
Где слава твоя? Где почет былой?
Зачем ты бессильный лежишь, пустой?
Подумать только: эта земля,
Святые ущелья, горы, поля
Так гордо цвели! Ужасаюсь я,-
Без хозяев ныне страна моя.
Кто ж вам хозяин, родные края?
Где защитники ваши, цари, князья?
Увы, сиротствует ваша семья,
Отцами забыты их сыновья.
Едва лишь увижу - пропащий внук -
Я светлую землю, где спите вы,
Мне пламенем тело и кости жжет,
Мне хочется с вами в могилу лечь.
Зачем тогда не открыл я глаза,
Зачем не отдал душу за вас?-
Не стал бы я к вам припадать сейчас,
От горючих слез глаза бы упас.
Земля наша захвачена, жизнь - загублена:
Ах, мы у меча, у огня в плену,
Не видит небо вдовицу-страну,
Земля не разверзнет бездн глубину.
Когда б вам головы вновь поднять,
Любимых детей у горя отнять,
Чтоб горький край стал волен опять,-
Иль и нас с собою в могилу взять.
С рожденья вижу руины кругом.
Шли горы на нас, да сами потом
Искрошились они, а стереть не могли
Народ несчастный с лица земли.
Ах, сердце, холод в тебе и тоска,
Нет крови в жилах, ослабла рука,
Ах, увидать не дождусь никак,
Что ты свободна, что сгинул враг.
Каким дуновеньем к нам принесет
Дух обновленья и встанет народ?
Откуда к армянам помощь придет,
Какая рука нас двинет вперед?
Ах, этой руке я и жизнь отдам,

Лицом приникну к ее следам,
Ей кровью своей пожертвую сам,
Из гроба, и то ей хвалу воздам.
Масис ты несчастный, до облаков
Седины вознес и спустил покров,-
Зачем, когда был ты зряч и здоров,
Не обрек мечу горемычных сынов?

9

Солнце готово было закатиться. Вот уже и мрак объял землю.

А изгнанник наш, Агаси, все сидел и горевал, оплакивал свою и нашу горькую долю,- как вдруг взглянул на ущелье, и в глазах у него потемнело.

Человек пятьсот или того больше всадников - таракяма, курдов, гнали впереди себя с карсской равнины более тысячи семейств вместе со скотом, табунами и отарами овец. Вот спустились с горы и погнали их в ущелье, намереваясь доставить их в Ереван и там либо убить, либо продать, либо же обратить в магометанство. Многих так избили, так закололи, что они вовсе из сил выбились.

Каждый всадник вез с собою на лошади молоденького мальчика или девушку, уже готовясь в ближайшую ночь либо осквернить невинную их душу, либо предать их мечу и огню.

Агаси, не сходя с места, осторожно дал рукою знак товарищам, чтобы они не трогались. Потом, согнувшись, вверх по скале добрался до них, так, чтобы разбойники не приметили его и не успели приготовиться. Стали ждать, - наконец, враги приблизились; остановились на берегу реки, омыли шашки и лица, совершили свой намаз и приказали сатанинским слугам своим завязать всем, сколько ил ан а есть, старикам и женщинам, изнемогшим от усталости, глаза и руки и поставить их перед ними в ряд, на колени,- чтобы потом, по окончании ужина, принести их невинные голова в жертву своему поганому сердцу.

Не допустили даже, чтоб отец в последний раз попрощался с сыном или мать с дочерью, чтоб поцеловали они друг друга, благословили, обнялись. Слуги исполнили приказание: рукоятями шашек пригнали несчастных и поставили на колени, рядом друг с другом.

Не приведи бог, что делали тут малые дети! Пытались броситься в воду, вырывали камни и били себя по голове, приставляли горло к шашке, моля, чтоб хоть позволили им поцеловать лицо и руки отцов и матерей.

Но их оттаскивали, и многих так швыряли оземь, что они тут же испускали дух или оставались лежать замертво, припав к земле.

Но несчастные родители даже и в эту минуту говорили детям, умоляли их лучше умереть, подставить головы свои мечу и огню, чем отступиться от своей веры. Издали обращаясь к детям, они так били себя по голове, что искры из глаз сыпались.

Пока разбойники резали баранов, сдирали шкуры, пока разводили огонь, - а тьма между тем окутала горы и ущелья,- наши молодцы армяне приготовили шашки и ружья, преклонили колени, совершили молитву, обливаясь жаркими слезами, встали, бросились один другому на шею, сказали друг другу последнее прости, поручили одному из ребят стоявших под седлом коней, а сами, уповая на помощь божию, отправились в путь по такой дороге, по таким местам, каких и птица не ведает!

Пятеро пошли в одну сторону, пятеро в другую, остальные десять должны были всех окружить; кто подвернется под шашку, тех рубить, и захваченных живьем брать в плен. Надо было по возможности освободить армян, чтобы они помогли,- вручить им шашки и ружья; у каждого всадника было оружия на двоих.

Четверых же курдов, захваченных раньше, Агаси взял с собою: они поклялись, что не уйдут от него до самой смерти - а клятва у них свято соблюдается.

Таким образом, каких-нибудь двадцать четыре человека должны были справиться с пятьюстами душами.

Пусть слушатель не удивляется: храбрость зависит от сердца. Впрочем, как враг ни будь многочислен, - ежели напасть на него врасплох, да еще ночью, - почем он узнает, много ли, мало ли противников на него напало? Помимо того, Агаси приказал, чтобы ни по-армянски, ни по-тюркски не говорили, а кричали бы, звали на помощь по-курдски.

Не могло того быть, чтобы среди всех этих пленных армян не нашлось двухсот-трехсот человек, присмиревших лишь потому, что при них не было оружия.

В самое горячее время ужина, когда ели шашлык, и каждый, сняв оружие и сбросив доспехи, уже тянулся к своей добыче, чтоб ею завладеть,- разом затрещали ружья. Человек пятнадцать-двадцать разбойников тут же упали мертвыми. Кони смешались. Разбойники пустились наутек.

Агаси с половиной товарищей преградил вход в ущелье, другая половина, освободив сто с лишним армян и забрав их с собою, загородила ущелье с другой стороны.

Еще человек двадцать-тридцать подлетело к тем несчастным, что стояли на коленях, и развязали им глаза и руки. Как увидели поседелые в боях старые великаны, что опять в руках у них шашки, так сразу превратились во львов. Кто в самом ущелье, кто по обе от него стороны, таким градом осыпали они головы врагов, что не приведи бог?

Карсские армяне знали все камни этого ущелья наперечет. Где ни трещало ружье или пистолет, где ни сверкала шашка, чья-нибудь грудь или голова неминуемо бывала поражена. Только Наги-хан и Окюз-ага случайно спасли свои головы: достали коней и с несколькими людьми успели бежать.

Перебитые были перебиты, а уцелевшие остались в ущелье и стояли там, как бараны, потерявшие пастуха. Так наши ребята продержали их, пока рассвело, и что же оказалось? Да возрадуются глаза твои! - четыре курда убили целых пятнадцать врагов! Один Агаси размозжил более десяти черепов и столько же животов повыпотрошил!

Слушатель, быть может, удивится, как это за одни сутки произошло столько событий. Но в это время персы как раз пошли войной на Карс, и то, что я рассказываю, имело место в двадцать первом году, когда горы и ущелья, а особливо Ани, сделались пристанищем воров и хищников.

Наступило утро. Дай бог, чтобы подобное утро когда-нибудь выдалось каждому бедняге и страдальцу! Из пятисот врагов и шестидесяти не осталось, да и те были сбиты в кучу, как бараны, большинство без оружия и доспехов. Коням, одежде, вооружению всякому счета не было.

Надо суметь рассказать о тех объятиях, о тех слезах радости, которые в тот день видел Ани.

Карсские армяне все еще не верили глазам своим, что в самом деле вырваны они из рук врагов, что предстоит им вновь вернуться на свою родную сторону. До того были они ошеломлены, что не догадывались даже спросить, кто же их спас.

В конце концов, когда люди Агаси стали выводить копей из крепости, они переполошились, подумали, что это враги, схватились было за ружья. Но Агаси их успокоил, а когда прошел мимо них великанским своим шагом и кликнул товарищей, все залюбовались его статностью, ростом, благородством его движений.

Но он уже не обращал внимания на их объятия и благословения,- ему было не до того; он узнал, что Гасан-хан с войском возвращается из Карса - об этом сказали ему карсскне жители. В тот же миг послал он двух конных в Гюмри, а другим приказал не мешкая увести женщин и детей и укрыть их где-нибудь в крепости или в ущелье, скотину же и овец перегнать через ущелье, в шурагяльскую степь. Сам же собрал всех, кто только владел ружьем и шашкой, и с ними поднялся круто в гору. Десяти-пятнадцатилетние мальчики, тоже превратились во львов, жаждали отомстить за свою кровь.

У пленных тюрков и курдов тоже отобрали оружие, связали их всех вместе и отвели в крепость. Если б не Агаси, они не уцелели бы - карсцы хотели убить их камнями или сбросить в воду.

Было 23 июля 1821 года, когда достославный древний армянский город Ани увидел воочию храброе воинство, более чем в триста человек, не считая подростков, вооруженное и снаряженное.

Когда воины вошли в осиротелую свою столицу, глаза их наполнились слезами. Целый час, повергнувшись ниц, лежали они в храме и не могли оторваться от земли.

Но надо было быть начеку Агаси попросил товарищей в другой раз сказать и исполнить все, чего требовало их сердце, и разделил войско на две части. Одну половину он поручил Каро, искусившемуся и набравшемуся опыта в минувших боях, другую взял под собственное свое начало. Каждый положил себе в карман все необходимое для еды. Еще человек тридцать он приставил к женщинам. Сам Агаси засел в крепости. Каро занял западное ущелье, Муса остался при женщинах. По милости божией порох и пули подоспели вовремя

Условились между собою так: ежели Гасан-хан войдет в ущелье, - выждать, пока все его войско пройдет мимо, потом действовать. Если же враг пойдет прямым путем на крепость,- не выходить, пока все не соберутся, и нагрянуть сразу, в самый разгар боя - половина с одной стороны ущелья, половина - с другой, и так ошеломить врага, чтобы ему ничего не оставалось, кроме бегства.

Решили, что если бог пошлет им такую удачу, то и Муса должен оставить женщин в защищенном месте, а коней и людей своих вывести,- быть может, удастся нагнать врагов и всех перебить

Утренняя прохлада уже прошла, когда все разошлись и заняли свои места. Настал полдень. Но не так жара распаляла землю, как кровь горячила сердца и жилы храбрых армянских воинов. Бессмертным подвигом почитали они пролить кровь за землю своего народа, своих князей и царей, доблестно лечь костьми.

Солнце уже на два гяза отклонилось от середины неба, когда из крепости заметили подымавшуюся пыль. Облако ее постепенно увеличивалось и покрыло, наконец, аннийскую равнину.

Из ущелья тоже се приметили,- все затихли на своих местах.

Жилы готовы были лопнуть, сердце - разорваться. Многие охотно оставили бы крепость и ущелье,- рвались в открытое поле, им не терпелось показать свое мужество.

Видимо, враг, по милости божией, не знал, как обстоит дело, и потому именно спешил прибыть сюда, здесь отдохнуть малость и с вечерней прохладой снова пуститься в путь.

202

У них не видно было ни пушек, ни иного оружия,- одни только всадники выехали вперед, спеша прискакать в

Ереван и сообщить радостную весть, что они взяли и разрушили Карс, выселили из всех окрестных селений народ и теперь ведут людей, погоняя их шашками.

Никак не мог Гасан-хан, разоривший на своем веку столь многолюдные края, заподозрить, что именно здесь, в каких-то развалинах, куда разве лишь пастух забредет, где только вороны вьют свои гнезда, на возвратном пути подстерегает его лихая беда!

Пыль и туман обволокли город. Казалось, развалины стен и башен тоже завидели своих разрушителей и позакрыли веки, не желая смотреть.

Пословица говорит: «Ежели есть на то благоволение божие, ягненок жертвенный сам к твоим дверям подойдет». Как раз нечто подобное и случилось.

Вступив в город, Гасан-хан тотчас слез с коня. Разбили шатер.

У персов такой обычай: как только слезет перс с коня, так кладет ружье, доспехи, бурку на седельную луку, а коней, по четыре, по пять отдает прогуливать кому-нибудь из своих слуг. Сам же, если время намаза, совершает намаз; если время еды, закуривает кальян и садится есть, поджав под себя ноги.

На сей раз случилось время и того и другого. Человек двадцать здесь, человек сто там, усталые с дороги, поразостлали свои бурки, вынули из-за пазух круглые камни и гребни, из ножен - шашки и все это разложили перед собой.

Можно было принять их за неких духов тьмы: с закрытыми ртами, поднимались они и вновь опускались, прикасались лицом к камню, к шашке, пребывали некоторое время приникшими к земле, потом опять поднимали головы и опять припадали ниц, всё это с шапкой на голове, - снова приподымались и с полуопущенной головой шептали себе под нос молитвы, так тихо, что и собственные уши не слышали, затем клали руки на колени, нагибаясь, глядели на камень, на шашку, вновь откидывались на коленях и вновь головою прикасались к земле.

Всем известно, что если магометанину во время совершения намаза даже голову отрубить, он и лица не повернет. Так чувствует он силу молитвы,- хоть сам и не понимает ни единого слова, ибо все молитвы на арабском языке.

Как только персы в первый раз опустились на колени, наши ребята сразу же хотели на них наброситься, но храбрый Агаси поднял палец, чтоб они не двигались с места. Пленные турки убивались, что не могут помочь своим единоверцам. Кое-кому из них тут же на месте выпустили кишки. А другие, получив острастку,- как увидели, так и присмирели.

203

Агаси, выросший среди персов, хорошо знал, что пока намаз не дошел до половины, действовать еще не время.

Ребята, бывшие в ущелье, не слыша никаких выстрелов, догадались, что волк сам угодил в капкан, повылезли из пещер и тихонько, по скалам, подобрались к городу.

Слуги персов даже заметили кое-кого из них,- но как могло прийти им в голову какое-либо подозрение? Они думали, что это свои люди, вышедшие поохотиться с целью преподнести потом добычу какому-нибудь хану или беку и получить за то подарок.

Это движение приметили и засевшие в крепости,- их бросило в дрожь.

Теперь уже нельзя было терять ни минуты. Стоит врагу узнать, дело погибло.

Издали, со стороны Еревана, тоже мчалось два-три всадника,- они припали к ушам коней и подымали пыль.

Но враги совершали намаз: до того ли им было? Хоть весь мир разрушится - они и не взглянули бы.

Только лишь приложили они еще раз руки к ушам, стали па колени и припали к земле, как из крепости затрещали ружья, горы и ущелья загрохотали, церкви подняли головы. Вражьи кони порвали свои путы и поводья, более двух тысяч бурок, шашек, ружей осталось на месте, и чуть ли не все персы без шапок, босиком бросились в ущелье, решив, что это чудо либо дьяволы - иного ничего они предположить не могли.

Удалые армянские молодцы, преследуя их по камням, в ущелье, уже не столько налегали на ружья, сколько на шашки и кинжалы.

Для зверя Гасан-хана наступил роковой час, но на его счастье ереванские всадники как раз подъехали к верхнему краю ущелья, и не успели армянские ребята к ним подойти, как те уже спустились, посадили Гасан-хана на коня - и умчались. Как глянул несчастный с той стороны ущелья, как увидал свое злополучное войско, - тут же закрыл лицо руками и пришпорил коня.

Более тысячи человек персов было убито в тот день. Остальные либр попадали на скалы и разбились, либо умерли на месте,- а иные попрятались, кто за камень, кто за куст, и лежали там в смертельном страхе.

Многих так и захватили под кустами и камнями, связали им руки и повели вниз. Пусть тот, у кого есть сердце и соображение, почувствует, оценит всю радость победителей. Больше ста пленных взяли и в этот день.

За короткое время такая пошла об Ани слава, что весь Ереван дрожал, как в лихорадке.

Я сам как раз был в Эчмиадзине, когда спасавшийся бегством Гасан-хан проехал мимо. Он послал вперед человека предупредить, чтоб эчмиадзнская братия не встречала его с крестами и хоругвями, как это делалось обычно. Но пустили слух, что они подверглись нападению курдов и что в Карсе повальная болезнь.

Бдительный Агаси, лишь только народ собрался, оставил всякие дела и велел всем идти в церковь. Отслужили всенощную, возблагодарили бога, а когда служба кончилась, он разослал во вес концы людей, чтобы последили, посмотрели, совсем ли убрались разбойники или есть еще где опасность.

Благодарение богу - нигде ничего не обнаружили и возвратились.

Тела убитых поскидали со скалы в ущелье или сбросили в ямы. Лошадей и все богатства поделили между собой. Впрочем, на одежду, па лошадей, на доспехи - никто и внимания не обращал.

Еще до наступления темноты Агаси по всем местам расставил стражу, остальных же людей собрал в крепость.

Как отужинали, Агаси стал с ними совещаться: какие у них намерения, куда собираются они идти. Сам он задумался, как бы вразумить их, чтоб они остались в Ани, восстановили бы свою древнюю столицу, место, где была спасена их жизнь, написали бы в Гюмри, приняли русское подданство и таким путем обеспечили бы себе славу в мире на веки веков.

Но суеверие и острие проклятия святого Иоанна Ерзын-каци так засели у них в сердце, что ни тысячью проповедей, ни клещами не вытащить.

Не дай-то бог, чтоб голова у человека свихнулась! Тут хоть тысяча попов, хоть тысяча докторов соберись,- проку не будет. Сколько ни наставляй, опять свихнется, а коли станешь напирать, так расколется, пожалуй, и вовсе.

Правду говорят: сумасшедший бросил камень в море,- так тысяча здравых умом не могли вытащить.

Агаси понял, что словам его не придадут значения, что все это будет впустую, отошел в сторонку, приложил платок к глазам и промолвил:

- Велика слава твоя, господь-создатель! Но почему говорим мы, что в человеке доля твоей святой души, что создан он по твоему образу, когда часто мысль его бывает тверже скалы, голова толще камня?

Воры и разбойники годами тут гнездятся, и земля твоя' их не поглощает, держит,- и только на наш народ сыпятся бедствия, и ты не допускаешь его устроить свою страну, славить святое имя твое, спасти свою жизнь и ею пользоваться.

Нет, вседержитель наш и создатель, никогда ты свое творение, дитя свое так не обижаешь, не попираешь ногами. Когда человек родится - он комок мяса н только. Годы идут, и он начинает понемногу ходить, говорить, сознавать и соображать, научается подносить руку ко рту, есть хлеб, не говорю - добывать.

Но горе тому ребенку, горе тому народу, который, впервые открыв глаза, не свет увидит, а мрак; видя прямую дорогу, сойдет с нее и пустится по камням. Горе тому народу, который оставит естественный закон и последует неестественному, у которого не будет наставника, могущего поднять его дух, не лишающего его сил духовных.

Если б были у нас хорошие ученые и наставляли бы они день и ночь и детей и народ по отдельности, учили бы, просвещали их,- неужели народ наш был бы в таком состоянии, познал бы такую долю?

И зверь горный лучше нас живет: либо убегает от разбойника, от охотника, либо сам набрасывается на них и разрывает на куски, защищая себя. И птица, когда разорят ее гнездо, пищит и хлопает крыльями. Неужели и к птице не можем мы приравняться, не можем защищать свое гнездо?

Какая польза в книге, в евангелии, в кресте и поклонении, ежели мы их не разумеем?

Под землей тоже сокровищ много - нам-то что?

Ах ученые, наши ученые! Сколько времени отдают они сну, всяким удовольствиям! Все гонятся за деньгами! Делали бы лучше нужное дело, просвещали бы нас, - тогда и сами избавились бы от врагов да разбойников, и нас бы избавили.

Человек один раз на свет родится, он должен поступать так, чтобы, по уходе его, здесь, на этом свете, поминалось и праздниками отмечалось его имя, а на том - душа его сияла лучами славы.

Но какая польза, если слова мои слышат одни лишь камни?

Скажем, невежественный народ: что слышал, то и повторяет, но как же духовенство? Оно ведь тоже подтверждает, будто этот чудесный город разрушился от проклятия. Во-первых, из уст святого угодника не должны выходить горькие слова проклятий, но если уж вышли, - о создатель мой, земно тебе кланяюсь!- ужели из-за одного человека должен ты был погубить миллионы живых душ? Если должен был погубить, то зачем же создал?

Ах, тысяча таких наболевших вопросов у меня в сердце, но мне затыкают рот, не дают говорить.

Так раздумывал он, как вдруг, подняв глаза, увидел, что вся равнина анийская объята пламенем. Он знал, что Гасан-хан всех из Карса выселил с тем, чтобы перебросить в Ереван, твердо знал также, что если и приставлено к ним войско, то не такое, чтобы могло ему сопротивляться. Если он сломил самого Гасан-хана, кто же теперь мог устоять против него?

Война для него стала игрушкой.

Он не стал дожидаться утра, опасаясь, что с этими армянами поступят как и с другими - вырежут стариков и старух. Он взял с собою сотни две отборных всадников и выехал на равнину. Подоспел как раз в то время, когда они только что сделали привал, такая была неразбериха, что собака хозяина не узнавала,- переселенцы группами валились друг на друга, каждый был своим делом занят.

Враги сразу рассыпались, разбежались, да так, что ни одной души не осталось. Освобожденных армян не отпустили, а собрали в одно место, те, позабыв о своем горе, стали кричать прибывшим, чтоб захватили пушки и ружья и отогнали сарбазов, которых в количестве двух тысяч Гасан-хан оставил при пленниках, чтоб они потихоньку вели людей,- среди сарбазов большинство были тоже армяне.

Когда поднялся гром и крик, сарбазы подумали, что это - русские, побросали свои пушки и боеприпасы и бросились в ущелье.

Несколько ереванских пушкарей и сарбазов также попали им в руки - чего же больше? Разбойники и думать не могли теперь подступиться к Ани.

Кое-как скоротали ночь. Поутру божий свет озарил сердца армян. Им досталось столько пороху, ружей, пушек, что двинься на них хоть весь мир, им все равно урона бы не было.

Но как Агаси ни советовал, сколько ни говорил, сколько ни просил,- ничего не вышло: армяне ни за что не хотели возвращаться в проклятое место, и большинство опять повернулись лицом к Карсу.

Агаси очень желал, чтобы они хоть перешли на русскую землю, но и это не удалось: одни хотели переходить, другие - нет.

Пока они таким образом шумели, карсский паша собрал войско и пошел вернуть назад своих подданных. Надо сказать, что как карсский паша, гак и баязетский, любили армян, как родных детей.

Паша так и остолбенел,- сон наяву, да и только! Он уж думал, что ему и самому не выбраться живым из этих ущелий, но каково же было его удивленье: в тот самый миг, когда собирался он напасть на врага, люди с тысячи мест подняли руки, назвали его по имени и радостно к нему подбежали.

Как отец, увидевший воочию освобождение своих детей, он начал славить бога, припал лицом к земле. Но не успел и рта раскрыть, спросить, что же это за чудо совершилось, как поднесли к нему на руках Агаси, поставили перед ним, и тысячи уст воскликнули:

- Ему, ему принеси в жертву нас и детей наших, дорогой паша. Он наш освободитель, наш второй бог!

Благородный молодой человек, лицо которого тысячу раз меняло цвет от каждой сердечной боли, чьи глаза и щеки то краснели, то бледнели, чье сердце стало до того чувствительно, что стоило ему услыхать что-нибудь, как из глаз его текли рекою слезы и ланиты начинали пылать,- безмолвно воздел руки к небу и, не говоря ни слова, показал, что небеса послали ему эту силу и удачу, что это дело не его рук.

Благородный паша в первый раз в жизни так поцеловал лоб армянского парня, как целовал молитвенный свой камень. Он прижал его к груди, снова обхватил его голову руками, еще раз поцеловал и обещал всячески воздать ему за храбрость,, приглашая ехать с ним в Каре и остаться там, под его рукою.

Но Агаси упал к ногам паши, поблагодарил и сказал, что если бы и весь мир предложили ему, он не отказался бы от Ани, так как имеет намерение восстановить там жизнь.

Что могло быть для паши легче этого? Он только попросил, чтобы сейчас Агаси ехал с ним в Каре, обещая, при наступлении спокойствия, всецело исполнить его заветное желание; сказал, что даст людей, скота, товаров, сколько потребует, и что вдобавок и сам поможет.

С глазами полными слез вновь упал Агаси к ногам паши:

- Эта голова,- сказал он,- мне уже не нужна, эта грудь, тысячу раз сгоравшая в огне, эта рука, тысячу раз желавшая вонзить шашку в грудь мою н поразить сердце,- все, все в жертву тебе, наша! Либо убей меня гут же, либо исполни, что обещал,- чтобы увидел я заново восстановленной столицу моего народа и лишь потом сошел бы в землю!

- Неверный перс!-с тысячи мест воскликнули курдн-станцы.- Чго он говорит? Да он неуч безграмотный! Ему предлагают быть пашой, а он знай бренчит на своем сазе! Надо рассудок и веру потерять, чтоб идти в такое проклятое место и там поселяться! Настоящий перс, персидское отродье! Что хочешь с ним делан,- не спросит, какой петух чей, заладил свое: наш петух запел, наш петух запел!..

Радостные, с плясками, пошли карссцы обратно в свою землю. Ахая, утирая слезы, Агаси покинул Ани. Рядом с пашой слышал он тысячу лестных слов, всяких похвал, но словно оглох.

Тысячу раз оборачивался он по дор01е, и лишь когда видел крепостные стены Ани и его церкви, сердце его слегка успокаиваюсь. Он бил себя в грудь, вздыхал, горевал.

Как только поднялись на вершину, на перевал, и Ани должен был скрыться из виду, он уже не в силах был сдержать себя, ослабел и свалился с коня. Потом стал на колени, воздел руки к небу, вперил взор свой в Ани и воскликнул:

- Иль отыми у меня сердце, иль укажи мне путь,
  О благий создатель небесный.
  Иль душу мою вынь и возьми к себе,
  Иль окажи мне с небес своих помощь!
  Пока на плечах голова у меня,
  Осыпай меня хоть ливнем огня,-
  Охотно закончу земные дни,

Лить бы тело мое лежало в Ани.
Да ослепнут очи, если они
Не узрят больше твердынь Ани
Коль с горя умру, хоть кости одни,
Мой древний А ни земле сохрани!
О пусть сойдет душа моя в ад,
Мой родной Ани, моих предков сад,-
Коль камни твои мой прах приютят,-
Тогда бы в раю я не был рад

Проклятье, твой постигшее дом,
Пускай поглотит меня живьем.
Коль лоб покроет твой светлый прах,-
Чего мне тогда искать в небесах?
Святой Ерзынкаци, святой Ерзынкаци,
Если я в Ани не отстрою дворцы,
Тогда возликуй,- пусть молнии меч
Упадет с небес мою грудь рассечь
О камни святые, я жизнь отдам
Этим гробницам, стенам, церквам,-
Но ежели нет свершенья мечтам,
Тогда пусть камнем я стану сам
На коленях я камнем стоять готов,
Прохожим кричать на сто голосов
Устами каменными без слов:
Зачем вы покинули град отцов?

10

Чуть забрезжило утро, как князь и доблестный генерал-майор Мадатов встал ото сна. Поглядел на Шамхорскую равнину, отдал, какие нужно, приказания по войску, а сам, сверкая орлиным взором, - взяв с собой епископа Григора и несколько влиятельных армян,- стал обходить расположение войск, глядел в подзорную трубу на горные вершины, на овраги и делал свои приготовления на случай внезапного нападения врага

Войско, правда, было очень немногочисленно, но им командовал Мадатов,- а имя его заставляло дрожать горы и ущелья, его почитали за бога, при одном упоминании о нем у персов душа уходила в пятки, а его верный народ, с кровью в глазах, с дыханием в устах, воодушевленный, готовый пожертвовать головой, стоял за ним, решив либо всего лишиться -

дома, хозяйства, детей, жен, скота, богатства,- все отдать, либо вонзить врагу в глаза русский меч.

Пробили зорю, совершили утреннюю молитву,- но никто еще не знал, куда выступают.

Персидское войско заняло Гянджу и Карабах, с этой стороны, Памбак и Шурагял - с той. С одной стороны, Абас-Мирза, с другой-Гасан-хан, все разрушая и опустошая, дошли до Тифлиса, чтобы дальше идти - как уже говорилось- на Петербург. Тифлис так и ждал с часу на час, что вновь огонь Ага Магомет-хана посыплется на его голову.

Ермолов пустил в ход все возможные средства, всё свое искусство.

Мадатову предстояло стать спасителем Грузии и показать миру, что огонь былой доблести, пламя храбрости еще сохранились в душах армян, что фимиам их верности еще струится, и когда-нибудь, подхваченный ветром, обдаст весь мир своим благоуханием, а огонь сожжет, испепелит их врагов, разрушит их страны.

Закончив обход, военачальник вновь вошел в свою палатку и позвал писаря записать, что он скажет: надо было ввести противника в заблуждение, что будто такой-то генерал с такого-то места, а такой-то с такого-то идут с несметным войском размозжить голову врага.

В этот самый миг в войске вдруг поднялся переполох. Крикнули: «Караул», с тысячи мест направили ружья.

В войско стремительно въехал некий великан,- он кричал: «Христианин, армянин!» и крестил лицо. Увидев палатку Мадатова, он в последний раз стегнул нагайкой своего коня. Мадатов так и застыл за столом. Не успел он позвать людей, как конь незнакомца вытянул по земле обе передние ноги, фыркнул и из ноздрей его вышло последнее дыхание.

Удалой всадник воткнул копье в землю и, не обращая внимания на караул, ввалился в палатку Мадатова.

Храбрый генерал, будь он европейцем, быть может, испугался бы или, по крайней мере, изумился подобной дерзости, быть может, и наказал бы за нее, но он хорошо знал обычаи нашей страны, поэтому остался стоять на месте и, не дожидаясь, чтобы приезжий заговорил, сам первым спросил, в чем дело.

Ежели конь был в таком состоянии, то в каком же был всадник! Долгое время не мог он пошевельнуть языком. Наконец он пришел в себя и сказал:

- Князь, готовься: они сегодня совершат нападение, а самое позднее этой ночью.

И он рассказал, кто он такой, что сделал в Хлкараклисе и в Ани, что в Апаране и Дилижане, рассказал, как с двумя-тремя десятками всадников пробивался сквозь тысячу разбойников, избивал их тут и там, намереваясь сам каким-нибудь образом напасть ночью на персидские войска, но что это дело не вышло.

Рассказал, что в тот день, когда он проезжал мимо реки Тартар, враг заметил его, и все вражье войско бросилось за ним в погоню, что двух-трех товарищей его схватили, остальные же пустились по горам и ущельям, а сам он спасся от тысячи пуль, услыхал его имя, пробрался на русскую землю с целью поспешить в Тифлис и доставить нужные сведения, но что неожиданно увидел его войска и прямо приехал сюда.

- Большая часть гнавшихся за мною персов только что от меня отстала. Как ваших увидели, так удрали. Теперь поступай, как хочешь. Я спас свою голову, чтобы принести ее в жертву русским. Давно уж это заветное желание было у меня в сердце, да время все не находилось. Надеюсь, что и я десяток-другой врагов принесу в жертву на благо своему царю. Я даже камни здешние - и то наперечет знаю, темной ночью с закрытыми глазами дорогу найду. Как пожелаешь, так мою службу царю и изъясни.

Пашой хотели меня сделать в Турции,- да я отказался. Даже курды хотели меня своим главарем поставить. Пять лет над Баязетом и Карсом птица не могла пролететь,- я гам бродил в горах и ущельях.

Намеревался город Ани восстановить. Эх, армяне, армяне,- да будет милосерден к ним бог,- ни меня, ни приказа паши не послушались: все откладывали со дня на день, все отговорки всякие находили,- а тут как раз и переполох начался. Все я перепробовал и перестал, наконец, надеяться ни на пашу Карсского, ни на обещанную должность, воротился и опять стал уповать на Ани.

Когда-то бог послал мне в руки Гасан-хана, а я по молодости лет тогда сглупил, не прикончил его, не хотел тайком, с глазу на глаз его убивать, а когда персы вернулись из Памбака, я и тут и там на горных вершинах сколько старался, чтобы еще раз его поймать, да не удалось: бог на меня прогневался, и вот в каком виде привел меня к тебе, чтобы я не очень загордился, не очень зазнался.

Порох мой весь кончился, товарищи мои больше не в силах были выдержать,- все разбрелись по горам, а я вот такой, какой есть, стою перед тобою: что изволишь, то и приказывай! Одна у меня голова, и ту готов я сложить за русского царя. Лишь бы страна наша освободилась от нехристей,- а там хоть бы один черствый хлеб есть.

Весь Ереван переселили. Несчастный народ доплелся уже до Тавриза, Баязета, Карса.

Есть у меня старик-отец - гниет в тюрьме. Была старуха-мать,- во время переселения по пути скончалась. Есть жена: я через тысячу огней и мечей, через тысячу врагов пробился, все лето промучился, наконец, перекинул ее на русскую землю, больше я ничего не желаю, лишь бы еще вызволить

211

отца, увидеть народ наш, страну, веру свободными. Тогда пусть бог надо мной совершает, что мне на роду написано.

При этих словах сердце его не выдержало. Огонь изнутри замкнул ему уста, слезы застлали взор.

Доблестный Мадатов долгое время удивлялся красноречию благородного молодого человека, его храбрости, его прекрасному величавому росту, мягкости его сердца.

Он просил его успокоиться немного, а сам сделал нужные приготовления.

Кто в то время видел деяния Мадатова либо слышал о них, тот поймет, почему имя его осталось на устах и у армянина, и у тюрка, и у перса. Мир может перевернуться, а память о нем останется неизгладимой в нашем народе и нашей стране.

Я был тогда еще школьником. Но и сейчас живо, как сегодня, встает перед моими глазами, как въезжал Агаси в Тифлис. Он не был сыном знатного вельможи, чтобы оказывали ему особые почести,- но каждый, кто знал о его деяниях, готов был омыть ему ноги и ту воду выпить. Раз двадцать, если не более, показывал он мне свои, завернутые в бумагу кости, в разных боях поломанные и потом вынутые.

11

Всем известно, что некоторое время, когда Карабах был освобожден от врага, Апаран и Ереван стали поприщем подвигов и мужества храброго русского сердца. Недаром имя Еревана в знак особого почета было присвоено тому, кто и в Азии, и в Европе вознес славу русского оружия до небес.

Какой армянин не возгордится тем, что этот бог турок, персов и Польши ныне свое графское имя украсил именем Еревана?

Князь Варшавский, граф Эриванский окончательно стер в Азии память об Александре и Помпее, Чингис-хане и Тамерлане и до звезд вознес славу русской храбрости, великодушия, добросердечия, человеколюбия.

Азиаты умели только разрушать,- теперь они увидели созидание и мир.

Другим врагам сперва отдавали они свою кровь, потом свой город, своих жен, детей. Русским - наоборот: сначала подносили ключи от города, а потом отдавали им дом и семью.

Горделивое мнение персов, что крест всегда должен подчиняться пятиперстию Али, рассеялось. Вместо обычной своей жестокости и беззакония они увидели сострадание и милосердие.

Бог внял слезным мольбам армян, денно и нощно просившим, чтобы он послал им увидеть когда-нибудь воочию русских и лишь тогда сойти в могилу,- и исполнил их просьбу.

Свет креста и сила русского человеколюбия смягчили и самые скалы,- пустынные, безлюдные поля Армении заселились людьми, пользующимися ныне попечением русского народа, восстанавливающими вновь свою священную страну.

Тоскующий взор армянина не увидит более слез, но увидит свою родину, на лоне ее возрастет армянское племя, насладится ее любовью и слепым завистникам делами своими покажет, что армянский народ не денег ради и не из-за выгоды преклоняется перед именем русской державы, но стремится исполнить обет своего сердца,- для защитника веры его и народа не жалеть пи крови, ни жизни, ни родных дет

Не то, чтоб армянский народ был слаб или храбр но настолько, чтоб удержать свою страну - о нет! Вина на самой стране.

Кто бы в мире не предпринимал завоевания, все должны были пройти через Армению, попрать армянский народ, захватить его в свои руки, чтобы одолеть врага.

Ни ассирийцы, ни персы, ни македоняне, ни римляне, ни парфяне, ни монголы, ни османцы не могли бы достичь такого могущества, если бы армянский народ не становился в свое время на их сторону. Правда, этим он разорил собственный дом, ибо после падения друга враг еще больше зла творил, вымещая свою злобу.

Но этим самым армянский народ смело заявляет всему миру и на веки веков, какая была у него душа, сила воли, твердость духа: окружавшие его могущественные народы погибли, стерлись с лица земли, даже и названия их забыты, а армянский народ и имя свое носит и веру свою, и язык ценою собственной крови сохранил, донес их до нынешнего дня - чему пи один иной народ не явил примера.

Ереван почувствовал крылья, когда русское войско в него вступило. Звон колоколов Эчмиадзина, благоухание его ладана и свечей донеслись до самого неба.

Доблестный герой, граф Эриванский, держа за руку епископа Нерсеса, как ангела - Товия, вошел в Ваграшапат поздравить католикоса Ефрема и пожелать ему доброго здравия.

Песни, сложенные в то время, могут во все века свидетельствовать перед миром, что тюрки и армяне в те дни думали, что сам бог спустился к ним.

Сотни разных песен - армянских и тюркских - распевались в садах и ущельях Еревана, и ныне еще пятилетний мальчик, когда ему весело, прикладывает ко рту руку и поет именно их.

Чтобы перед каждым удостоверить, что слова мои правда, я привожу здесь для примера одну из этих песен:

Горы, ущелья - все сотряслись.
Сардару Паскевичу вмиг сдались.
Поверглись пред ним Алагяз и Масис.
Садовник в саду. Бесстыжий, узнай
Садовник, - в саду. Бесстыжий, узнай -
И камня в сердце мне не кидай!
Мадатов вызволил наш Карабах.
Апаран - Красовский повергнул в прах,
Весь Иран у Паскевича бьется в ногах,
Стал мышью перс, горюет в слезах.
Бенкендорф сардара развеял в прах -
И льва голова - у орла в когтях.
Бесстыжий, крови армян не пей,-

Садовник есть у страны моей.
Бесстыжий, кровь армян на ней.
Я вашим крестам пожертвую всем,
Просвещенный Нерсес, владыка Ефрем!
Силу явило святое копье,
Возликовало племя мое.
Господь услышал мольбы людей.
Безбожный! Нам ты не куй цепей!
Бесстыжий! Крови армян не пей!
Садовник есть у страны моей.
Подымемся, станем спина со спиной,
Пожертвуем русским жизнью, страной.
Гасан-хан по камням пустился, как кот,
Рать шахова сына бежит вразброд.
Безверный! Признай наш крест и елей.
Безбожный! Нам ты не куй цепей!
Бесстыжий! Крови армян не пей!
Садовник есть у страны моей.

12

Эчмиадзин, Тавриз, Абасабат, Сардарапат удостоились благословенного праха ног русских. Но Ереван еще стоял, беспомощно опустив голову, при последнем издыхании, словно хотел он еще несколько часов поплакать над своими несчастными детьми, еще раз посмотреть на их почерневшие лица,- когда прибыл спаситель Армении, граф Эриванский князь Варшавский, чтобы томящимся в тюрьме, в подземелье армянам прийти на помощь, возвратить им свободу.

Было ... число ... месяца[10]. Ереванскую крепость обволакивал дым. И огонь с неба, и снаряды пушечные падали на головы несчастных жителей. ... дней и ... ночей[11] ущелья и горы гремели, грохотали. Казалось, вновь сыплются сера и огонь Содома и Гоморры.

Ереванская крепость тлела, как пересохший фитиль: потрещит какой-нибудь час, потом снова угаснет, померкнет,- очень уж много пушечных ядер попало ей в голову и в сердце, вымотало ей душу.

Сардар и шахов сын, оплакивая свой черный день, давно уже отказались от Ереванской провинции,- бежали в Иран. Один лишь Гасан-хан оставался, как в сетях,- пришло ему время получить возмездие за все содеянное зло, исполнялось пророческое слово, когда-то услышанное им в Апаране, но его не образумившее.

Понапрасну пустил он в ход всю силу своего языка, все имевшиеся у него в руках средства, тщетно подбадривал своих людей, чтоб они не сдавались.

Спустя ... дней[12], когда народ увидел, что выхода нет, из среды именитых людей было избрано несколько лиц. Когда пробил крайний час и крепость была при последнем издыхании, находившиеся в крепости жители по собственному почину вышли на верхушки башен и, держа в руках ключи, изъявили покорность.

С тех пор как Ереван существует на свете, никогда, может быть, не видал он подобного дня, подобного зрелища, никогда не приобретал такого значения, как в тот день.

Могут миры столкнуться с мирами, народы могут прийти и исчезнуть,- но пока у армянина есть дыхание и язык, как может он забыть тот многорадостный час, когда князь Варшавский и генерал Красовский, вместе с бессмертным нашим Нерсесом, с крестом и евангелием в руках вошли в крепость, чтобы отпраздновать день освобождения армянской страны!

Надо, чтобы на свете духа армянского не осталось,- чтобы армяне со

---

[10] В оригинале пропуски. Переписчик дату восстановил ошибочно. Следовало: «Было 24 число сентября месяца» (Ред.).

[11] В оригинале пропуски. Следовало: «Семь дней и семь ночей» (Ред.).

[12] В оригинале пропуск. Переписчик от себя добавил число «пять», а следовало «семь», так как Ереванская крепость сдалась 1 октября 1827 года, то есть, после семидневной осады. (Ред.).

слезами и плачем не поминали бессмертное имя своего спасителя Паскевича, чтобы не чтили как святыню святое имя отца и защитника их страны, заботящегося о них, будучи на дальнем севере, и желающего взять их под свое покровительство.

Камилл, правда, освободил Рим, Сципион воткнул римский меч в Африку, Цезарь покорил Галлию и Британию, Наполеон обещал свободу Италии, Испании и Египту. Но могли ли римляне, галлы, египтяне принять, почтить освободителей с таким чувством, с такой любовью, как армяне, которые, поутру просыпаясь, только о том и молили бога, и вечером, засыпая, только о том и проливали слезы?

Поистине велик и незабвенен был тот день, когда русские вступили в Париж, но как могли французы воспринять свое счастье с таким воодушевлением, как армяне в тот достопамятный день!

Солдаты стали входить в крепость, - а в тысяче мест, в тысяче окон люди не в силах были рот открыть, - так душили их слезы. Но у кого было в груди сердце, тот ясно видел, что эти руки, эти застывшие, окаменевшие, устремленные на небо глаза говорят без слов, что и разрушение ада не имело бы для грешников той цены, как взятие Ереванской крепости для армян.

Как друг, как небесный ангел-благовестник, с венцом свободы и милосердия, вступил князь Паскевич в сардарский дворец. Проходя, в тысяче мест должен он был сам сдерживать слезы, видя, как старики, дети, девушки, старухи не только у него ноги целуют, но бросаются на шею солдатам и замирают у них на груди в душевном умилении.

С тех пор, как Армения потеряла свою славу, с тех пор, как армяне вместо меча подставляли врагу свою голову, не видели они такого дня, не испытывали подобной радости.

Эчмиадзинские епископы, находившиеся в крепости, вконец уже изнуренные, вышли с одной стороны, священники и дьячки Шахара и Конда - с другой, и все земно кланялись, казалось, вновь поднялся храбрый Вардан или Трдат вновь едет из Рима освободить родную страну, даровать своему народу новую жизнь.

Сципион Африканский, видя дым и сожженные, разрушенные дворцы Карфагена, закрыл глаза,- он плакал, сокрушался, что зверский нрав римлян испил их кровь и тем утолился. Паскевич смотрел на встающий перед ним Масис и в радости утирал слезы, припоминая историю Тиграна, Вагаршака, Ганнибала, Трдата, - их образы вставали перед его глазами. Их бессмертные души, сияя небесным светом, явились к нему, витали над ним, улыбались, изумлялись, говорили:

- Посмотри на созвездие Гайка. В этой светлей, в этой лазурной книге записано твое имя, спаситель сынов наших. В нее внесли мы свидетельство твоего великого подвига. Возле Гайка, на лоне Просветителя увидимся мы с тобою. А ныне - храни нашу страну.

Сыны Гайка кланялись ему, бесхитростный армянский язык благословлял его жизнь. Святая армянская земля раскрыла свое сердце, чтила его, поклонялась ему.

Паскевичу суждено было смыть грязь с имени Ереванской крепости и своим именем вновь окрестить ее, стать для ереванцев, для великого армянского народа на веки вечные отцом, покровителем. Какое сердце при этой мысли не вознесется, не возвеличится? Какие глаза в этот час, при звуках стольких благословений и радости, смогут остаться равнодушными, удержаться и не превратиться в море слез?

Он стал солнцем Армении,- русские, наподобие планет вращаясь вокруг него, принесли с собою новую жизнь. Как можно было об этом думать и молчать? Как этот храбрый исполин мог и сам не растрогаться?

Гасан-хан лежал у его ног,- ждал своей последней минуты. Но тот не уподобился Сципиону, угождавшему жестокому нраву своего народа, не попрал его, но в согласии с благородной русской душой обнял - такого безбожного разбойника - и приказал проводить с почетом, чтобы тот уехал и еще лучше познал, насколько милосердна и могущественна русская держава.

Не было у русских темной души, чтобы такого человека как Наполеон, когда положился он на великодушие победителя, посадить на корабль и отправить в океан кончать гам свои горькие дни,- нет!

Русские показали ныне врагу своему,- даже столь презренному,- что куда бы ни ступала их нога, везде должны быть счастье и мир.

Гасан-хан подставлял голову под шашку, персы падали ниц, чтоб их попирали ногами, но беспримерный герой Паскевич одного с почестями отправил в Тифлис, к другим проявил милосердие и великодушие.

Если же европейцы разорили Америку, сравняли ее с землей,- русские восстановили Армению, грубым, зверским народам Азии сообщили человеколюбие и новый дух. Как же богу не сделать их меч острым, как истории не боготворить Паскевича, как возможно армянам, пока дышат они, забыть деяния русских!

13

Но, ах, любезный читатель! Столько событий произошло,- спроси же, где остался наш несчастный, с сокрушенным сердцем, Агаси. Почему не идет он исполнить свою мечту, освободить несчастного, дошедшего до порога смерти отца, получить от него благословение, прощения попросить за то, что тот столько мучений и страданий перенес из-за него, что пять лет изнемогал, иссыхал в тюрьме, тысячу раз доходил до края могилы и вновь возвращался для того лишь, чтобы увидеть своего сына, исполнить свое заветное желание,- так сойти в землю, чтобы не осталось на сердце горя, чтобы могила не стала для него адом кромешным.

В крепости и кругом нее яблоку негде было упасть,- народ так и валил. Что ни глаза - то радость и слезы, что ни уста - то хвала и благословения. Родственники, друзья то и дело замирали друг у друга в объятьях. Уже не язык, а одни слезы охлаждали их сожженные сердца.

Горы и ущелья возрадовались, сады и огороды ликовали, видя, что хозяева их пускаются в обратный путь и сейчас придут их обновить.

В крепостных воротах и в улицах гулко отдавались топот ног и радостные крики.

Русские часовые заняли все посты, народ стал мало-помалу расходиться. Но сколько же было там, по милости Гасан-хана, ослепленных, искалеченных, без рук и ног!- Все они столпились у крепостных ворот,- ждали, что на скончании горестных своих дней обретут хоть какое-нибудь просветление, милосердие, покой!

Между тем преосвященный Нерсес под руку с Сааком-агой обходил крепость по верху башен и стен и ему казалось, что с небес озирает он ереванскую равнину, что только теперь открылся его глазам рай, что лишь сейчас кончился потоп, что теперь лишь сошел с неба единородный сын - принести спасение своему праведному, любимому армянскому народу.

Прошедшие времена, как сон, вставали перед его глазами. Он не знал, что это перед ним - Ереван или Тифлис? В тех закоулках, ущельях, где глаз его привык видеть черные лица персов, теперь сидели врассыпную русские,- кто не почел бы это сном или чудом?

Погруженный в такие думы, он окинул полным вдохновения взором, из-под густых бровей, Зангу и в отрешенности оперся па жезл, как вдруг сзади него кто-то приятным голосом воскликнул: - Святой отец, родимый! - и прижал его руку сначала к груди, потом к лицу.

Мужественный пастырь обмер.

- Святой отец, родимый, преосвященный владыка,- что за день!- воскликнул кто-то с другой стороны, прижимая другую его руку к губам.

- Смбатов-джан, Ерусалимский-джан! Дети мои! Похороните меня после этого своими руками! Ежели бог дарует мне еще несколько дней жизни, то пусть для того дарует, чтоб я мог исполнить заветное желание измученного моего сердца - вернуть наш бедный, рассеявшийся народ обратно в свою страну. Пусть и это событие увидит мой истосковавшийся взор, а потом, ах, потом сойду в святую землю Армении.

Просите, дети мои, и радуйтесь, радуйтесь и просите, дети мои родные, чтоб и эту мольбу вашего старика-отца исполнил господь!- больше я ничего не желаю.

Армения, Армения, дай мне свое сердце, дай и могилу!

И если новые народы будут приходить и уходить,- то ты не забудь мочений и страданий черных, горестных своих дней. Стой и остерегайся. Любовно храни бедных своих детей, впредь сынов своих в плен не отдавай,- прикасаюсь лицом к святой земле твоей, прекрасная Армения, престол господен, дом потомков Аршака!

Но откуда же и как прилетели вы, сыновья мои дорогие, повидать свою родину? - с удивлением спросил наконец преосвященный, утирая при этом слезы и прижимая к груди своей головы этих благородных гайканцев.- Ну, скажите же, успокойте меня. Я тосковал по вас, я желал вас, именно вас, чтобы в этот день постигли вы мое сердце, разделили со мною радость, дети дорогие, доблестные отпрыски народа армянского! И какой бог узнал тайну грешного моего сердца и привел вас ко мне?

- И мы как раз с той же мыслью, с тем же заветным желанием оставили дома и хозяйство, не спали три ночи, пробирались по горам и ущельям, - и вот приехали повидать Вас именно в этот день, принять участие в Вашей радости и получить Ваше благословение, увидать освобождение нашей родины, утолить наш тоскующий взор, - но мы тотчас же должны возвращаться обратно, чтобы наместник не узнал о нашем приезде.

- Ах вы, негодные! То-то вы нарядились в черкески, притаились, чтобы вас никто не признал. Ладно, ладно. Но не так надо шутки шутить. Вы - люди молодые - вот какую выкинули шутку, а я - старик - свою выкину, посмотрим, кто кого. Вас вот надо в тюрьму засадить, чтобы вы образумились, чтобы знали: кто ради родины столько мук терпит, такой путь совершает, даже службой своей пренебрегает,- такой человек, ежели ему и меч к сердцу приставят, огонь будут на голову сыпать,- все равно не должен отвертываться. Вы смело, бесстрашно проехали такое расстояние, пробрались по местам, где людей едят,- а теперь не осмеливаетесь предстать перед наместником?

Да, спаситель Армении как узнает об этом вашем благородном поступке, поймет, что вы приехали увидеть торжество освобождения вашей страны и народа, приобщить свой голос к их голосу, свое благородное сердце к их сердцу в этот чудесный, достопамятный миг - как же он вместо- ого чтобы полюбить вас и обнять за это, рассердится на вас? Какое должно быть сердце у того, кто увидав, как сын пустился по горам, с опасностью для жизни, чтобы свидеться с родителем, освобожденным наконец от мук, побыть с ним, порадоваться одной с ним радостью,- не простит его, если б даже этот сын был на смерть осужден?

Побольше бы мне таких сынов, как вы, побольше бы. Подойдите же, подойдите, ненаглядные мои,- за эти благородные глаза я жизнь отдам! - О, взлелеянные мною дети, подойдите, дайте еще раз поцеловать чистый ваш лоб, еще раз прижать к груди ваши милые лица, а остальное - моя забота. Наместник, ежели имеет что сказать, пусть сперва мне скажет. Вы явили такой же пример, как та дочь, что из Сибири пешком пришла в Москву освободить своего отца. Кто ж может вас осудить?

И армянское войско уже у меня готово,- понемногу обучаются военному делу. Мелик, если бунтаря были такие дети, не был бы он разве рад? Армянский народ нуждается в таких сынах, именно в таких. О, если б еще подобных им хоть сотню!

А ну-ка, полюбуйся на их рост, на лицо, на речь, на глаза их бесподобные. Видит бог, - сейчас же вынул бы душу и им отдал! Да будет благословенно чрево, рождающее подобных детей. Каждый из них - как царский сын. Богу, создавшему вас, я в жертву себя принесу, в жертву! Похоронить меня надо, чтобы над вами птица посмела пролететь!

Вы желали родины - вот вам ваша родина. Сам знаю: вы из-за иссохшего старого черноризца таких мучений не стали бы терпеть. Любите ли вы меня или не любите, но раз вы так любите свой народ и страну, то вы для меня - ангелы Гавриил и Михаил, утешавшие нашего деда-Просветителя в Хор-Вирапе. Пойдемте, светочи души моей, пойдемте, - опаздываем, наместник уже, наверно, ждет меня. Мы ведь только что взяли крепость,- кто знает, что может случиться?

Нужно подумать о нашем народе, тюрьмы и подземелье полны нашими невинными детьми. Надо всех их вывести, освободить, позаботиться о них. Кто знает, что еще может твориться в разных потаенных уголках? Персы хоть и сломлены, но злоба и месть, вероятно, дымятся в их сердцах: ведь вчера еще были они хозяевами Еревана, стояли над нашим народом, а нынче мы стоим над ними, нашему кресту должны они подчиниться и поклониться[13]. - Идем!

---

[13] Эти избранные армяне-патриоты, которые оба своим благородством, своим патриотизмом, слава богу, и ныне блещут среди нашего народа - дай им господь и еще долгие годы блестеть-выросли почти что на руках епископа Нерсеса. Остались ли они в Ереване, мне не известно. О том, что они потом сделали, хороший армянин должен написать отдельную книгу и суметь все в ней рассказать. Каждый раз, как я их вижу, мне кажется, что новый Смбат, новый Вардан явились среди нас. Впоследствии бог так исполнил заветное их желание' Ерусалимский долгое время был полицмейстером в Ереване, а другой, Смбатов, и сейчас - зеница ока народа: он полтора года был правителем всей Армянской области. Не только армяне, яо и тюрки клянутся его именем еще и сегодня (Примечание автора).

Не успел он произнести эти слова, как снизу башни, где они стояли, раздался жалобный вопль:

- Отец преосвященный, родимый, поспеши: убили офицера, армянина, вместе с отцом! Помоги, чем можешь!

У дверей башни никого не было видно, но когда немного нагнулись и посмотрели, огонь посыпался на их головы. Крепость словно на гяз еще в глубину опустилась, - какой-то человек высунул голову из окна и кричал.

Ах, любезный читатель, зачем продолжать мне описание этих ужасных событий? Может быть, и сердце твое уже подсказало тебе,- какой же офицер в такое время мог войти в этот ад, где ждала его смерть, если не наш юный Агаси? В течение пяти лет, в горах и ущельях среди зверей и разбойников, он не сгубил своей головы, сохранил ее, совершил такие подвиги, какие мало кто совершал на свете. Наконец, вместе с генералом Красовским прилетел он на свою возлюбленную родину, чтобы поспеть к последнему дыханию несчастного отца своего и, едва лишь взяли крепость, словно ягненок, потерявший мать, не дотерпев, чтобы суматоха сколько-нибудь улеглась, бросился в башни, в одну, в другую,- и тут, когда назвал он имя отца, подвернулся ему один ереванский армянин, который и повел его к дверям той башни, где был заключен его злополучный отец вместе с несколькими еще армянами.

Но бессовестные персы давно уже проведали о его прибытии с русским войском: отцы, братья, родственники убитых им когда-то людей - всего с десяток человек - вошли и спрятались в той башне.

Ах, что еще писать? Рука слабеет, сердце сочится кровью.

Ах, кто же будет оплакивать Агаси, проливать слезы о его загубленной жизни?-Я, я, ничтожный, склоняюсь перед его могилой. Когда я был ребенком, не он ли держал меня на коленях, забавлял, утешался мною? Нет, я не камень, чтоб его не оплакивать! Разве не готов я душу свою положить за него,- такого доблестного, честного, храброго юношу?- иного сердце мое не стерпит.

Но нет, кто я такой, чтобы оплакивать Агаси? Могу ли этими вот устами растрогать, сжечь, испепелить сердца слушателей? После меня явится тот, кто достойно его оплачет,- я же продолжу свое горестное повествование.

Три злодея лежали мертвые в башне в стороне, остальные бежали,- ах, язык, замолчишь ли ты?

Агаси, ангел Агаси, с двумя кинжалами в сердце, тремя в спине, с израненными в тысяче мест ногами и руками, лежал на груди своего несчастного отца. Кругом было мора крови. В эту минуту вбежал преосвященный.

Едва Агаси занес правую руку, чтобы обхватить отца за шею, прижать к груди эти белоснежные волосы, исполнить заветное желание стольких лет и успокоиться, как ему отсекли плечо, и отрубленная рука так и осталась под отцовской головой, лицо прижато было к лицу отца, левая рука, окоченев, лежала у него на груди.

- Увы! Ослепните, мои глаза! Увы,- кровный сын моего народа! Да зарастет тернием наш путь! Молодец ты наш, брат ты наш, дитя армянское! Горе нам и нашей жизни! Светоч Еревана, взлелеянный, взращенный мною милый Агаси,- тут ли должна была пролиться твоя кровь?

Так сказали эти преданные родине люди, приложили платки к глазам и отошли в сторону, застыли, ослабели, унеслись в небо, стояли окаменелые.

Едва кто-нибудь из них взглядывал на лицо отца, на просветленное его выражение или на израненное, окровавленное тело сына, из груди их вылетал глубокий вздох, крик, вопль:

- Посмотрите же, посмотрите, как он обнял отца! На старика посмотрите - как вперил он взор в лицо сына и обеими руками бьет себя по голове...

(Сердце, разорвись! Сердце, не могу больше, не выдерживаю... У кого есть душа,- сам поймет... Об остальном напишу завтра).

14

Много армянский народ потерял в этих боях таких храбрых, отважных сынов. Так где ж тут - да и какая польза - долго плакать и горевать?

Но, увы, мать Агаси во время переселения окончила свои печальные дни, отец в крови сыновней омыл свое окоченевшее тело, а жена, несчастная Назлу, была еще в Памбаке. Только присутствующие и знакомцы горевали, скорбели о нем.

Пока Агаси был у Мадатова, он о своих храбрых товарищах не имел никакой вести Люди сказывали, будто их взяли в плен и услали к Гасан-хану.

Бог весть, может быть, многие из тех калек и были его друзья, но никто этого не знал.

От того закричавшего ,из башни ереванца узнали только одно: когда храбрый Агаси, в русских эполетах, показался у дверей башни, солдат часовой пропустил его и отдал ему честь.

- Как ангел, влетел храбрец в башню,- говорил ереванец,- а неверные притаились в стороне с обнаженными шашками и кинжалами. О взятии крепости мы ничего не знали, думали - это персы пришли нас зарезать или вывести и вздернуть. Стояли насмерть перепуганные, все застывшие, когда богатырь Агаси влетел к нам. Мы подумали, что он пришел арестовать тех негодяев и освободить нас. Кто ж мог знать, что это за человек и для чего пришел? А несчастный отец разве что дышал еще, и только,- свет очей его давно погас, руки и ноги давно отнялись, иссохли. Живот раздулся, подпирал под самый рот. Казалось, только душа не хотела покинуть его. Часто, когда он бывал в забытьи, мы явственно слышали, как он пытался приподнять голову и стенал замогильным голосом: «Да где же он?., дай, дай посмотреть... Агаси, сын мой, душа моя, долго ли еще будешь ты терзать меня? Я давно высмотрел себе местечко на небесах, о юный сын мой, долго ли будешь ты терзать меня? Приди, приди, ненаглядный мой, приди, дай мне ощутить дыхание твое, нет уж у меня глаз - нечем мне увидать тебя, нет и рук - нечем обнять тебя,- только язык остался да уши. Дай раз еще услышать твой голос, чтобы хоть матери твоей отнести весточку. Рипсимэ... Назлу... Каро... Парихан... Агаси!..»

Во время осады голос его смолк. Мы уж думали, что он давно умер. Грохот пушек, ядер оглушил нас. Но когда шум утих, он по-прежнему стал стенать, глубоко вздохнул и стал снова повторять те же слова и бороться с концом. Те же были и его последние слова: «Приди, приди, Агаси, - сын мой, душа моя!..»

Как раз в этот миг двери заскрипели, молодой сын услышал голос отца и вскрикнул: «Отец, дорогой, родимый мой, ты жив еще, мой ненаглядный, отец мой, отец!..»- и, как безумный, бросился к отцу - тут и сразили его кинжалы и шашки. Отец умер от одного крика.

Ах, несчастный сын не успел привести отца в чувство, не успел и себя защитить. Еще бог сжалился над нами,- солдат, услыхав этот шум, влетел, как лев, и штыком убил троих,- а другие бежали.

Ах, ослепли бы мои глаза, не видать бы мне того, что было! Тысячу раз делил я с отцом Агаси хлеб-соль, бывало, пировали вместе. Тогда на масленице, когда Агаси бежал, среди пировавших у них в доме был и я.

Мой сын, мой юный Моси тоже бежал с ним. Говорят люди - он еще жив. Боже, да будет к нам милосерд твой суд, не насылай на нас впредь такого бедствия, чтобы мы больше такого горя не видели, молю тебя, припадая к стопам твоим,- закончил бедняга и отер полою глаза.

К вечеру стало прохладно, поднялся сильный ветер, пыль окутала крепость со всех сторон. В такую погоду и птица не вылетит из гнезда. Но на сей раз весь мир сошелся и с четырех сторон обложил Ереванскую крепость. Кто пришел просто из-за одного имени Агаси, кто - на вынос его тела. Народ слышал, что хоронить будут с музыкой и войсками - такое событие, такое зрелище впервые случалось в Ереване.

Солдаты и музыканты толпились у крепостных ворот, жандармы

расчищали дорогу. Площади - Банная и святого Саркиса - так чернели, белели, колыхались из стороны в сторону, что казались вспенившимся морем, когда оно под дуновением ветра набирает белую пену и кидает ее на камни и скалы, либо черной своей водою шумно хлещет по сторонам. Пыль, в свою очередь, довершала все.

Тамбурмажор взмахнул палочкой, солдаты выстроились, музыка заиграла траурную мелодию, показались головы черных коней и край гроба. Вышли генералы и офицеры, окружая преосвященного Нерсеса, - процессия двинулась под звуки погребальной музыки. На тысяче возвышенных мест, на тысяче плоских крыш жалостно плакали очи, горестно сжимались сердца, издавали вздох уста - так, что и камни вместе с ними вздыхали и ахали.

Велик двор Анапатского храма,- но русские, армяне, тюрки--и стар и млад - так заполнили его, что продохнуть было нельзя.

Попы давно уже открыли двери церкви, зажгли свечи, облачились в ризы и с кадилами, крестами, хоругвями в руках дожидались, чтобы внесли гроб в церковь. Они устали отгонять толпу,- многие перебирались через стены, чтобы поскорее найти себе место.

В это самое время, среди давки, какой-то калека, пока еще было сравнительно спокойно, пробираясь ползком в толпе, ударяя себя по голове и груди, вырывая волосы, призывая святого Саркиса,- добрался наконец до одного из священников и припал к его ногам, чтобы тот разрешил ему лежать у церковных дверей.

Боголюбивый священник - Тер-Маруке*, кому епископ Овсеп приходится сыном,- решил, что этот жалкий человек либо пришел на богомолье, либо собирается просить милостыню, пожалел его, достал несколько медяков, бросил ему и велел дьячкам его не трогать.

- Ах, да ослепнет тот, кто тебя ослепил, да лишится горсти земли, кто довел тебя до такого бедствия, о несчастный юноша! Какое благородное лицо, какой стан, какой рост прекрасный - почему должны они быть так искалечены? Да искалечится жизнь человека, изуродовавшего тебя! - Так сказал благородный священник, отер глаза и отвернулся.

Только лишь почтенный прах прибыл к месту назначения, едва умолкли звуки музыки и таракана и спустили гроб, чтобы отслужить литию, только лишь преосвященный Нерсес отверз уста... Боже, какой язык расскажет, что тут случилось!

Горы и ущелья запылали, народ словно водою окатило; уже и уста не открывались, очи метали огонь, сердце выхватывало один за другим свои кинжалы, дыхание исторгалось клубами дыма и пламени. Весь мир как бы окаменел. То не был сон,- нельзя было открыть глаза, стряхнуть его; то не был огонь - нельзя было убежать и успокоиться. Самое нутро горело, самое сердце разрывалось.

- Агаси-джан, Агаси, свет моих глаз давно померк - никогда, ни разу не увижу я лица твоего!- раздался вдруг чей-то голос.- Жилы ног моих давно одеревенели - не могу я встать перед тобою и оплакать тебя. Руки мои, как обрубки, припали к груди,- не могу я обхватить гроб твой, хоть гроб твой прижать к груди, припасть к твоему лицу, коснуться щекою твоей щеки, душу свою в путь отправить вместе с твоею - свет жизни моей, Агаси, ненаглядный мой храбрец, царь мой, Агаси!

Того ли ты чаял? Хотел поспеть на помощь бедному отцу, хотел привлечь сердца друзей и приятелей, хотел заново построить Ани, омрачить дни своей жизни, чтобы помочь стране и народу, - о ангельская душа, - собой за нее пожертвую!

Ах, разве есть у земли другое такое дитя, родила ли она еще такого сына, как ты,- что ж она так бессердечно уносит тебя?

Разве небо видело, разве создало оно такое существо земное, как ты,- зачем же оно отнимает тебя?

Разве у армянского народа есть еще подобный сын, светоч такой, как ты,- что ж он принес тебя на руках, зачем хочет положить в землю, отказаться от тебя, предать молодое твое тело земле, схоронить в могиле?- за небесный, светлый образ твой жизнь отдам, Агаси!

Горы Лори тебя сберегли, полюбили. Развалины Ани придали тебе сил, избавили от разбойников - одна только родина ослепла, родина худо с тобой обошлась,- как мачеха, себя выгородила, тебя смерти предала, а подобного сына - хоть тысяча лет пройди - не было у нее и не будет.

Целых пять лет был ты богом наших полей и гор. Тысячу пленников, тысячу беспомощных вернул ты к жизни. Неужто не было у страны твоей настолько сердца, чтобы хоть на час один тебя сохранить, не дать так скоро солнцу твоему закатиться?

Глаза мои Гасан-хан приказал выколоть, ноги и руки мои достались ему жертвой, Агаси-джан. Небо и земля навеки для меня померкли, силы давно меня покинули, солнце и луна давно для меня закатились. Родителей и родственников я еще не видел, боялся, что сердце во мне сгорит,- сколько было у меня дыханья, я хранил его для тебя; оглохшие мои уши по голосу твоему тосковали, омраченное мое сердце при имени твоем прояснялось, утешалось; я ждал голоса твоего сладкого, хотел еще раз услыхать его, а потом и душу отдать; по светлому образу твоему тосковал, чаял, чтобы пришел ты, озарил мрачное подземелье, для меня предназначенное, оживил холодную могилу, для меня вырытую, огнем зажег сердца смотрящих и слушающих, - чтобы знали, что ты, ты оплакиваешь меня, свет моей жизни.

А теперь? Ах, если б огонь с неба посыпался на мою голову, сжег, испепелил бы меня, либо земля разверзлась бы и меня поглотила!

Ах, как мне оплакать тебя, когда и глаз у меня нет, как мне стоять над

225

тобою, когда ничего не вижу? Где могила тебе - в земле или же в моем сердце? Люди ли только плачут над тобою или же и горы и ущелья? Вот хоронят тебя,- а что сейчас, ночь или день? Солнце ли закрыло глаза, померкло или луна? Ангелы ли окружили тебя и оплакивают или же люди? На небе я с тобою или на земле?- за прекрасное лицо твое жизнь свою отдам, Агаси!

Отец и мать твои стоят передо мною, радуются, ликуют, зовут тебя, венец и венок, свет и цветы на тебя нисходят - украсить тебя, цари и подвижники вышли тебе навстречу- все я вижу, среди всех ты блещешь, как солнце,- но что за скорбный голос доходит до моего слуха, что за плач и вопль раздаются? Где твоя Назлу? Где твои милые дети, тобою оставленные? Уходишь - и даже не спросишь.

Но что это за камни оббивают, раздирают мне колени?

Нет,- горе мне и жизни моей,- это ты на небе, а я, несчастный, на земле, в этом суетном мире, в этом мрачном аду, в этом ущелье тернистом. Я - без тебя, Муса - без Агаси, тело - без души, пустой труп,- а где же ангел его?

Я провел жизнь с тобою - без тебя да не будет ее. Рядом с тобою взошло мое солнце,- передо мною твое зашло. Это дыхание превратится в огонь - оно сожжет меня. Эта земля превратится в ад - истерзает меня. Да будет это тело, уже мне не нужное, тебе в жертву принесено,- тебе! Зачем меня оставил - а сам уходишь? Зачем меня хоронишь - а сам улетаешь?

На земле вместе мы услаждались, в колыбели и на поле был ты спутником моей жизни, любимцем моего сердца- я был задушевным твоим другом.

Если отец и мать не рыдают над тобою, если родственники возлюбленные не стоят над телом твоим, неужели же твой несчастный Муса, сын, тобою взлелеянный, тебя в дорогу отправит, а сам утешится, тебя предаст земле, а сам не пойдет за тобою?

Нет, нет, клянусь святым твоим ликом, которого никогда уже не увижу,- иди в рай, а меня веди в ад, веди, говорю,- а этот мир меня уже удержать не в силах. Плотские глаза мои тебя не видят, но ведь духовный мой взор - будет открыт.

Родимый ты мой! Ежели и в небесах не смогу я обхватить тебя, обнять, говорить с тобою, сидеть возле тебя, то все же буду видеть, как над тобой витают ангелы, как предаешься ты в раю созерцанию, как свет нисходит на тебя. Лишь бы увидеть тебя, Агаси-джан, - а там пускай хоть меч в сердце,- я возрадуюсь, пускай хоть огонь зажгут над моей головой,- я возликую. Уведи, уведи меня, своего друга,- а не то я сам пойду, чтобы от тебя не отстать... Ах!..

- Ах, чей голос слышу? О, люди, возьмите камни - побейте меня, возьмите меч - разрубите меня на куски! - раздалось вдруг из толпы - и словно гром грянул.

- Муса, сын мой! Сперва меня убей, похорони, о пропавший мои сын, истерзавший мне душу, измучивший сердце,- пожалей старика-отца. Эти седины в жертву тебе принесу, дитя ты мое! Дай же мне хоть дыхание твое услышать! Ах, горе мне и моей жизни! Муса... Агаси... Небо, обрушься, земля, разверзнись! Гасан-хан, ад, ад - возьмите меня, поглотите меня!

Муса-джан, дитя мое, ты оставил меня, - так вот тебе... Мне ли засыпать тебя землей, моим ли иссохшим рукам тебя хоронить? Пока я не сошел в землю - дадут ли тебе место на небе?

Счастливый путь, родные вы мои дети, счастливый путь!

Вы сожгли меня любовью, а я вот этим мечом исторгну душу, вам отдам ее, а тело - земле, чтобы с вами вместе радоваться перед престолом всевышнего, вместе ликовать или вместе мучиться, вместе страдать. Счастливый путь к родителям вашим!

Так сказал несчастный. Сверкнула шашка, кровь хлынула, загремел гром, день померк, затрещали ружья, гробы подняли, шаракан был пропет,- и верхняя канакерская церковь в один и тот же день приняла двух отцов и двух сыновей вместе - и до сих пор хранит их в святом своем лоне, чтобы явить в день суда и удостоить их славы.

Могил и не сыщешь, наши сыны
Далеко, в забвенье погребены.
Сами мы немы Неправ ты, мир,
Через тебя стал народ наш сир,
Сколько многих отнял, а все не сыт.
Нет часовни там, где их прах зарыт.
На память и памятник не встает,
Чтоб их имена поминал народ.
Ты, нежная Муза, меня сожгла,
Растрогала сердце и сил придала.
Ах, дай мне пожить. Пускай я умру,
Когда о народе слезу отру.
О, милая Муза, время пришло
Отдать Агаси под твое крыло.
Его подержи в заложниках ты,
Пока не исполню своей мечты,-
Чтоб стал я славен в народе моем,
Чтоб мне потом не сказали со злом:
- «Бессовестный сын, стыда в тебе нет,
На нашей земле жил столько ты лет,-

Не наша ты кровь - ты нас не жалел,
Про кровь пролитую сказать не хотел».
О нет, Агаси! О, Муза моя!
Всегда об одном лишь думаю я:
В одном мое счастье, гордость и честь,
Чтоб жизнь народу в жертву принесть,
Чтоб вам явиться с открытым лицом,-
Вашей могилой клянусь я в том.

Конец третьей части.

ЭПИЛОГ

ЗАНГУ

1

Словно слетевший с неба разъяренный дракон, - свесив голову, одним концом в спокойном Севанском озере, другим на рыхлом берегу реки Араке, - топча, разрывая, руша на пути своем горы и ущелья, потная, с пеной у рта, со всклокоченными, взъерошенными волосами, разнузданная, шалая, с пастью, полной песка, каменьев и мусора, фыркая направо и налево, размывая, разламывая ложе свое и берега, кроша их и разжевывая закинув одну руку на черное, мрачное, мглою объятое, уступами изрезанное, обнажившее грудь свою и брюхо, украшенное деревьями и кустарником ущелье русла своего, другую засунув снизу под узкий сухой печальный Какавасар и стремительно из-под него вырываясь; пыхтя на бегу, рыча, улюлюкая, огнем, мечом, пламенем, ломом откалывая верхушки камней и утесов, вбивая их себе в брюхо, сшибая каменные глыбы и уступы, сверкая молнией, с визгом, треском, громом и грохотом; обдирая, общипывая низкие берега, ужасом охваченную землю, терзая ее и сама терзаясь, все живое и неживое, - людей и скот,- ударяя оземь; поражая, глуша до одурения, бросая в дрожь и трепет, пламенея, пылая, с налитыми кровью глазами, со вздыбившейся гривой, скрежеща, лязгая зубами, шумом и гамом, грохотом, рокотом сотрясая поля и равнины, с

228

огненным мечом в устах,- нахлынув, стремится неукротимая Зангу и врывается в Дзорагех, - с тем, чтобы каждого, кто попирал священную землю Армении, кто разрывал, разорял чистые могилы наших предков, проливал и топтал святую, невинную, праведную кровь наших мучеников, каждого, кто разрушал и осквернял наши богообитаемые храмы и церкви, отнимал и в ничто обращал великолепные наши престолы и города, разорял, с землею сравнивал обиталище нашего лишенного помощи, нуждающегося в хлебе насущном, сиротствующего, рассеянного по лицу земли, потрясенного, полоненного, вырезанного рукой врага и разбойника, разбредшегося по многоразличным, странам, гибнущего, бедного, покинутого на произвол судьбы народа, - каждого злого губителя нашего и логово его, дом врага-нечестивца, престол кровопийцы, дворец разорителя нашей страны, его окровавленную крепость, его воздвигнутую к а костях башню, его населенное ворами место, его обитаемую зверями землю - разрушить, ниспровергнуть, искрошить, обратить в развалины, перевернуть вверх дном, вниз головою, обвалить камни на камни, стены на стены, развалить до самого основания, поглотить, - и всех внутри находящихся, и снаружи погребенных, гнездящихся наверху и внизу пребывающих - угнать, унести, размыть, изрезать на куски, изорвать в клочья и тем утереть горькие слезы бедной нашей страны, нашего достойного жалости народа, прохладить, успокоить его сожженное, запекшееся сердце, срезать, уничтожить нашу тысячелетнюю, ядовитую неизлечимую язву, которая столько годов, столько веков живьем разъедала, томила, истачивала, сушила измученную душу тысяч, десятков тысяч молодых, жизнерадостных людей, приносила их в жертву тому свирепому народу, тому лютому зверю, обрекала на смерть.

Вот наступает час, когда ночная тьма окутывает землю, и человек содрогается, его кидает в страх от собственной тени; когда иной прохожий бежит бесом гонимый и, до смерти перепуганный, крестится, читает «Верую и исповедую», поминает имена святых и пророков; если случается ему проходить через зангинский мост и подниматься по сухому склону Конда, он трясется всем телом, язык застывает у него во рту: справа - страшная Ереванская крепость и мусульманское кладбище, слева стучат, трещат толчеи и мельницы, а немного подальше встают объятые сумраком купола бань и печальный Дзорагех, лежащий в яме, загнав голоса свои внутрь себя,- а впереди - Шехар, как вдовица, печальная, грустная, с лицом, скрытым траурной вуалью,- и все словно уходит постепенно в бездну, утопает по мере того, как путник подымается вверх. А вдали, на крышах домов визжат, воют, лают, шумят и умолкают снова, сперва тонко, потом все сильней завывают, испускают из носов своих жалобный, нагоняющий ужас визг и ноют недремлющие собаки, между тем как на верхушках остроконечных гор и холмов или у их подножий умирающие с

229

голода волки, почуяв запах добычи, пускают в ход свои ненасытные глотки, свои пеной покрытые пасти, воют и визжат, как собаки, чтобы их обмануть, подкрасться поближе, забраться в жилье или хлев и задрать, разорвать, задушить, растерзать либо их самих, либо какого-нибудь невинного ягненка, какого-нибудь молочного телка, заблудившегося по пути к дому, либо ни в чем не повинную добродетельную корову, отставшую от стада и притулившуюся где-нибудь на улице или под камнем, либо тощую клячу, либо ожеребившуюся кобылу; или же найти и сожрать притомившуюся, спокойно себе лежащую, безмятежно жующую свею жвачку овцу, а не ее - так другую какую-нибудь, много за жизнь потрудившуюся, изнуренную, обиженную своим хозяином, выгнанную из дому, пощипывающую и жующую тут и там сухой хворост да острые колючки, хлопающую шелудивыми ушами, истомленную, возненавидевшую свою горькую жизнь, беззубую, бесхвостую, безъязычную скотину-какого-нибудь жалкого осла,- набредя на него, сначала поиграть с ним, попрыгать, напомнить ему его молодость, чтоб он развеселился, настроил бы свой саз,- а потом сделать свое дело: слопать беднягу без остатка. В то же время из ущелий, из расщелин в скалах, с их вершин, с самого края утесов, из-под кустов, из мелколесья, с равнин, пустынь, из потаенных логовищ, смешиваясь, раздаются страшные, в ужас приводящие голоса - где разъяренного медведя, где хитрой лисы или трусливого шакала, где свирепой гиены, где какого-нибудь пропащего зайца. Все они кричат, мурлычат, ревут, пищат, визжат, завывают, мычат, блеют, орут всячески, а бессонные петухи - бдительная охрана хозяина - в страхе, в ужасе, кстати и некстати встряхиваются, хлопают крыльями, из узких своих горлышек испускают пронзительные звуки,- поют где-нибудь в глубоком овраге, в яме, на возвышенье или крыше, прислушиваются и снова громко поют. Теперь слышится еще и голос русского солдата: между тем как персидский караульный сарбаз молчит, словно только что вышел из могилы, словно попал он в лапы дьяволам, и связали его по рукам и ногам, и видит он перед собою обнаженный меч, как преступник, приговоренный к смерти, рта не раскроет, не пикнет, если даже и душу погрозятся отнять у него,- русский солдат, глубоко, до самого носа надвинув черную меховую папаху, закрыв ею глаза и брови, тяжело, медленно, тихо, бесшумно шагая, потирая глаза, зевая спросонья, высовывает из темного угла или из-за будки свою голову и глухим, глубоким, жутким, запавшим внутрь голосом выкрикивает: - «Слушай!» или «Хабардар сар-гесаб!»

Ветер с одной стороны, а вьюга и борей - с другой, подобно разъяренному палачу, гонят перед собою с горных вершин и из ущелий, словно больно хлещущей плетью, кнутом, пушкой, копьем, - пыль, песок, землю, сухой навоз, мусор, выметают их из ям, бьют по стенам, срывают с земли, ударяют о скалы, ломают деревья, выдергивают травы, разрывают землю, сшибают друг с другом ветви, стены, доски, стучат, хлопают, то ударят камнем вот об этот утес, то хватят кулаком или ладонью по макушке вон той горы, лупят, колотят; и стоит лишь вдохнуть воздух или открыть глаза, обеими руками вбивают тебе в рот и ноздри целую кучу земли и песка, так наполняют, что нельзя продохнуть, забивают нос, смыкают, слепят глаза и жужжат, свистят под самым ухом, подобно пушечному ядру или острой стреле, потом повертываются обратно и так хлещут тебя в лицо, что в потемневших глазах у тебя искры сверкают; и вот ты одурел, потерялся, онемел, оцепенел, превратился в камень и стоишь, словно застывший, а твой незримый враг уже снова пустил коня вскачь, снова, пламенея огнем, стремится достичь гор и ущелий - гуляет, гремит, грохочет, гудит, скрежещет, трещит, бесится, вскидывает пену, хрюкает, ревет, трясет головой, глядит,по сторонам и наконец смолкает.

Ослепший, дрожа всем телом, потеряв рассудок, словно очнувшись от глубокого сна, ты в страхе и трепете подымаешь голову и осматриваешься: в каждом рве, в каждой ямс, в каждой щели, в каждой темной дыре, там и здесь, и вдали, под деревьями, в садах, на верхушках гор, на берегах Зангу - всюду сильный огонь абрикосовых дров; яркое пламя пылает, словно огненный столб, как бы мечом разрезая ночную тьму; черный чад, густой дым, искры, яркие молнии подымаются вверх, озаряют ущелье и небо, открывают и закрывают вновь ужасающие лики черных, объятых мраком впадин, пещер с отверстыми пастями, извивающихся наподобие змей расщелин и нависающих, словно дьяволицы с выпущенными во все стороны когтями, со всклокоченными волосами, свисающими косами, обнаженным лоном и раскрытыми грудями дерев, острозубых, в ужас повергающих скал выставивших свои дьявольские лица, стоящих бесстрашно, бестрепетно, острых, торчащих плечом к плечу, щека к щеке, сливших уста с устами, распахнувших свои полные мрака пазухи,- и снова, будто в припадке безумия, набарахтавшись, наколотившись, наметавшись туда и сюда, еще поскрежетав и полязгав, сами собой смыкают глаза, умолкают, затихают бездыханные, безмолвные.

В это время, в этот страшный час, когда порою и небо начинает бушевать, крушит горы, взрывает облака, со всех сторон хлещет землю жгутами молний и дробит ее,- тогда и Зангу, ужасная Зангу, сбоку тоже шумит, ревет, слабыми руками и ногами своими нетвердыми бьет по камням, подымает водяную пыль и туман и мычит и смешивает все: завывание ветра, гром небесный, треск скал, грохот гор, гул ущелий, шум деревьев, рев пещер, стук толчеи и мельниц, гудение земли, гул домов, потрескивание стен, крик, визг, писк, лай, звонкие голоса собак, волков, медведей, караульных, петухов - со своим зычным голосом, сгущает его, вбирает вовнутрь и опять через минуту выдувает, рассеивает на тысячу сторон, снова вкладывает язык в уста гор, ущелий и скал, снова дает им дыхание, чтобы они вторили сладкому ее голосу, сопровождали его, и, предавшись своему адскому пиру, плясали, хлопали в ладоши, выжали, кричали, галдели, пировали, ликовали!

В такое время, если, не приведи бог, случится неизвестному прохожему подыматься на плоский верх Конда или же спускаться с Апранкапоса[14], чтобы перейти через Зангу, в глазах его мутится, голова кружится, и мнится ему, что обрушилась на него целая огромная гора. Ни впереди себя, ни сзади не видит он ничего. Окаменелый, одеревенелый, останавливается он и стоит на месте, застыв, как вкопанный. Словно в сновидении, откуда-то издали, из глубины, донесется до слуха твоего глухой грохот, и подумается тебе, что небо, солнце, луна, звезды столкнулись друг с другом и сами, дробя, раздробились, ломая, разломились и с шумом и громом разрывая и разрываясь, попадали стремглав,- и бездна, ад, рай, преисподняя, ангелы, дьяволы, серафимы, херувимы, сатаил, сатанаил - потрясенные, бледные, с мечом огненным, с шашкой пылающей, с тучей и молнией, низвергаются вниз, падают, чтобы покончить с миром и уготовить место для последнего суда, чтобы сошел

---

[14] Апранканос - т. е. пещера сокровищ, находится под большим садом Аповенца. Канакерцы рассказывают, что как-то один пастух шел домой о навьюченным ослом,- и вдруг видит, что перед ним открывается какая-то дверь. Входит и видит,- да увидит твой глаз добро! - так много алмазов, жемчуга, золота, что не счесть. Наш счастливый хозяин ишака высыпает навьюченную на осла золу, наполняет хурджины до краев алмазами и уходит. Пройдя немного, он вспоминает про свою палку. Глаза свои еще не насытив, из-за этой палки возвращается он в пещеру, но как только захотел выйти, видит - двери нет. Он здесь, среди алмазов, оплакивает свою черную судьбу, а жена ждет его дома. Неразумному ослу откуда знать, что на нем навьючены алмазы, а не мусор? Когда кряхтя пришел он домой и, развесив уши, встал перед дверью, у доброй хозяйки все внутри оборвалось, как увидела, что ее любимого мужа нет. Чуть было и ишака его не прогнала, как вдруг что-то на нем сверкнуло. Такому ослу иной подарил бы царство, но у нашей хозяйки не было царства. В жизни своей даже мужа не целовала так крепко, как нашего господина ишака поцеловала: взяла за уздечку, пригласила в дом. Осел, удивленный такой любовью, обрел дар речи и все, что произошло, рассказал. Да смилостивится господь над пастухом и да ниспошлет каждому христианину подобное счастье.

Наши сельчане рассказывают и то, что именно здесь, однажды вечером возвратясь с базара, увидели люди, что дед Апов, о добрых делах которого до сих пор тысячи уст твердят, лежит при смерти. Дом был полон гостей, приехавших на свадьбу его сына, когда на плечах внесли тело отца. Свадьба обернулась трауром. Говорят, будто отравили его. (Примеч. автора).

на землю престол божий, и воссел судия и потребовал к ответу нечестивца, думающего, что мир принадлежит ему, и что может он делать все, чего только не захочет,- как смущены бывают душа и сердце бедного прохожего, с земли устремляется он в небо, он видит свой конец, и в порыве покаяния припоминая прегрешенья свои, отирает с лица кровавый пот, в то время как перед ним уже открывается Канакер либо равнина Норагеха.

2

Была именно такая ужасная ночь, когда Арутюн Аповенц, один из благородных обитателей Канакера, вышел из Апранкапоса, вышел в свой обширный сад, увидел, что садовники спят и, пожалев нарушить их сон, решил сам верхом на резвом коне доехать до Горгочана, либо поехать к каналу- посмотреть, отчего перестала идти вода.

Такой мрак окутал землю, что ткни человека пальцем в глаз, он н не приметит тебя. Но если бы даже все камни пораскрыли свои пасти, все равно не смогли бы они его испугать, - такое бесстрашное сердце было у нашего храброго гайканца. Что тюрк, что армянин,- все и сегодня подтвердят, что перед его сердцем, перед его языком не устояла бы и гора.

Наш храбрец проехал по верхнему краю садов и доехал до верхушки Горгочана: с этого места как раз отводилась, вода. Заметил, что и здесь воды убыло.

Тогда он направился к каналу, намереваясь пустить воду, но едва объехал верхнюю церковь, как оглянулся назад и застыл на месте. Что это было за место, он не мог узнать. Хотел вернуться обратно, но не решался, считая это для себя-постыдным. Налегает на коня - конь прядет ушами, фыркает, бежит назад... Кругом все было окутано мраком и тьмою, но шатер церкви блестел, сверкая, как солнце.

- Святая богородица Мария, к тебе взываю!- сказал благочестивый армянин, сошел с коня, привязал его в сторонке и крестясь вступил на кладбище.

- Господь да упокоит ваши души, усопшие праведники!- сказал он и вошел во двор церкви.

С тех пор, как закатилась звезда Канакера, из доброй-тысячи его когда-то богатых домов осталось не более сорока, да и то бедных, жалких, нуждающихся в хлебе насущном. Эта святая церковь пребывала тоже в запустении. Богослужение совершалось там один раз в год, только в праздник пресвятой богородицы. Поэтому двери и двор ее оставались всегда открытыми.

Арутюн отвесил несколько земных поклонов, перекрестился, хотел было приложиться еще к алтарю да и идти по своим делам, как вдруг его словно за рукав дернули. Оцепенев, он остановился на месте и вдруг услышал детский голос. Он подумал, что ему пригрезилось или почудилось. Прислушался еще,- другой голос донесся до его слуха. Он слышал явственно, как ребенок рыдает, повторяя сдавленным голосом:

- Мама, дорогая мама, открой глаза,- пострадать бы мне за тебя! Зачем ты нас привела сюда? Ведь эти мертвецы нас съедят... Кто нам поможет, если и ты спишь, глаз не открываешь? Вставай, пойдем домой, довольно ты наплакалась, довольно. Не погиб же наш отец, он вернется опять,- чего ж ты так тоскуешь? Похорони нас, мама-джан, лучше зарежь, в воду брось, а то разбойник придет и уведет нас. Что сделаешь ты с нами в этой пустыне? Мама, мама,- за это милое лицо твое мы в жертву себя отдадим! Почему ты не молвишь ни слова? Разве мы не твои дети? Что мы сделали, что ты так рассердилась на нас? Мы никогда больше не огорчим тебя, родная наша, только ты нас люби, держи при себе, не сердись больше на нас...

Ах, в такую ужасную ночь чье сердце не растрогалось бы, не сожглось бы при звуках этого голоса? Эта мать была Назлу, о мой любезный читатель,- это ее дети убивались в горе. Если и у тебя есть сердце, ты не скажешь, что подобная история вымышленна. Любовь, святая любовь, как бальзам оживляющая сердце человеческое, но и режущая, как шашка,- чего только она не совершит? Какое пламя может «огреть сердце, лишенное любви? Какая вода способна залить, загасить пылающую любовью душу? Сердце, раненное любовью, не побоится ни могилы, ни вора, оно не знает ни страха, ни боязни, оно не отвратится ни от меча, ни от воды. Чем больше любовь, тем слаще страдание. Что устоит перед любовью? Чего же ей бояться смерти? Когда лишаешься ты возлюбленного, земля раскрывает пасть и пожирает тебя, камни втыкаются в глаза твои, как копья, дыхание твое превращается для тебя в огонь, сжигает, испепеляет тебя, тело твое становится тебе могилой, сердце - адом, глаза - морем крови, голос - грозой и громом, вихрем и бурей, - ах, могла ли Назлу остаться без Агаси, не исполнить слово свое, обет, ему когда-то данный?

Заветное желание истинно любящего - умереть ради возлюбленного, - а возлюбленный Назлу был в земле,- этот царь и господин, этот свет очей всего мира, - так, разве могла она, его лишившись, еще открывать и закрывать очи свои, могла ли сохранить на долгое время свое умершее, ушедшее из жизни дыхание?

Она положила голову свою на могилу, детей подобрала под себя, прикрыла грудью; все вокруг себя озаряла она светом, но милосердное небо еще не благоволило взять к себе ее святую душу, пока не объявится какой-нибудь покровитель у этих невинных детей.

А он-то как раз стоял перед ними. Ничего не узнал, только вздох услышал этот случайно пришедший. Блаженна могила, столь любимая. Блаженна эемля, которая так чисто, непорочно примет и в себе схоронит прах двух любящих, и наша земля - сестра неба,- и наша душа - святое божье подобие - с ясным челом предстанут перед богом.

Не стало Агаси, не стало и Назлу, а покровителя детям их бог послал. Разве бог попустил бы, чтоб дети его погибли?

И мы когда-нибудь уйдем, и мы, о мои любезные соотечественники!

Скажи, если бы перед твоими глазами была сейчас могила Агаси, неужели ты не вздохнул бы, не помянул его добром, не промолвил бы:

- Как было б хорошо, если б я был одним из твоих товарищей, любил бы свою родину, приносил пользу своему народу, чтобы и меня так же любили, чтобы и мое имя так же славилось в мире.

Сокровища и богатства, честь и отличия, величье и власть - только до края могилы нам спутники, но они - не друзья. Когда покроет холодный саван очи твои, - вдохновенным очам твоим в жертву себя принесу, о мой благородный сын Гайка; когда печальный звон проводит тебя в церковь и светлый твой лик покроется смертной желтизною, и сладостный язык твой окоченеет, милое солнце твое закатится, - гроб твой достанется могиле, тело - земле, а душа пойдет на небо, успокоится,- и успокоятся скорбящие, о тебе убивавшиеся, а как и они умрут, уже не будет тебе ни ладана, ни свечей, ни пения церковного, ни обедни.

Быть может, большинство из тех, кто бессердечно, бездушно гуляет и веселится над землей, где лежит твой прах, когда был ты в живых, ели твой хлеб, пользовались твоей добротой, готовы были ноги тебе целовать. Так мир устроен.

Дела твои, одни дела сохранят твое имя. Только любовь к родине сохранит память о тебе, любовь к народу сбережет живыми твои деянья, заставит чтить тебя наравне со святыми. Родная земля приведет каждого прохожего к останкам твоим, к святой могиле твоей и, указав перстом, промолвит: «Если хочешь, чтоб и тебя я так же любила, так же лелеяла,- ты тоже люби меня и просветляй, дорогое чадо мое!..»

Агаси оплакали, и делу конец. Ах, не мне бы писать в память о таком армянине, о таком несравненном герое его историю. Блажен будет тот час, когда какой-нибудь благородный сын армянского народа разгневается на негодный мой язык, отбросит прочь негодное мое писание и сам заново напишет историю наших храбрых армян так, чтоб слушатель и читатель загорались, воспламенялись, удивлялись, восхищались и перо и книгу того писателя чтили, как святыню, как ежели бы они принадлежали

Петрарке, чтобы хранили их на лоне своем. Это я от любви так осмелел, что написал, - пусть же читатель не осуждает меня за мои недостатки.

Пойдем-ка еще раз на берег Зангу, посмотрим еще раз на священную Зангу, взглянем на ее ущелье днем,- ибо была ночь, когда мы переходили через нее, а то, что видишь ночью и днем, не одно и то же. Еще раз пройдемся по земле нашей священной Родины, потом протянем друг другу руку, сольемся сердцами, обнимем друг друга, прильнем грудь к груди,- слезы застелют нам очи, боль и скорбь замкнут уста, горы и ущелья отнимут голос. Ах, если один из нас окажется на небе, а другой останется на земле, то под какой бы луной он ни стоял, на какую бы звезду ни глядел, на берегу какого бы моря ни сидел, по верху какой бы горы ни проходил,- пусть обратит взоры свои к небу и понизит голос, и пусть первый вздох его, первая капля, из очей уроненная, первое слово, из уст вырвавшееся, будет:

«Друг мой, друг мой, ты ушел, я остался, но слова твои я не бросил на ветер, любовь к Родине неизменно храню в сердце своем, за счастье Родины жизнь свою готов отдать. Не горюй, не скорби, помяни меня и моли о ниспослании мне силы».

3

Зангу, Зангу, прекрасная моя Зангу! Когда вижу я твой небоподобный лик, слышу печальный твой голос, вбираю губами священную твою воду, - в этих ущельях твоих, цветами украшенных, на этих прохладных твоих берегах, под твоей белой, светозарной пеной, на берегу твоего скромного Мамбри*, под твоими веющими фимиамом деревами, среди цветов твоих, бессмертье дарующих; когда слышу я твой печальный, заунывный плач, зловещий, скорбный голос, когда вижу горючие слезы милых очей твоих, я думаю: наши несчастные, злополучные, полоненные, сбитые с ног, обессиленные, обездоленные, опустошенные, заколотые, камнями побитые, лишенные родины, обескровленные, бездомные, скорбящие, бедные, неимущие сыновья и внуки твоих счастливых, давно ушедших, нам недостающих, высокородных, могущественных, сотрясавших мир, непобедимых, неодолимых князей, миростроителей-царей, могучих, крепкоруких богатырей, - как били бы они себя по голове, как оплакивали бы свой черный день, подумав про того, кто впервые приветствовал тебя радостным голосом, с высоко поднятым челом, с небоподобным лицом и орлим взором, с богатырским обличием и улыбкой сладостной, про того, кто впервые вкусил тебя, с радостью и ликованием понюхал твои цветы, с наслаждением отведал вкус сладких плодов твоих, кто пришел и возлег на

236

твоем прохладном, освежающем берегу, поцеловал твое святое, непорочное лоно, ласково, умиленно сорвал твою благоуханную розу, твою скромную фиалку и величаво, с горделивою важностью протянув, простерев над тобою свою храбрую длань, с властною силой, с проникновенной мыслью, острым глазом взирая на эти священные берега, на эти благородные ущелья, на эти неколебимые скалы, в восхищенье перед твоим бесстрашным, храбрым сердцем, перед твоими пенистыми, свирепыми, страшными волнами,- наконец воскликнул грозным голосом, решительной речью, небесными устами, херувимским языком:

«Раздан![15] Отныне тебе подобает стать моим обиталищем!..

Эта храбрая рука, этот широкий, как озеро, лук, эта стрела с расщепленным натрое наконечником, эта крепко кованная грудь, этот любовью объединенный сонм сотрясающих мир, неодолимы исполинов,- отныне пребудут охраной твоей и защитой, чудесная река Раздан!..

Ликованье, веселье, восхищенье, пышное произрастание, восторг, бодрость сердца - да будут уделом твоим, прекрасный мой Раздан!..

Пусть ликующее лоно твое, возвеселившиеся поля твои процветают и расцветают, проращивают зерна и пускают побеги, приносят тысячи плодов и без счета злаков на пропитание моего потомства, на радость детей моих, на довольствие моего богатырского племени.

Мой род унаследует после сего это небоподобное поприще, потомки мои будут, на радость тебе, победно отражать врагов. Эти горы, до неба поднявшиеся, пребудут приснона-дежным оплотом моим, дивная эта равнина - сладостным моим пристанищем, цветущее твое ущелье - излюбленным местом прогулок моих.

Имя мое окрестит, запечатлеет этот чистый, радующий очи край, ибо нигде не находил я, ни на одном из путей моих в долговременных, дальних странствиях места, подобного ему, схожего с ним. И будет оно именоваться и ныне, и присно, и вовеки - Айастан».

Зангу, Зангу! Неумолимая моя Зангу! Сердце мое тоскует, нутро переворачивается, сознание мое бушует, душа моя воспалена,- я изнываю от боли, я потрясен волненьем, услышь стон и плач мой, вопль и моленья мои, прими слезы мои, подай мне утешение, надежду.

Сколько, о сколько раз, бывало, будучи мальчиком, стоял я на твоих ужасающих скалах, резвился на узорчатом, разноцветном, чудесном лоне твоем! Я радовался, играл, ликовал, изумляясь, поражаясь, а иногда, устрашенный, потрясенный твоим грозно-прекрасным яростным ликом, в страхе и ужасе либо бежал в объятия родителей, либо с радостным ликованием бросался в твои волны.

---

[15] Т е. Зангу (прим. автора).

А ныне глубокий стон скорби, накопившись в бушующем, обуянном сомнениями сердце моем, возносится к тебе, взывает к тебе, замирает, немеет в твоем лоне.

Зангу, Ерасх, Раздан, Араке, млечные груди возлюбленной моей матери и любвеобильной родительницы - великой Армении! Где ваши на весь мир прославленные имена? Где те золотые века, где сонмы .богатырей, где толпы исполинов, где столицы, где города, стремящиеся ввысь здания, где башни, дворцы, цирки в небо смотрящие, знаменитые храмы, увеселительные палаты,- не они ли крепчайшей связью, могучими руками, твердыми дланями, нежным сердцем и ревностной любовью, умильною на лице улыбкой охватывали, окружали вас, умилялись, обнимали, ласкали и, заключив в объятия сладостные небоподобные ваши склоны, целовали их святым поцелуем в знак непреходящей любви, ревностного обета дружества и родства.

Зангу моя, Ерасх, Масис, Алагяз! Вы одни пребываете в безмолвии, одни смотрите, затаив дыхание, безвинно проходя, течете по долинам нашим, грозите облакам, дерзите ущельям,- кто с прекраснокудрыми волнами и яростным лицом, кто блестя, как снег или серебро, кто сверкая и пенясь, кто борясь с небом, кто налегая на землю, кто со снежным венцом на голове, кто с цветочной короной,- на заре и при кроткой ясной луне приветствуете вы друг друга, запечатлеваете поцелуи на губах святых ваших подножий, на устах полей, фимиамом благоухающей земли Гайканской.

Страна наша разрушена, поля наши безлюдны. Бессердечные, безжалостные! Как могли вы стать свидетелями погибели народа, разорения полей, чудесных городов, падения могущественных князей, чьи потомки и отпрыски в руках врагов, в темницах, по гнусному злодейству нечестивых народов, пали жертвой меча, ввержены были в пламя, оставили нас в скорби, в кровавых слезах, заставили бежать в чужие страны, оплакивать священною землю Родины, стенать там, вдали, с изнуренными от слез глазами и сердцем, умирая от тоски!

Зангу, Зангу, сладостная моя Зангу! Смотря на непреклонное чело твое, одевали оружие храбрые богатыри. Глядя на грозно прекрасные твои волны, избранные юноши народа гайканского бросались в бой, - с оружием в руках, украшенные доспехами, вступали они в поле сражения, храбро отражали они копьями, щитами, луками, настучали на врага, предавали мечу в жертву грозные полчища Бэла Лавровыми венками увенчали они златокудрые свои головы и ныне, гуляя среди сонмов небесных, наслаждаются в горних беспечальною жизнью, стяжав на земле славу бессмертную, в веках непреходящую, навсегда непреложную.

Зангу, Зангу, чудесная Зангу! Ты еще и ныне питаешь святое свое

238

рвение, еще и ныне громким своим грохотом противишься, гремишь, в порывистом своем наступлении, громким голосом кричишь

- Восстаньте, храбрые потомки Гайка, возьмите оружие и доспехи, благородные сыны Армении, ударьте, уничтожьте полчища врагов ваших,- душа в душу, плечо к плечу Да сокрушится поверженный зверь Могучая рука Руси да будет вам опорой Пожертвовать собою ради нее - да будет неизменным вашим стремлением С Волгою, старшей сестрой моей, я и сестра моя Ерасх сольемся среди волн Каспия Смешаем в лоне единой матери она - свою доброту, я - свое непокорство Возлюбленной сестре моей Волге отнесу я и передам благопожеланья родного Севана, отеческий привет святого Масиса - и вам принесу ее привет с радостною вестью.

Я скажу ей «Не я, жалости достойная дева, в том виновата, что враг вторгся в наши пределы,- это сестра моя, одряхлевшая, древняя годами Араз допустила их силой ворваться. Когда гляжу я на Масис - на старого своего свекра, - я покрываю голову, прячу лицо, чтобы добросердый, снеговласый старец не загрустил. Если сестра моя Ерасх, непримиримая нравом, не дает несчастному ни покоя, ни отдыха, рассекает, подрывает устои его своей струей, то мое дело навсегда залечить эти раны. Но не себе обязана я тем, что благодаря полям и нивам моим стала я называться «золотоносной»[16], это - дар священного Севана и Отца-Просветителя, святые мощи которого - передо мною здесь покоящиеся - охраняют, благословляют, берегут плоды труда слабых рук моих, здесь явленные.

Откроите чело, ликуйте непрестанно сладостная сестра моя Волга всегда отныне будет заботиться о вас Я всю свою приязнь выказала ей, она всю благость свою даст вам, сыны мои. Эта нерасторжимая связь, эта святая любовь останутся между нами вековечно Укрепляйте силы свои, сыны Арама, пребывайте в любви и согласии. Любовь и мир всем народам и племенам даруют благоденствие».

---

[16] Слово занги по-персидски означает богатый, пышный (примеч. автора).